GLI UNICI DE il Nuovo Calcio

CARLO PIZZIGONI - DAMIAN GIOVINO
CON FILIPPO LORENZON

Marcelo BIELSA

Storia
Aneddoti
Metodologia
Evoluzione tattica

W0409006

SPORTIVI EDIZIONI

Editore
Editoriale Sport Italia
Via Masaccio, 12
20149 Milano
tel. 02/4815396
E-mail: serviziolettori@sportivi.it
www.storesportivi.it

Responsabile editoriale Sportivi Edizioni
Ferretto Ferretti

Editing
Luca Bignami

Impaginazione e grafica
Ilaria Canova

Revisione bozze
Sandra Ricci

Campi realizzati
*con software **YouCoach***

Stampa
Me.Ca. - Recco (Genova)

Proprietà artistica e letteraria riservata
© Sportivi Edizioni - Aprile 2021

INDICE

INTRODUZIONE

Inquadra con il tuo smartphone il ***QR CODE***
per un'esclusiva presentazione del libro
di Lele Adani e Carlo Pizzigoni

L'otto agosto del 2015 ero in tribuna stampa al Velodromo di Marsiglia. L'OM, la squadra di casa, stava perdendo contro il modesto Caen, e verso la fine della gara, da uno dei due *virage* ecco partire un canto di celebrazione per Marcelo Bielsa, il tecnico che era sotto di un gol, in casa, all'86'. Roba da matti, roba da *locos*. A questo si aggiunga pure una città tappezzata, ancora, di immagini dell'allenatore argentino e un popolo tutto che non smette, ancora oggi, di volergli bene senza che abbia mai dovuto giustificare con un titolo, uno scudetto, una coppa questo amore. È la magia di Bielsa.

Non è impossibile rivivere questi attestati in ogni piazza in cui Marcelo è stato, impossibile, almeno per me, non riconoscermi come parte di questa gente.

Quella serata in Provenza è una dimostrazione, l'ennesima, di come il Loco riesca a stabilire questo legame unico e indissolubile con l'appassionato (senza peraltro fare il ruffiano). Un tifoso dell'Athletic Bilbao, in un messaggio spedito nel giorno dell'addio del Loco a quella squadra, a quella città, ha scritto: "Non ci sono parole per descrivere il suo impegno, la sua passione e la sua eleganza. Lei ha dato al calcio una ragione per essere amato. Mi emoziono ascoltandola. L'onestà, la sincerità, che per un momento ho pensato si fossero perse nella vita pubblica, riemergono nella sua persona per dare un soffio di speranza. Abbiamo bisogno di persone come lei. È un esempio, è il miglior allenatore che abbia mai messo piede su un terreno di gioco".

Ma si è mai visto un messaggio del genere per un allenatore?
Questa affinità elettiva, questo legame indissolubile, senza filtri nasce dall'uomo Bielsa. Un uomo che, come dice Jorge Valdano, "rende degno" il nostro sport. Vivendolo con una passione profonda che ne coglie l'essenza e la trascina nella vita di tutti i giorni.
Roberto De Zerbi, uno dei tanti tecnici che Damian e io abbiamo sentito per comporre questo testo, mi ha detto "Bielsa riconduce sempre il calcio alla vita, alla strada, alla gente. Perché ama talmente il calcio che riesce a trovare un parallelo continuo con la vita di tutti i giorni", dopo avermi confermato che Marcelo è una persona che potrebbe fare ogni lavoro del mondo per intelletto e sensibilità, ma che ha scelto il calcio per esprimere se stesso. Per fortuna, perché così ci permettere di ritrovare sempre l'essenza del gioco. Che non può e non deve essere solo il risultato finale.
Una volta in una delle sue straordinarie e imperdibili conferenze ha detto: "La gente che ama il fútbol che più mi interessa è quella che trova nel calcio una forma di soddisfazione unica che non può conseguire altrove, e parlo dei poveri. Gli altri hanno, abbiamo, alternative per avere quel genere di soddisfazione, per alcuni invece non c'è niente come il calcio per ottenere quello stato. E a me pesa parecchio che l'unica cosa che possiamo offrire a questa gente sia il semplice risultato. Perché se non diamo al fútbol anche una struttura estetica, li stiamo peggiorando come essere umani. Perché la valorizzazione dell'estetica è una condizione cui dobbiamo tendere, come esseri umani, perché vincolata alla sensibilità. E non possiamo ignorarla. Non si può insomma, mercificare tutto, tutto non deve essere vissuto secondo le leggi di un mercato che ti dice che quello che vince è un dio e quello che perde un totale inutile. La bellezza, anche, conta."
Bielsa, cioè l'uomo che, come potete leggere nelle tante testimonianze di questo testo, ha offerto un modo coraggioso e innovativo di proporre calcio (Marco Rossi, oggi CT dell'Ungheria e suo difensore all'America di Città del Messico a metà anni Novanta ricorda come fosse un precursore di tanto gioco che vediamo solo adesso), e lo abbia riempito di etica e moralità. Juric mi ha detto "La purezza dell'uomo è nel suo calcio".

Questo continuo passaggio dal calcio alla vita viene naturale con Bielsa. Ed è una cosa che gratifica noi che del calcio abbiamo fatto la nostra vita.
Marcelo ha imparato a cercare l'eccellenza dal suo bisnonno Pedro, un falegname, che avrebbe rifatto cento volte il lavoro se il cliente gli avesse manifestato insoddisfazione, senza volere un *peso* in più, ovviamente. "Il lavoro non deve solo essere fatto, deve essere fatto bene", ripeteva. Una passione per l'eccellenza. "Non importa quanto tempo ci vuole, ciò che conta è la qualità del tuo prodotto", diceva. Marcelo Bielsa ha sempre perseguito questa strada, riconoscendo che "È nella nobiltà dei mezzi utilizzati" l'importanza del tuo cammino di vita. Le vittorie, quando arrivano sono le benvenute, ma non possono essere il senso di tutto.
Un senso che cercate nel calcio, e trovate nella vita. Questo il motivo principale per cui abbiamo iniziato, noi con Il Nuovo Calcio, con un testo su Bielsa una collana di approfondimenti sui tecnici che maggiormente hanno segnato l'epoca moderna. L'idea era quella di non scrivere una semplice biografia (Bielsa meriterebbe, almeno, il Moehringer di "Open"), ma di scoprire il suo rapporto con la vita e, quindi, col calcio attraverso le parole di tanti addetti ai lavori che lo ammirano: a loro abbiamo chiesto di trovare prospettive originali per indagare questo autentico profeta del gioco. Partendo dal lavoro di Damian, con le sue tante interviste argentine, si scopre che parlando di Bielsa si parla appunto di calcio, di essenza del gioco, a ogni domanda, a ogni sottolineatura. Una frase, e si torna al campo, allo spogliatoio.
Bielsa, insomma, è necessario. E infatti per Guardiola è "La persona che ammiro di più in questo mondo", che sta sempre lì, con le sue parole, con il suo esempio: dentro quel campo di calcio che viviamo e osserviamo appena possibile, c'è la vita, non solo un diversivo, un passatempo.
Il suo concentrato valoriale ne fanno, pure, un elemento potenzialmente eversivo per la società in cui viviamo, sono d'accordo con Matías Almeyda che riconosce questa sua carica anti-sistema. Il continuo richiamo alla giustizia, al merito, alla moralità, al rispetto, urta, infastidisce almeno una parte di addetti ai lavori e spettatori che non riesce o non vuole legare questi valori al calcio. E infatti si crea l'assurda polemica sui titoli vinti da Bielsa, che sarebbero troppo pochi "per poter parlare", come se una vittoria in più o in meno cambiasse la statura dell'uo-

mo e la possibilità di rendere pubblico il proprio pensiero. Il Loco è pericoloso, appunto, perché rivela col suo essere i comportamenti di questi signori dall'*ego* incontrollato e dalla superficialità manifesta. Il profondo svela la mediocrità, e chi ha potere o magari anche solo l'ultima parola sui media, tende a non gradire l'uomo libero e profondo. Specie se parla con l'efficacia di Bielsa.
Mi è piaciuto sentire Filippo Galli riconoscere che l'incontro che ha avuto con lui può solo essere paragonato a quello avuto con Nelson Mandela. Sembra un'esagerazione, ma è chiaro il senso che c'è dietro questa affermazione forte, ed è totalmente condivisibile. Il Loco è una guida e la sua unica reale *locura*, pazzia, è quella che gli riconosce Valdano, "L'eccesso di virtù". In un mondo pieno di sozzure, Bielsa, lo ribadiamo, è necessario. Ci aiuta a capire il calcio, e quindi la vita.

Carlo Pizzigoni

L'UOMO E GLI UOMINI

I

Jorge Valdano

«Sono prima suo ammiratore e poi suo amico. Bielsa è il personaggio più interessante che ho incontrato e conosciuto nella mia vita calcistica, al di là di qualsiasi risultato. L'ho sempre ammirato più di chiunque altro; perché lo ammiro? Perché è una persona intelligente con una personalità vulcanica. Ma soprattutto ammiro la sua ossessione etica. Questa caratteristica lo rende un personaggio irripetibile. Ha la forza della credibilità. L'unica follia che riconosco in lui è l'eccesso di virtù. È un uomo con uno straordinario rigore etico. Raramente ho visto qualcosa di simile. È molto esigente con se stesso e questo gli dà l'autorità di essere esigente con gli altri. Non conosco nessuno più razionale e più coerente di Marcelo. È una persona che dà dignità al calcio e il calcio ha bisogno di persone che gli diano dignità. Ha una virtù che lo rende un eroe ed è la sua ossessione etica per il calcio e per la vita. È un esempio che cammina. Mi ha riconciliato con il calcio. Possiede cose simili a Pep (Guardiola, *nda*), ma ci prova con meno risorse e questo rende il suo sforzo più eroico. Le sue squadre parlano per lui: sono generose, attaccano, osano e non barano. È un grande allenatore e un grande essere umano. Una cosa è raggiungere la grandezza con molte risorse, un'altra con poche. Sono orgoglioso di Marcelo. È nei momenti di difficoltà che la grandezza di un allenatore viene alla ribalta ed è lì che Bielsa continua a giocare senza un grammo di malizia nel senso brutto della parola. La generosità della proposta è molto più evidente in tempi di difficoltà che di abbondanza. Nei momenti negativi ho moltiplicato la mia ammirazione per Bielsa. È uno degli allenatori più generosi che abbia mai incontrato in vita mia. Quando dico la parola generoso, intendo generoso in termini di proposta. Attacca con molti uomini, gioca da dietro senza paura, rinuncia alla speculazione per la sua ossessione etica, e quando sta vincendo continua ad andare avanti come se al mondo non si potesse fare altra cosa.»

Pep Guardiola

È sempre complicato trovare parole per presentare l'uomo che ha cambiato il calcio moderno, Pep Guardiola. Riconoscergli questo palese merito, come inserirlo tra i più grandi tecnici della storia è abbandonarsi all'ovvio, quindi ci regaliamo un'eccezione, perché l'allenatore catalano la merita: lasciare a Bielsa il compito di trovare le parole adatte per certificare le sue infinite e inarrivabili capacità. Così disse il Loco: "Interpretare le sempre nuove proposte che Guardiola incorpora al gioco è già di per sé una forma di innamorarsi del calcio. È un uomo magico. Ho una genuina e profonda ammirazione per quello che fa."
L'ammirazione è sempre stata ricambiata da Pep, quasi utilizzando le stesse parole:

> «Bielsa è la persona che ammiro di più nel mondo del calcio come allenatore e come uomo. È l'allenatore più autentico, per come guida le sue squadre. È unico, nessuno può imitarlo, è davvero impossibile. Penso che sia il miglior allenatore del mondo nel motivare i suoi giocatori e nel prepararli a vincere. Non c'è nessun allenatore al mondo meglio preparato di Bielsa, è in grado di spiegarti tutto fin nei minimi dettagli. Non c'è nessun altro come lui. Le sue squadre si muovono molto in campo e attaccano con molti giocatori. È sempre durissimo incontrarle».

A fronte di un così profondo elogio, di questa continua certificazione di unicità e grandezza, fa spesso seguito la domanda sui relativamente pochi titoli conquistati dal Loco:

> «Io credo che vi sia un premio più importante dei titoli, ed è quello che si lascia principalmente ai tuoi giocatori. Non c'è niente di paragonabile a questo aspetto, tutto ciò che si insegna loro e ciò che si lascia. Ho vinto più titoli io ma in termini di conoscenza del gioco e molte altre cose è molto più avanti di me. Provate a dargli il Manchester City o un altro grande club e vedrete che vincerà, ma voglio ribadire che Bielsa ha il più grande trofeo conseguibile: è tutto ciò che ha lasciato a ogni giocatore che ha allenato, ripeto: a ogni giocatore. Quello che lasci è una sensazione unica e penso che Marcelo Bielsa sia l'uomo più fortunato del mondo in questo senso. Oltre a quello di immenso che lascia ai suoi, c'è poi quello che lascia a noi.

> È un uomo che rispetta l'avversario e gioca per i tifosi e gli spettatori e vuole giocare sempre per vincere, convincendo i suoi calciatori a seguirlo, in un modo unico: la fede dei suoi giocatori in lui è qualcosa di incredibile.»

La ricchezza di ciò che si lascia ai giocatori come uomini. Il patrimonio di emozioni che le squadre del Loco hanno regalato in ogni piazza attraversata dal Loco non manca di esser elogiata da Guardiola, che viene sempre sollecitato su Bielsa. I continui complimenti lo hanno fatto talmente arrossire che Marcelo ha voluto sempre mettere in chiaro le distanze e che no, lui così tanti attestati di stima non li merita: "Ogni elogio che ricevo da Guardiola lo giudico sempre sinceramente eccessivo. Ma credo che lui meriti la mia ammirazione, non io la sua."
In comune, oltre alla volontà di dominare le partite, c'è una certa ossessione per lo studio del calcio. Di Guardiola si sa della telefonata nel cuore della notte per proporre a Messi una diversa posizione in campo, che ancora nel suo ufficio stava studiando. Una situazione che ha portato parecchie notti insonni anche al Loco, che lo affrontò con il suo Athletic, una delle squadre più vicine alle perfezioni *bielsiste* (e secondo Ivan Juric, una delle più belle squadre di sempre), nella finale di Copa del Rey, persa appunto contro gli ingiocabili catalani dell'epoca. Pochi giorni dopo la gara, Bielsa decise di inviargli questo suo abnorme studio sul Barça, per esprimergli la profonda ammirazione per lui e per il suo lavoro. Guardiola gli rispose, a stretto giro:

> «Sai più tu del mio Barcellona di quanto ne sappia io!»

Un ping-pong di grandezze che non lasciano mai spazio a vuote smancerie e ogni volta colgono aspetti profondi. Tutto è nato grazie al suggerimento, pare di Gabriel Batistuta, quando entrambi giocavano a Doha, in Qatar. Per Bati era necessario che Pep facesse un viaggio in Argentina e incontrare il Loco, se realmente voleva iniziare la carriera di tecnico. Bielsa, perché gioca in un altro campionato, umano e metafisico, ha consigliato, alla prima chiamata di visitare César Luis Menotti, per cui ha una venerazione storica. Così Guardiola ha fatto doppietta, e dopo l'incontro col Flaco, ha raggiunto l'altro tecnico rosarino. Il 29 aprile del 2006 Pep, che col Barcellona aveva fatto la storia e poi aveva testimoniato il suo verbo calcistico anche in Italia, tra Brescia e Roma, svestiva per l'ultima volta una maglia ufficiale di gioco, quella dei Dorados di Sinaloa, in Messico. Tre mesi dopo circa, il 10 ottobre, era davanti a una casa di Maximo Paz, località a un'ottantina di chilometri da Rosario. Marcelo Bielsa gli apriva la porta.

«Siamo stati undici ore a parlare, non potrò mai ringraziare Marcelo per il modo in cui ci ha trattato, perché non ero nessuno, non allenavo nemmeno nella squadra B del Barcellona, mi avevano appena dato il tesserino da tecnico e mi ha accolto, è impossibile descrivere come mi ha trattato, è stato meraviglioso.»

All'incontro era presente anche lo scrittore e cineasta spagnolo David Trueba che relazionò tempo dopo su quell'incontro, in uno scritto sul giornale spagnolo "El Pais": "Ci furono discussioni accese, continue consultazioni al computer, analisi di situazioni di gioco e interpretazioni. Sono sorte domande complicate: "Perché lei, che conosce tutte le porcherie che circondano il mondo del calcio, l'alto grado di disonestà di certe persone, vuole ancora tornarci, e mettersi anche ad allenare? Le piace così tanto il sangue?". Pep non ci ha pensato due volte e gli ha risposto:

«Ho bisogno di questo sangue.»

L'originale castigliano "Necesito esa sangre" produce una metafora che testimonia la voglia di battersi e la consapevolezza della durezza delle ostilità che nasceranno sul campo.

Eppure questa versione è stata tempo dopo smentita, anzi capovolta. Riferisce proprio Guardiola:

«David è una persona e un artista straordinario, ma le cose non sono andate così. La verità è che sono stato io a chiedergli: "Marcelo, se tanto ci lamentiamo di questo mondo che a volte non ci lascia vivere, perché non prendi una squadra giovanile, dove sei cresciuto, come formatore, e dimentichi il mondo del professionismo dove devi convivere con la stampa, la critica, i giocatori di alto livello..."; è stato lui a dirmi: "Ho bisogno di questo sangue, ne ho bisogno per vivere". È stato lui. Io sono d'accordo, ma in quell'incontro fu lui a dirlo. Credo che tutti ne abbiamo bisogno, altrimenti ce ne andiamo a casa. Questa professione è molto coinvolgente, ti chiede modo, ti porta a vivere al limite tutto il tempo, nel bene e nel male. Devi avere poi la capacità di modulare i grandi momenti di euforia e tirarti su in quelli cattivi. Ma tutto ti porta al limite... Cioè, se uno scrittore scrive un libro, ci può essere una recensione cattiva, anche più di una, ma questo è tutto, così come un regista o un artista, non ti stanno distruggendo continuamente, ogni tre giorni. Ti affondano un giorno e poi ti dicono che hai cambiato il calcio inglese... e non è né una cosa né l'altra, ma allo stesso tempo, tutte queste situazioni ti generano quell'abitudine a spingerti oltre, a voler vincere, a voler convincere i giocatori, a sedurli, in modo che loro ti seguano e tu segua loro... Quando impari da loro e loro imparano da te, allora quella cosa di elezione ti consente di farti seguire ed è quel sangue a cui Marcelo si riferiva. Mi piace chiarirlo perché ho sempre pensato, sapendo che Marcelo l'ha detto, che poteva pensare che gli avessi rubato quella frase, e non era ovviamente mia volontà. La verità, ribadisco, è che è stato lui a dire: "Ho bisogno di questo sangue, ho bisogno di questa adrenalina per farlo". Ed è vero, alla fine a ogni allenatore arriva il momento in cui ti buttano fuori e tu dici: "Beh, va bene... Mi riposerò per un po', è stato un periodo molto difficile, molti anni..." e mesi dopo stai pensando a chi ti chiamerà... Siamo diventati quegli attori del cinema che aspettano a casa la telefonata di un regista per un progetto per poter fare un film. È una situazione molto simile, sì...»

Roberto De Zerbi, che ha conosciuto entrambi, ci ha detto, proprio in questo libro, che l'allenatore è un po' un artista, perché esprime se stesso con la sua squadra. Certamente Bielsa e Guardiola lo sono, e di altissimo livello. Ma uno dei due mente, su questo aneddoto. E Bielsa, interrogato ancora poco prima di un Manchester City – Leeds ha ribadito che allora fu Guardiola a dire quella frase. Non se ne esce, assumiamo però che lo pensano entrambi. Pep però esprime più sicurezza nel ricordare quel passaggio, anche perché ogni incontro che ha con Bielsa, non ha nessuna necessità di appuntarselo:

«Marcelo è sempre stato molto gentile con me. Ha condiviso la sua conoscenza. Non ho mai avuto bisogno di scrivere quello che dice perché, alla fine, conservi sempre i ricordi importanti nella tua memoria, e ogni momento con Bielsa lo è.»

Jorge Griffa

Se inserisci su *Google* le parole: "Insegnanti, allenatori, educatori e maestri del calcio argentino", nei risultati il suo nome sarà quello in cima alla lista. Jorge Griffa è il più grande formatore del calcio giovanile nella storia di questo sport a livello di club.

Dopo il suo ritiro da calciatore, al termine di una notevole carriera come difensore centrale, giocando per dieci anni all'Atletico Madrid e con una buona partecipazione nella squadra nazionale, ha dedicato tutta la sua vita al calcio di formazione. Conosciuto in tutto il mondo, avrebbe potuto lasciare il segno come allenatore in qualsiasi grande club. La sua vocazione è però stata un'altra e ha scelto di stare solo nelle giovanili.

Da allora, quasi cinquant'anni fa, ha lavorato magnificamente in uno dei settori più delicati e importanti del calcio e lì non basta avere un nome o conoscere tattiche e strategie: servono altre qualità più profonde. Bisogna essere un educatore, svolgere spesso il ruolo di padre, avere pazienza, interessarsi alla persona prima che al giocatore e, soprattutto, avere valori e saggezza. Tutto ciò definisce Griffa nella sua essenza. Ha pianificato ed eseguito alla perfezione uno dei progetti più ambiziosi, innovativi e di successo nella storia del calcio giovanile sudamericano al Newell's, un'accademia in cui ha prodotto una serie di formidabili giocatori che sono diventati stelle di livello mondiale, giocatori della Selección e tra i più importanti della storia de "La Lepra". Non solo: ha aiutato la squadra di Rosario nella conquista di diversi titoli, ma ha anche stimolato qualcosa di ancor più importante. Ha reso riconoscibile il club diventato modello con una scuola, una filosofia e un'identità definita. Newell's è sinonimo di buon calcio, un club con un'accademia di livello, e tutto grazie a lui. Ha svolto anche un ottimo lavoro nel settore giovanile del Boca, promuovendo giovani che sarebbero diventati grandi calciatori. Il suo ultimo incarico è stato all'Independiente, dove ha scovato Ezequiel Barco, il fiore all'occhiello del Rojo negli ultimi anni. Come se tutto ciò non bastasse, Jorge è stato anche il mentore, l'insegnante, la guida e il padre calcistico di Bielsa. Marcelo è stata, pensandoci bene, la sua migliore creazione, il suo allievo più importante. Tutto però, e il

Loco lo riconosce sempre, nasce grazie a lui, che gli ha aperto le porte e la mente. E gli ha mostrato la strada.
La storia è ben nota, raccontata in decine di occasioni dallo stesso Jorge:
"Sei Jorge Griffa?"
"Sì."
"Vieni dalla Spagna per lavorare qui?"
"Sì."
"Sei pazzo."

Quello fu il primo dialogo tra loro.
Bielsa era un giovane, senza molto futuro, delle giovanili del Newell's e Griffa stava tornando dalla Spagna, dopo più di dieci anni, per iniziare a lavorare nella *cantera leprosa*.
La carriera calcistica di Marcelo si era rapidamente spenta e per ricominciare il Loco si era rivolto alla Casildense per chiedere se poteva iniziare lì un nuovo lavoro, nel calcio amatoriale del club. Griffa, con il suo occhio clinico, capì subito che aveva a che fare con una persona diversa e lo aggiunse al suo gruppo di lavoro. Partiamo da lui per arrivare al Loco.

Dopo il tuo ritiro come giocatore, perché hai deciso di iniziare a lavorare, sempre nel calcio ma solo coi ragazzi?
«Non possiamo costruirci percorsi tutti nostri se è poi la vita che ci dice cosa fare. Nella vita bisogna scegliere e il tempo mi ha detto che la mia strada era questa. La prima cosa da sapere è in cosa consiste lo sviluppo di un ragazzo, che non è lo stesso di quello di un professionista. Il professionista dipende dai risultati. Con il giovane, anche se i risultati sono importanti perché il calcio richiede di vincere, non è necessario andare oltre una certa soglia per ottenerli. Bisogna prepararlo a vincere, ma bisogna seguire una chiara linea nell'allenamento. Non c'è modo di credere che siccome hai giocato in Prima Divisione per tanti anni sei capace di insegnare. Insegnare è un'altra cosa, e bisogna prepararsi a dovere per farlo.»

Come disse Cruyff: "Allenare non è la stessa cosa che insegnare, ci sono molti buoni allenatori ma pochi buoni insegnanti".

«Non sono solo un allenatore. Sono anche un educatore e un insegnante e devo fare in modo che i ragazzi crescano nelle conoscenze e abbiano argomenti per essere in grado di raggiungere la Prima Divisione e avere successo. L'allenatore della prima squadra gioca sostanzialmente con i risultati. L'educatore e l'insegnante pensano che la prima cosa sia insegnare le basi nella parte tecnica, fisica e psicologica affinché il ragazzo abbia delle fondamenta di conoscenze e di valori.»

Una volta hai usato una frase molto saggia: "Se la persona è migliore, il giocatore è migliore". Non si tratta solo di sviluppare una potenziale stella, ma soprattutto di sviluppare un essere umano, di inculcargli dei valori e di insegnargli il modo per utilizzare queste risorse e questi strumenti nella vita.

«Il ragazzo non vive in un campo di calcio, vive in una società. Quella società ha delle esigenze. Le richieste non riguardano solo il calcio ma anche il suo modo di essere. È a questo che dobbiamo prepararlo. Bisogna fargli capire che lo sviluppo nel calcio è molto importante, ma lo sviluppo nella vita della società è ancora più importante. Bisogna dargli il meglio perché abbia successo, chiamiamolo così per intenderci, nel calcio, ma bisogna anche dargli il meglio perché abbia successo nella vita.»

Come Bielsa, hai dedicato tutta la tua vita al calcio?

«Non avremmo il diritto di lavorare in modo tale da dimenticare tutto ciò che ci circonda, compresa a volte pure la nostra famiglia, ma io l'ho fatto e non me ne pento in alcun modo. Questo tipo lavoro richiede la massima applicazione. Lo sforzo, il sacrificio, la perseveranza, il desiderio di eccellere, vanno di pari passo per colui che insegna e colui che impara.»

Sei il mentore e il padre calcistico di Bielsa, cosa hai visto in lui per farlo entrare nella sua squadra nelle giovanili di Newell's?

«Ho visto qualcosa di speciale. Una grande applicazione e un fervente desiderio di diventare un allenatore vero. Questo facilita l'azione di chi insegna e favorisce l'azione di chi impara. Sono stato molto felice di lavorare con lui. È ancora oggi un orgoglio.»

All'inizio, hai dovuto frenare la sua eccessiva ansia di arrivare?
«Ho solo dovuto mostrargli il percorso giusto e quello sbagliato perché non si consumasse prima del tempo.»

Recentemente è stato inaugurato un hotel nei locali di Newell's. Serve come alloggio per la prima squadra ma è anche vissuto dai giocatori delle giovanili. La costruzione è stata eretta grazie a un'enorme donazione di Bielsa e si chiama "Hotel Jorge Griffa". I paradossi della vita... con i (tanti) soldi donati dall'allievo, è stato costruita e battezzata una struttura con il nome del maestro. Deve essere un motivo di orgoglio per te?
«È una situazione che ti fa sentire bene. Non ho mai voluto guadagnare nel calcio come allenatore, insegnante ed educatore. Ma questa cosa, costruita grazie alla generosità di Marcelo, non ha valore. È qualcosa di sublime, di grandioso. Essere riconosciuto per tutto quello che ho dato, ti ripaga di tutto.»

Nel corso degli anni si è persa la figura del "maestro ed educatore" nel calcio giovanile. Oggi si cerca l'immediatezza e non si punta alla formazione del giocatore e della persona, non ti sembra?
«Quello che devi sempre tenere a mente, e io ce l'ho sempre avuto in mente, è che il lavoro che fai è più importante del denaro. È difficile per gli esseri umani capire che la cosa più importante è il successo nel lavoro, la soddisfazione di riconoscere un percorso virtuoso in questo, non il successo nel diventare ricco.»

Chi è Marcelo Bielsa nella tua vita?
«Marcelo è un grande allievo e, soprattutto, un grande amico.»

Javier Mascherano

Si potrebbero spendere tante parole su Javier Mascherano, meglio quindi lasciare la palla a chi palla al piede o microfono in mano sapeva regalare perle come nessuno, Diego Maradona, che per definirlo ha scelto la semplicità: "Mascherano è l'esempio da seguire". Né più né meno.

Javier è un esempio da imitare in tutti gli aspetti in cui viene analizzato. Da un punto di vista calcistico, un leone. Un uomo che trasuda passione, impegno, autostima, spirito di squadra e *leadership*. Pochi giocatori possono raggiungere ciò che lui trasmette. Vederlo difendere la maglia albiceleste è emozione pura. Come persona, è ancora più esemplare. Intellettualmente onesto, equilibrato. Quando parla, dice, lascia un messaggio. La carriera del nativo di Santa Fe è stata costruita da Bielsa, ma soprattutto, Marcelo ha segnato la sua vita.

Tutto inizia il 16 luglio 2003. La Nazionale argentina deve giocare contro l'Uruguay in un'amichevole per inaugurare l'Estadio Único di La Plata. Nella lista dei giocatori di Bielsa per quella partita c'era un nome sconosciuto, un certo Javier Mascherano. Chi? Un giovane di 19 anni che giocava nella squadra riserve del River. Non aveva nemmeno fatto il suo debutto in prima squadra, ma gli occhi di Marcelo potevano vedere tutto. Ha prestato particolare attenzione alle sue prove e l'ha chiamato. Il centrocampista ha fatto il suo debutto quel giorno, giocando così prima nella Nazionale che nella Prima Divisione del suo club. È stato un evento storico.

Lì inizia la carriera del *Masche* e diventa subito leggenda.

Per Javier, Marcelo è il grande maestro calcistico e umano. Ecco perché ha accettato volentieri di partecipare a questo libro.

Bielsa lascia un'impronta molto profonda ovunque vada e su ogni persona che lo incontra. Come si può spiegare?

«Non si tratta dei titoli che vinci, ma dell'eredità che ti lasci dietro. Ci sono molti allenatori nel calcio che hanno vinto titoli, ma pochi che vengono ricordati. Ecco dove sta la grandezza di Bielsa, in ciò che lascia al giocatore. Vi assicuro che è molto meglio di un titolo.»

Pep ha detto di Johan Cruyff: "Pensavo di conoscere il calcio, ma quando l'ho incontrato mi si è aperto davanti un mondo completamente nuovo". Ti è successo qualcosa di simile con Bielsa?
«Ho avuto la fortuna di conoscere Marcelo quando ero molto giovane, ma è stato anche un peccato non averlo incontrato quando ero più grande, perché nel corso degli anni mi sono reso conto che è diverso dagli altri, non solo nei suoi metodi di lavoro, che sono unici, ma anche nel suo pensiero, che è meraviglioso. Stiamo parlando di una mente brillante e unica, senza dubbio.»

Bielsa propone metodi di allenamento particolari. Nel tuo libro "I quindici passi della leadership" hai detto che non hai mai lasciato una sua sessione di allenamento senza imparare qualcosa. È così?
«Quando parliamo di un allenatore che cerca costantemente la crescita individuale nel calcio, abbiamo senza dubbio a che fare con qualcuno di diverso. È molto difficile, soprattutto di questi tempi, trovare un allenatore che continui a migliorare un giocatore di alto livello. Penso che questo sia ciò per cui Marcelo è più apprezzato, la crescita individuale del giocatore, nel gioco e nella testa.»

Quello che molti gli rimproverano sono le eccessive richieste, specie negli allenamenti, senza un minuto di tregua. Alcuni dicono che questo provoca un logoramento mentale e fisico del giocatore, che è controproducente. Cosa ne pensi?
«Come ho detto prima, l'ho avuto quando ero molto giovane, era un periodo in cui stavo affinando la mia formazione come calciatore e in Nazionale, a differenza di un club, non hai la percezione quotidiana di cui stai parlando. Mi sarebbe piaciuto però averlo in una squadra per vivere il giorno dopo giorno con lui.»

Javier Zanetti ha detto che il Loco "Si fa amare da lontano, non ha bisogno di metterti un braccio al collo per farti fidare ciecamente di lui". Perché riesce a raggiungere così in profondità il giocatore anche quando appare distante?
«Un giorno, durante una cena, Menotti mi disse: "Mi affido alla conoscenza". Credo che alla fine un giocatore di calcio apprezza molto l'essere di fronte a una

persona che può aiutarlo a raggiungere la migliore versione di se stesso, attraverso le sue conoscenze.»

Il bielsismo non è solo una tendenza calcistica, è uno stile di vita, un modo di pensare, sentire, agire e comportarsi. Possiamo dire che sei un vero bielsista?
«Condivido molti dei valori che trasmette Marcelo, soprattutto l'onestà che ha nei confronti del gioco e quindi del mondo. È chiaro che è un allenatore diverso dagli altri, uno che vola alto col pensiero ed è capace di discorsi profondi come quello che, per esempio, abbiamo visto nel video del Marsiglia. Stiamo parlando di un uomo straordinario.»

Angel Cappa

Coloro che godono dello spettacolo e della bellezza di questo straordinario gioco, devono riconoscere Angel Cappa come un paladino della difesa dell'estetica e dell'espressione artistica che il calcio rappresenta.
Ruolo che, in certi ambiti, pare essere un peccato mortale, come dice lui stesso: «In Argentina, se dici che ti piace giocare un buon calcio, sei già un venduto, un filosofo e un romantico. Vincere è una gioia momentanea, ma è il modo in cui si cerca di ottenerla che ti fa rimanere nella memoria delle persone. Chi si ricorda la Germania che ha vinto la Coppa del Mondo del 1974? Pochi, chi si ricorda dell'Olanda di Cruyff? Tutti. Tuttavia, una è stata campione e l'altra solo finalista. Come disse una volta Arrigo Sacchi: "La vittoria rimane nei libri, ma il modo in cui è stata ottenuta rimane nella testa della gente". O come disse una volta il leggendario calciatore e medico Socrates: "Non bisogna giocare solo per vincere, ma per non essere dimenticati". E chi può dimenticare l'Huracan del 2008 di Angel Cappa? Un amante del gioco, non lo scorderà mai».
Cappa ha lavorato nelle due squadre più importanti del mondo: al Barcellona con Menotti e al Real Madrid con Valdano. Al Barça ha vinto la Copa del Rey, la Copa de la Liga e una Supercoppa di Spagna con El Flaco. Col Merengue ha portato a casa insieme a Jorge uno scudetto spagnolo. È stato insieme a Valdano anche al Tenerife, dove ha ottenuto uno storico quinto posto, qualificandosi per la Coppa UEFA. Sul piano calcistico hanno differenze e somiglianze, ma i punti in comune più importanti tra Angel e Marcelo sono fuori dal campo. Cappa ha accettato volentieri di partecipare al libro.

Johan Cruyff dice che allenare non è la stessa cosa che insegnare, che ci sono ottimi allenatori ma pochi buoni insegnanti. Angel Cappa appartiene al gruppo selezionato dei "maestri". È stata la tua più grande virtù?
«Non posso vantarmi di questo... non lo so. Quello che posso certificare è che sono uno studente diligente dei grandi maestri. Quando parlo di maestri, mi riferisco ai calciatori che ci insegnano. Il giocatore insegna molto più di quanto gli allenatori insegnino loro. Bisogna saper imparare. Poi quello che si impara da

altri maestri, nel mio caso Menotti, si cerca di trasmetterlo ad altri attori. È un costante processo di apprendimento e di insegnamento. Non ho mai pensato di saperne più dei giocatori. Potevo solo trasmettere loro quello che avevo imparato guardando le grandi squadre. Ho detto Menotti, ma ho imparato molto anche da Carlos Peucelle, Renato Cesarini e dal "Piojo" Yudica.»

Ho posto a diversi allenatori la dicotomia proposta da Cachito Vigil: "Se tu potessi scegliere, sceglieresti di essere il migliore o il numero uno? Insomma, l'Huracan di Cappa o lo scudettato Velez? Finora, tutti hanno scelto il tuo Huracan, cioè di essere il migliore rispetto al numero uno.

«È molto difficile scegliere. Si gioca per vincere. L'Olanda nel 1974, il Brasile nel 1982 e l'Ungheria nel 1954 erano grandi squadre che non hanno vinto, ma stavano cercando di vincere. In ogni caso, quelle squadre hanno lasciato qualcosa. Ci sono molte squadre che vincono ma non lasciano nulla. Fabio Capello, al Real Madrid, ha vinto due volte la Liga; la gente lasciava il campo e quando arrivava alla curva non ricordava nemmeno contro chi avesse giocato. È come disse Cruyff di Mourinho, che definisce molto bene ciò di cui stiamo parlando: "Devi chiedergli di vincere, perché non ha altro". Ovviamente è meglio vincere che perdere. Voglio vincere, ma mai "como sea", in qualunque modo. Se fossi sicuro di vincere giocando male, non lo sceglierei comunque. Perché per me non significa nulla.»

Quindi ha ragione Arrigo Sacchi "...rimanere nella testa e nel cuore della gente".

«Siamo tutti alla ricerca del titolo, ma la forma fa parte del patrimonio emozionale di ognuno di noi. Questa è la cosa più importante. Questo è ciò che si ricorda. Non so quanti gol abbia segnato Houseman e quante volte sia stato incoronato campione, ma alcune sue giocate le ho ancora nel cuore.»

Utilizzo una citazione di Menotti come innesco. Dice: "Il mio obiettivo non è vincere, ma giocare bene, perché anche se perdiamo oggi, alla lunga vinceremo". Il problema è che nel calcio argentino, ma anche in generale, quel "alla lunga" non esiste, perché se perdi tre partite vieni licenziato. Così molti allenatori finiscono

per tradire la loro idea originale per ottenere risultati che li mantengano in panchina. Come valuti questa situazione?

«Ognuno fa quello che può per cercare di sopravvivere. Ognuno sceglie la propria strada. Se un allenatore si adatta a un'idea di gioco che lo fa vincere in modo semplice, perché non adotta sempre quell'idea? Il fatto è che non è vero che si vince sempre. Si vince e si perde in ogni caso. Devi scegliere un modo per vincere e poi magari perdi. È come nella vita, devi scegliere come vuoi vivere. Non si può scegliere il successo. Il successo arriva o non arriva. C'è una frase di Eduardo Galeano che è molto bella: "Non si gioca per vincere, si gioca per giocare". Il successo è una eventuale ricompensa.»

Alcuni detrattori di allenatori come Bielsa, che cerca sempre il gol e il protagonismo nel match, criticano i rischi che prende. Come dice Marcelo: "Preferisco accettare la possibilità di perdere e rischiare, alla ricerca di un risultato favorevole, piuttosto che speculare e regalare il vantaggio".

«Certo. Una cosa è andare dal mio avversario e provocare un errore. Cercando di indurlo a commettere uno sbaglio in modo da segnare un gol. Un'altra cosa è aspettare che l'avversario faccia un errore e approfittarne. Questa è una speculazione. Non si può giocare senza correre rischi. Se vado alla *roulette,* devo correre un rischio, altrimenti non gioco. La vita è un rischio, come si fa a vivere senza? Non andresti mai in macchina, in aereo, non ti innamoreresti mai, perché anche innamorarsi è un rischio. Si può vivere da codardi o essere più coraggiosi che si può. Il coraggioso si tuffa nella piscina da cinque metri, ma prima controlla se c'è acqua. Un pazzo si tuffa nella piscina e poi in aria controlla se c'è acqua o no.»

È molto difficile trovare un giocatore che sia stato allenato da Bielsa e che parli male di lui. Come si fa?

«È vero che quasi tutti i giocatori che sono stati allenati da Bielsa gli sono rimasti molto affezionati. Parlano bene di tutto ciò che ha dato loro. L'allenatore deve essere un uomo che aiuta. Se non lo fa, è un tipo che è una spina nel fianco. Come si fa ad aiutare? Con le parole e con l'allenamento. L'allenamento è per contribuire e insegnare, non per correre e sollevare pesi. Bielsa contribuisce e lascia le cose nei giocatori. Per questo lascito, i suoi ex continuano a stimarlo.»

In una conferenza che hai tenuto in Spagna, organizzata dal giornale El País, hai detto una delle frasi che ti caratterizzano: "Da quando il business ha preso il controllo del calcio, gli ha trasmesso tutti i suoi valori. I valori del profitto immediato, che nel calcio significa vincere a qualunque costo. L'unica cosa che conta è vincere, il gioco non è importante. Chi vince vale, chi non vince è un povero stupido. Questo crea un clima di isteria che viene sfruttato dal giornalismo. Il giornalismo becero che vede in tutte le partite vita o morte, la retrocessione è un dramma, chi è campione è un semidio, ma per poco, perché se perde la prossima partita è un idiota. E avanti così." Dopo aver letto la frase alla lettera, ti chiedo quanto segue: questo spiega perché persone come te, come Bielsa, Menotti o Pékerman sono eccezioni in questo ambiente. È difficile pensare come pensi tu?
«È molto difficile allontanarsi da una certa idea di società che viene proposta. Ci sono pressioni che fanno parte del gioco e altre che sono artificiali. Non esiste la vita o la morte nel calcio, tutto può essere riparato. Se una squadra viene retrocessa, beh, e allora? Non succede niente, bisogna tornare in Serie A e basta. Tutto diventa un dramma perché il giornalismo gestisce gli estremi. Chi vince è meraviglioso, straordinario, tutto ciò che fa è buono. Chi perde è un disastro, tutto è un fallimento. Non è così. Il Rayo Vallecano è stato retrocesso, ma i loro tifosi stanno bene perché sanno ciò che la squadra ha dato loro in tante partite. Ci sono squadre che vincono e non ti lasciano niente. Torni a casa come se non fosse successo nulla. È come andare al cinema: ci sono film che ti lasciano la commozione addosso per molto tempo. Forse non riceverà l'Oscar, ma questo non toglie quello che ha prodotto in te.»

Non devi giocare per vincere, devi giocare per non essere dimenticato. Cercando di vincere, certo, ma con risorse che rimangono nella memoria e nel cuore del calciatore. Che segnano lo stile e lasciano eredità.
«Il business ha trasmesso al calcio un valore che è dannoso: vale solo la pena vincere. È quello che ripetono molti allenatori, che vincere non è la prima cosa

ma l'unica cosa che conta. Il calcio per me significa molto di più. Se vincere fosse l'unica cosa, perché andare a vedere le partite? Guarda sul giornale, il lunedì, per vedere cosa ha fatto la tua squadra ed è finita lì. Se vai a vedere la partita è perché c'è qualcos'altro. Il calcio è arte, emozione, scienza e gioia.»

La grande conquista della tua carriera è che non hai mai tradito le tue convinzioni e i tuoi princìpi, che hai sempre mantenuto le tue idee e il tuo modo di essere, senza lasciarti condizionare dai risultati?
«Esattamente. Ciò che mi dà tranquillità è che sono rimasto fedele a quello in cui credevo. Fedele a tutte le grandi squadre e giocatori che ho visto e da cui ho imparato. Sono sempre stato leale, nella vittoria e nella sconfitta. L'eredità dell'allenatore... sai cos'è? I giocatori. In questo senso devo sentirmi più che soddisfatto, perché la maggior parte di loro parla di me con affetto e rispetto. Non solo i giocatori, ma anche i magazzinieri, i massaggiatori... È la cosa migliore che possa succedere.»

Sia tu che Marcelo siete molto critici nei confronti della stampa, e giustamente. Ricordo una sua dichiarazione, su certi giornalisti: "Non faranno altro che accompagnarvi, se i risultati sono buoni; se cambiano, non sapranno analizzare altri aspetti".
«Il giornalismo, in qualsiasi campo, crea opinioni. Se i giornali dicono che ho rapinato una vecchia signora per strada, la gente finisce per crederci. I potenti gestiscono i media in modo che si pensi come vogliono loro.»

Marcelo dice del giornalismo che durante un periodo di prosperità le valutazioni sono a favore e si esaltano gli stessi valori che vengono rifiutati di fronte alle avversità. Sei bravo se hai vinto, e se hai perso sei cattivo.
«Naturalmente, è così. L'unica cosa che questa società rispetta è il trionfo. Del resto pare interessargli poco. Chiunque vinca ha ragione, punto. Inoltre, è il migliore, il più bello, il più alto e ha pure gli occhi azzurri. E se hai perso, anche se ha fatto la stessa cosa che di quando hai vinto, sei un idiota.»

Cosa pensi di Bielsa?
«Bielsa è un grande. È un uomo con convinzioni molto profonde. Se la sua squadra gioca male, lo ammette senza problemi, lo dice quando non meritava di vincere. È un tipo davvero onesto che fa bene al calcio.»

Rafael Bielsa

Il cognome Bielsa non è uno dei più prestigiosi nella storia dell'Argentina per il lavoro svolto da Marcelo e per la sua brillante figura famosa ormai in tutto il mondo. Molti dei suoi parenti diretti sono stati e sono riconosciuti per il loro notevole lavoro. Rafael Bielsa, suo nonno, è stato uno dei giuristi più insigni del paese, uno dei padri del diritto amministrativo in Argentina, presidente dell'Ordine degli avvocati di Rosario, professore straordinario all'Università di Buenos Aires, professore onorario alla Sorbona di Parigi, membro onorario dell'Accademia di Legislazione e Giurisprudenza di Madrid e dell'Istituto dell'Ordine degli avvocati del Brasile.
Rafael Pedro Bielsa, il padre di Marcelo, anche lui avvocato, è stato un illustre giurista di Rosario. María Eugenia, sua sorella, è architetto e professoressa alla Scuola di Architettura dell'Università Nazionale di Rosario. Ebbe un'importante incursione nella politica nazionale: fu la prima vicegovernatrice della provincia di Santa Fe e deputata provinciale. E infine, l'uomo che interrogheremo a breve: Rafael Bielsa, il fratello maggiore del Loco. Si è laureato in legge all'Università Nazionale di Rosario. Il suo curriculum è enorme e di prestigio. È stato Ministro degli Affari Esteri del Paese, capo della Segreteria di Programmazione per la Prevenzione della Tossicodipendenza e la Lotta al Traffico di Droga, deputato, sottosegretario degli Affari Legislativi del Ministero dell'Educazione e della Giustizia della Nazione, consigliere di Gabinetto della Segreteria Legale del Ministero dell'Educazione e della Giustizia e membro del Congresso Nazionale, tra i tanti incarichi. Ma, naturalmente, una persona non è descritta solo dalla freddezza di un *curriculum*. Ecco perché per definire Rafael Bielsa è sufficiente dire che è un uomo giusto, colto, con profondi valori etici e morali; uno di quei ragazzi che ispirano e commuovono. Ha firmato diversi libri sulla politica e la legge, oltre che sulla storia del suo amato Newell's; ha pubblicato saggi e racconti e più di una dozzina di volumi di poesie. Ha anche scritto romanzi, l'ultimo, "Rojo sangre", pubblicato nel 2017. È stato molto cordiale e ha accettato volentieri di partecipare al libro che ha come titolo il suo cognome. Ci ha girato un articolo che aveva scritto quando Marcelo era stato nominato allenatore della Nazionale (1998).

Marcelo Bielsa, *técnico* de la *Selección*. Un Olimpo ritagliato in carta crespa blu e bianca, il giardino delle delizie offerto su un calice con sepali rossi e neri. Rosario non solo dà a coloro che si comportano meglio, ma colonizza anche con coloro che selezionano i migliori. Per alcuni, inizia un periodo fertile di fiducia. Per lui, dopo questi primi giorni, i versi di Miguel Hernández: "Le mie ossa sono fatte per i dolori / e queste tempie sono fatte per i pensieri"?

È chiamato a risolvere un'antinomia stantia, dietro la quale sono schierati tifosi, allenatori, giornalisti e persino la Borsa: palla corta e al piede contro palla lunga, l'Huracán del 1973 contro Estudiantes del 1969, il tavolo di sabbia contro la musa dell'ispirazione.

L'equilibrio con cui finirà ciò che inizia ha una prognosi riservata, perché nel calcio, Newton – con restrizioni – è stato sostituito dalle leggi del caso.

Marcelo è diverso dai suoi predecessori nel seguente contesto: ha qualcosa di ognuno di loro, perché alla fine il calcio non è altro che un perimetro, e allo stesso tempo gli mancano molti dei tratti che hanno caratterizzato gli altri, aggiungendo i suoi, che non sono pochi, all'amalgama.

Marcelo è terso fino al limite dello schizzo, luogo dove a volte rimane prigioniero dell'incomprensione; si sa che gli artisti sono vittime dei generi che scelgono.

Menotti, invece, è copioso al punto da avere il voltastomaco. Bilardo è dogmatico fino allo sfogo; Marcelo, invece, è pratico, anche se meno di quanto dovrebbe permettersi di essere.

Basile è convinto che il calcio sia un'associazione moderatamente lecita tra professione, divertimento e fortuna, in un modo che non è facile da specificare. Marcelo crede che dosi massicce di professione siano capaci di mettere all'angolo il caso fino a soffocarlo, e lui ci crede così fortemente che non ha più tempo per il divertimento.

Passarella conduce guardando indietro verso il Grande Capitano che ha sollevato la Coppa del Mondo nel 1978. Ecco perché ha preferito non vincere in Francia piuttosto che farlo vincere ai suoi giocatori (si parla del Mondiale del 1998 dove Passarella era CT, *nda*). Marcelo, prematuramente ritiratosi dal calcio, guarda ora agli anni a venire, cercando la sua figura equestre.

Il nuovo allenatore ha relazioni burrascose con Dio e con il destino, e sommini-

stra tormentosamente il cibo che tale bocca esige da lui: coerenza, patti, il sacrificio rituale di giovani animali. Poiché diffida dell'ira del cielo, spera di trovare alla fine una formula per tenere a bada la sfortuna.
Da quando è diventato un tecnico, non ha smesso di combinare sostanze, aggiungendo e sottraendo le proprie e le altrui debolezze e forze, con una dedizione incrollabile. Come gli alchimisti, la sua ricerca è diventata una religione personale e il suo percorso originale di elevazione e conoscenza. Tutto ciò che ha è nato da lì e quella conoscenza è tutto ciò che ha.
Ogni giorno, minuto dopo minuto, immagina transazioni con l'imponderabile e ne fa calchi costanti, scarta tutte le risposte ovvie perché diffida delle cose che vanno subito bene, e parla in una lingua irriconoscibile ai suoi amati che non ci sono più.
Se fosse possibile stare sopra di lui e rappresentare con linee questo lavoro di architetto dell'evento, si scoprirebbe che il disegno risultante assomiglia quasi pantograficamente alle evoluzioni dei suoi giocatori in campo. Questa è la sua estetica: fantastica, fantasmatica o fantasmagorica, a seconda che si tratti di vittoria, pareggio o sconfitta, la bellezza intesa come continuità, come un magnete che collega una cosa con un'altra all'interno dell'innumerevole quantità di tempo che esiste in novanta minuti. Il calcio è un perimetro, certo, ma dentro ci sono ventidue infiniti e una palla.
Ci sarà un calcio di punizione nell'angolo dell'area avversaria, qualcuno prenderà un cross; alcuni giocatori andranno verso la destinazione prevista della palla, altri per l'errore dell'avversario, e un terzo per l'errore di un compagno di squadra, perché un tiro con la destinazione sbagliata non è detto che finisca in gol.
È facile sapere quali giocatori preferisci. Si tratta di prendere il manager, dividerlo per le cose che sente che gli mancano per essere a suo agio nella vita, e moltiplicare il risultato per gli attributi umani che gli danno fiducia.
(...)
Non ignora che gli uomini non nascono odiando coloro la cui pelle è di un colore diverso, così che così come il rancore si impara, anche l'amore può essere imparato. E Orteguita, quando sarà il momento, sarà in grado di coprire la fascia e anche di rompere la vita dove fa male, con le avvertenze appropriate. Noi uomini non siamo come i fiumi, che non possono tornare indietro.

Prima delle partite, userà la bilancia digitale; durante il gioco, esigerà dalle sue cariche il peso in bronzo. Saranno i suoi giocatori a condividere questo credo, per comprensione o come atto di fede. Una volta che Marcelo li ha fatti suoi, non smetterà di osservarli fino al loro ritiro dal calcio e anche dopo, quando faranno i loro primi passi come allenatori. Se li ha scartati, non li guarderà mai più.

Insegnerà con la stessa passione con la quale praticherà. E mentre si esercita fino allo sfinimento, sarà difficile per chiunque eguagliarlo in termini di discepoli, ex giocatori che sono passati per le sue mani, che hanno seguito le sue orme fino a trovare il proprio nel campo della tattica e della strategia. Sarà il suo lavoro a lodare il maestro; il maestro difficilmente loderà il suo lavoro come proprio.

Anche se lo allunga, preferisce che il filo non venga mai tagliato perché non crede nella riconciliazione. Perdonerà a seconda della colpa, ma la gravità che vi attribuisce non è quella del resto dei mortali: un gesto di non sostegno in un momento critico può essere per lui meno dimenticabile di un infanticidio. Canta, con Enrique Cadícamo: "Ti lascerò uno spicciolo, forse una miseria / per saldare il debito, grande stupido / e ti prometto, per il mio bene / che appena esco, ciao ciao, sei già un biglietto."

Poi, c'è il suo rapporto con la stampa; è impossibile non fare delle distinzioni. Una volta sapeva dire che solo nella conoscenza si è al sicuro. Da questo principio deriva il buon rapporto che avrà con il giornalismo sportivo scientifico. Geneticamente condizionato come un anofele, è giubilantemente grato verso tutto ciò che lo aiuta a pensare. Disprezza, invece, l'offerta di occasioni. Allontanerà inesorabilmente i reporter alle prime armi di "oggi qui e domani là".

Disdegna le intenzioni malvagie più di quanto riverisca l'intelligenza; perciò, si scontrerà con coloro che avvolgono sontuosamente i loro pregiudizi e cercano di colpirlo con una spada camuffata.

Per semplice istinto di autoconservazione, il giornalismo dovrà tenere presente che la natura lo ha dotato della curiosa capacità di far sentire gli altri tanto a disagio quanto loro hanno fatto sentire lui, un'atmosfera che è capace di diffondere come un miasma in tutta la sfera in cui l'interrogatorio ha luogo.

Per quanto riguarda la vita privata dei suoi alunni, non ha mai fatto domande su cerchietti, orecchini, lucido per scarpe o tinture rituali. La modestia retrò che

prova nei confronti della propria vita lo rende disinteressato a quella degli altri. Chiunque lo interroghi su questi argomenti otterrà solo come premio di consolazione qualche titolo incolore, insapore e doloroso.
Infine, ci sono gli interessi e la politica. Se si guarda alla carriera di Marcelo Bielsa come dipendente di vari club, si nota subito la quasi totale assenza di conflitti con i suoi superiori durante il tempo in cui hanno condiviso un progetto. Tuttavia, guai a coloro che si allontanano dalla rotta che hanno stabilito.
Comandante come pochi altri, conosce a fondo la meccanica del ruolo. Non ci saranno problemi finché i cacciatori di opportunità si aggirano nelle vicinanze del suo lavoro; li guarderà con la coda dell'occhio, con indifferenza.
Ci sarà, inevitabilmente, se un affare interferisce con la guarigione di un ginocchio, con la possibilità di completare una serie di cross verso il palo più lontano o, insomma, se mette in pericolo il progetto dell'allenatore dalla maschera di ferro di essere il migliore attraverso i suoi giocatori.
Marcelo Bielsa, allenatore della nazionale argentina. La montagna dell'Olimpo ritagliata in carta crespa azzurra e bianca. Nelle inaugurazioni e nelle nascite tutto è ambrosia e nettare. Non passerà molto tempo prima che Typhoon cominci a salire e noi cominciamo ad andare di male in peggio, perché il calcio, che nel nostro paese è politico, può solo prometterci sangue, sudore e lacrime. A parte l'illusione, il sogno, naturalmente, senza i quali il calcio non sarebbe il calcio.

La storia è l'unica che giudica il nostro passaggio nella vita, e le parole che venti anni fa Rafael scrisse in questo bellissimo testo sono oggi una realtà consumata. Per questo gli si è chiesto di riflettere su come sente, a distanza di tanti anni, di non essersi sbagliato sulla figura e sul lavoro di Marcelo. Sempre privilegiando il suo lato poetico, ha scritto questo ennesimo capolavoro.

Con il passare degli anni, appaiono domande che senza rendercene conto stavamo lasciando per il dopo. Nessun essere umano ha una mappa della vita, perché nessuno ha vissuto la sua vita in anticipo per segnare il cammino. E non tutti hanno abbastanza tempo, dopo, per cercare di rispondere.

Quando ho scritto "Il DT della maschera di ferro" vent'anni fa, non sono sfuggito a questa regola. Ma vent'anni sono qualcosa, e le domande di oggi sono più importanti delle certezze di ieri. Quindi andiamo al sodo.
È possibile pensare a una dimensione epica senza la gioia del cuore? Un'epica dell'emozione senza l'emozione dell'epica? La scienza disciplinante non è forse un antidoto alla gioia illimitata?
Con il passare degli anni, il cipiglio del DT della maschera imperturbabile è diventato più inflessibile, più radicalizzato. E il gioco, di cui il calcio è uno dei tanti esponenti, richiede divertimento. Torrente emotivo rispetto al quale i margini che la professionalità stabilisce, quando non si limitano a guidare (che è ciò a cui servono), imbalsamano.
Oltre i bordi, c'è la tristezza. Un bordo è proprio questo: una riva, instabile, fragile, casuale. Il sovraffaticamento ha un rischio: superare quel limite. E il calcio senza sorriso non è calcio.
Allora, è possibile pensare alla *leadership* senza identificarsi con il leader? È possibile essere un referente se chi è referenziato riverisce, invece di riconoscersi e sapere di essere riconosciuto? L'eccesso di rispetto, a volte, è un eccesso e niente più. La coesione di un gruppo è più una questione di ruoli che di obbedienza. Di complementarietà più che di singolarità. Di piacersi più che di piacere.
Ora penso che l'ammirazione per una guida sia una condizione necessaria ma non sufficiente per dare il meglio di sé, che non è sinonimo di dare il massimo. Dopo tutto, il meglio che possiamo dare non è tutto quello che abbiamo. Il buon senso calcistico consolidato dice che "in campo si dà il massimo". Dovremmo pensare alla qualità di ciò che diamo, non alla quantità.
Mi chiedo anche se c'è una terza possibilità tra il sentirsi assorbiti da se stessi o essere turbati, una dicotomia posta dalla società della comunicazione. La risposta potrebbe risiedere nella soddisfazione personale? Non si può dare ciò che manca.
Un gruppo umano è per definizione eterogeneo. I giocatori di calcio (soprattutto al più alto livello di competizione) provengono da diversi ambienti sociali, da diversi ambienti culturali, da diversi paesi. Si tratta di amalgamarli, ma un amalgama è diverso dal risultato della somma delle sue parti. E solo chi è membro

della nuova sotto-società si amalgama, non chi elabora la formula in un ambiente claustrale.
Infine: si può amare senza amarsi, dare senza aver dato, perdonare se non c'è il perdono di se stessi? Si può allenare senza amare, senza dare, senza perdonare? Questa è la differenza tra una squadra ben allenata e una ben gestita.
Il giocatore deve annusare la palla, l'erba, il sudore. E la sua guida dovrebbe incoraggiare questi istinti, cercando di rendere il giocatore consapevole di essi (che per il momento gli appartengono) e non della figura severa che lo saluterà all'intervallo.
Per tutti i fragili esseri umani, c'è un tempo per agire e un tempo per avere agito, un tempo per fare e un tempo per avere fatto, un tempo per iniziare e un tempo per finire. Ma naturalmente, chi soffre non può mai aspettare.

Matías Almeyda

Chiedete a Matías Almeyda cos'è il calcio: misurate la sua passione e troverete l'essenza del gioco più bello del mondo. Il desiderio di rincorrere la palla lo ha coinvolto fin da bambino, come deve essere, nella cittadina di Azul, a sud della provincia di Buenos Aires. Comincia nelle squadre di *barrio*, di quartiere: sia percepita nell'accezione più positiva questa locuzione, perché l'Argentina, e in generale il Sudamerica, rimane ancora con l'impronta della "strada", dove prende coscienza l'anima futbolística più pura di ogni ragazzo. Partite serie, competizioni vere, in cui il giovane Matías si innamora perdutamente del Gioco e decide che sarà la sua vita. Non si arrende ai primi tentennamenti del River Plate, che lo chiama per alcuni provini (al primo si presenta coi capelli rasati: da lì nasce il nomignolo che si porta dietro anche oggi, "Pelado"), ma lo fa penare prima di regalargli il definitivo sì e la maglia con la banda rossa.
Coi Millonarios della capitale argentina vince da protagonista, in una Copa Libertadores, nel 1996, poi abbandona il Subcontinente per l'Europa, e attraversa l'Italia, Lazio, Parma, Inter, Brescia. Passa da Oslo ma praticamente ha già detto addio al calcio. Poi torna.
Il tecnico che lo aveva fortemente voluto in Nazionale, Marcelo Bielsa, aveva riconosciuto immediatamente la profondità dell'uomo Almeyda, ed è lui per primo a inviare una mail al Pelado: "Torna, se davvero te la senti", gli scrisse il Loco per poi regalargli una delle sue *libretita*.

Tornerà a casa, al River, per finire la carriera e mostrare, senza paura, a tutta la "Bombonera" durante un derby contro il Boca Juniors nel maggio 2011 che il suo amore appartiene al "Mas Grande" ed è pronto a occuparsi del lavoro "sporco". Perché nessuno dei tanti professionisti che si riempiono la bocca di valori avrebbe mai rischiato così tanto di suo, avrebbe sostituito i calzoncini con la tuta e avrebbe allenato con l'unico obbligo di riportare nella massima divisione il River, dopo l'onta della retrocessione in una situazione ambientale invivibile. Ci voleva amore, tanto amore per sedersi lì: Matías ha tenuto sempre la testa alta e ha riportato la squadra dove meritava, per poi essere spesato in *malo modo*. Una

volta di più, venivano confermate le sue certezze sull'ingratitudine che spesso abita il mondo del calcio, e che Almeyda ha sempre denunciato con la purezza dell'inattaccabile.
Un uomo così non può essere, riamato dal Loco. Valori e amore per il fútbol.

> «Bielsa è un tecnico che ha segnato non solo per le sue idee calcistiche, ma per la sua visione della vita all'interno del gioco. Marcelo è un autentico fanatico del gioco, vive di calcio: ce l'ha nel profondo, ma seriamente, non è una frase buttata lì, in questo caso. È diverso da tutti gli altri allenatori; non gli sfugge niente, entra in ogni minimo dettaglio cui normalmente non penseresti mai. Di calcio e di vita.»

Dettagli che migliorano il calciatore, e l'uomo.
«Ti lucida, ti rende un giocatore migliore. Bielsa vede quello che gli altri allenatori non vedono e poi te lo spiega in modo che tu possa applicarlo, te lo spiega in maniera diretta e unica. Gli piace premere intensamente, spingerti fino ai tuoi limiti, gli piace prendersi cura degli spazi e mette molto impegno nell'attenzione delle staffette. Ma non facciamo errori: quando abbiamo la palla, vuole che la gestiamo bene e che la squadra giochi bene.»

Persona e tecnico, i suoi insegnamenti li hai ripresi anche quando hai smesso gli scarpini per la tuta da tecnico, tu che dopo l'avventura in Argentina hai vinto tutto in Messico, con le Chivas di Guadalajara.
«È una persona che ammiro, di una chiarezza unica. Con poche parole, ti spiega cosa devi fare e, cosa più importante, ti convince. Come allenatore, penso di applicare una metodologia simile alla sua, soprattutto nella programmazione e lo sviluppo degli esercizi. Come lui, lavoro sulla base di situazioni di gioco reali. Condivido la sua mentalità offensiva. Mi piaceva ascoltarlo quando parlava con la stampa, dove trattava tutti i giornalisti allo stesso modo. Bielsa è il miglior allenatore che ho conosciuto.»

Però c'è ancora chi dice, in quanto a trofei...
«Il successo non può essere ridotto a dei risultati. La traccia che si lascia è molto

importante. E ciò che caratterizza Bielsa è il suo solco su ognuno dei giocatori che ha avuto: senti come ne parlano, eppure non è che lui faccia l'amicone, o robe del genere. È onesto, diretto, profondo, chi ha giocato per lui lo riconosce. Il mio, il nostro rispetto e la nostra ammirazione per lui erano e sono immensi.»

Tu l'hai avuto in nazionale. ti ricordi un aneddoto non di gioco?
«Una mia zia stava per morire, le avevano dato solamente qualche giorno di vita. Parlai con Bielsa e gli dissi: "Non sono concentrato, voglio andare ad Azul con la mia famiglia". Mi rispose senza tergiversare: "Vai subito. La vita è più importante del calcio". Mi regalò un libro per continuare gli esercizi e scrisse una dedica molto bella. Questo è Bielsa.»

Il "Pelado" ha avuto il coraggio di affrontare una delle sfide più delicate, quella contro la depressione. Ne è uscito a testa alta, esattamente come a ogni triplice fischio dell'arbitro, con la voglia di sempre, qualche cicatrice nell'anima che non ha mai minato il suo amore per il calcio, anche se il mondo del pallone, quello che vive attorno al campo da gioco, lo ha più volte deluso, con le sue ipocrisie, le sue falsità. Parla alto e profondo, come il suo amato Loco.
«È un uomo che ammiro molto. Un uomo profondo e intelligente, che sa e ha saputo essere contro il sistema che insozza ogni giorno di più il calcio. Lui sapeva vedere in me non solo il mio aspetto di calciatore ma anche e soprattutto la mia maniera di vivere e pensare il *fútbol*, il mio rapporto con questo. Mi ha insegnato molto.»

Mauricio Pochettino

Mauricio Pochettino è, probabilmente, tra i cinque migliori allenatori del mondo oggi. Ha iniziato la sua carriera in panchina a soli 37 anni, gestendo tre squadre di relativa fama mondiale, fino alla chiamata del PSG e il grande ritorno in Francia, dove aveva giocato da calciatore.

Fin da subito, ha attirato l'attenzione di amici e sconosciuti. Dal 1994, quando ha lasciato il suo Newell's, non è più tornato da quelle parti per sistemarsi. Nel vecchio continente è visto come un altro europeo. Non solo perché vive ininterrottamente in Europa da quasi venticinque anni, ma anche per la sua personalità: è misurato e prudente nelle sue dichiarazioni, sobrio nei suoi rapporti, moderato nell'esprimere pubblicamente le sue emozioni di fronte alla vittoria e alla sconfitta. È un uomo di basso profilo, di equilibrio.

«La gente mi vede più come un manager europeo che argentino ma io mi sento soprattutto come un cittadino del mondo», dice.

Poche persone sono state più direttamente influenzate da Marcelo Bielsa come Pochettino, per tale motivo vi riportiamo, come ultima del capitolo, questa lunga testimonianza, perché **Mauricio è la continuazione etico-sportiva del Loco**. La sua carriera di giocatore è stata interamente segnata dall'influenza del Loco. Un ragazzo che è diventato un uomo a sua immagine e somiglianza. Certo oggi, come allenatore, in lui si ritrovano molti tratti comuni col Loco.

La storia del primo incontro tra i due è ben nota. Nei suoi meravigliosi anni di lavoro alle giovanili del Newell's, Marcelo ha passato molto tempo a reclutare giocatori. Perlustrava il paese alla ricerca di talenti da portare nell'istituzione. Con il suo occhio clinico, ha testato migliaia di giovani in ogni angolo dell'Argentina. Un allenatore di un club locale lo informò che il miglior giocatore della zona non aveva partecipato alla sessione di allenamento. Era un certo Mauricio Pochettino, di una piccola città vicina, Murphy. Jorge Griffa e il Loco decisero di andarci. Arrivarono alla casa del ragazzo in questione, di appena 13 anni, alle due del mattino di un lunedì d'inverno, non smisero di bussare alla porta finché non fu aperta. I genitori, stupefatti da ciò che stavano vivendo, li fecero entrare. Naturalmente, Mauricio stava dormendo, come fanno le persone normali in un giorno feriale a quell'ora. Bielsa chiese di vederlo. Lo svegliò, lo scoprì e, guardando le sue gambe, esclamò: "Che gambe da calciatore!" Quattro anni dopo, a soli 17 anni, il difensore stava già giocando in prima squadra sotto la guida proprio del suo scopritore. Quello che è successo dopo è nelle pagine più dorate della storia del NOB. Bielsa ha allenato quel ragazzino, lo ha lucidato e gli ha dato tutti gli strumenti necessari per diventare quel che sarebbe diventato in seguito: un leader difensivo, un giocatore di classe mondiale nella sua posizione.

Qualche anno dopo si sarebbero incontrati di nuovo. Il Loco ha avuto un breve periodo di lavoro con l'Espanyol nel 1998, interrotto bruscamente per la chiamata della Nazionale argentina. In quel breve periodo, Mauricio è come fosse tornato alle sue radici, per essere allenato da Bielsa. Pochettino ha avuto un ruolo chiave nella struttura della squadra del Loco che ha giocato un grande calcio prima di cadere nella fase di gruppo della Coppa del Mondo del 2002. All'epoca, infatti, l'Argentina era considerata, insieme alla Francia, la migliore squadra del mondo. Purtroppo, entrambe hanno vissuto il grande fallimento di essere eliminate subito.

Bielsa e Pochettino hanno condiviso molti anni insieme, più che sufficienti per garantire allo sceriffo di Murphy molte sfumature della scuola *bielsista*, dentro e fuori dal campo.

Pochettino è diventato allenatore nel 2008, due anni dopo aver lasciato il campo. Ha iniziato a lavorare, appunto, nell'istituzione in cui si era ritirato come giocatore e dove aveva vinto due Copa del Rey: l'Espanyol. È una gloria della seconda squadra di Barcellona e lo straniero che ha giocato più partite nella storia. Ha iniziato dal basso, addirittura come terzo allenatore della squadra femminile. Nel 2009, il club era in gravi difficoltà: senza tecnico e in piena zona retrocessione. Nessuno avrebbe voluto subentrare in un simile contesto, con il torneo già ampiamente compromesso. Così i dirigenti si sono rivolti a un uomo vero: Mauricio. Gli hanno dato una nave alla deriva in alto mare. Non c'era margine di errore, qualsiasi mossa falsa al timone avrebbe significato la perdita della categoria. Non male come prima esperienza, anche perché rischiava immediatamente di veder sparire l'enorme prestigio raggiunto come giocatore.

Ma fin dal primo momento ha fatto emergere uno dei tratti più importanti della sua personalità: il coraggio. «Devi essere coraggioso nel calcio perché alla fine se non sei coraggioso nella vita, è difficile andare avanti», avrebbe detto anni dopo. Ha giocato 19 partite e ha portato a casa 32 punti, vincendone 8 e pareggiandone 2 nelle ultime 10. L'uomo di Santa Fe aveva compiuto il miracolo di mantenere la squadra nella massima serie. Così la figura dell'allenatore Pochettino ha cominciato a emergere. Come se non bastasse, in quello stesso semestre ottenne un'epica vittoria per 2-1 sul Barcellona al Camp Nou dopo 27 anni. Dopo quella storica gara, Pep Guardiola dichiarò: "Ci sono squadre che ti aspettano e squadre che ti vengono alte a cercare. L'Espanyol ti cercherà. Mi sento molto vicino al loro stile di gioco." Mentre era all'Espanyol, ha vissuto un momento molto speciale: il suo primo incontro come collega con il suo grande mentore Marcelo Alberto, che all'epoca era nell'Athletic Bilbao. Nella conferenza stampa pre-partita, Pochettino è stato naturalmente interrogato su questo primo incrocio, e ha risposto così:

> «È un motivo di orgoglio, un onore poterlo affrontare sportivamente. È come il mio secondo padre. Molte delle cose che ho come allenatore le ho ereditate da lui. È il mio insegnante. Ho un grande affetto e ammirazione».

Mauricio è rimasto all'Espanyol fino alla fine del 2012 dopo aver fatto un ottimo lavoro. Il suo nome era già chiacchierato in tutta Europa. Nella sua seconda esperienza aveva già raggiunto uno dei suoi obiettivi come allenatore: dirigere in Inghilterra. Secondo lui, la Premier League è il miglior campionato del mondo in termini di organizzazione e competitività e quello che più si adatta alla sua personalità e dove c'è maggior rispetto per il professionista. Insomma, per Pochettino, il campionato inglese è quello che fornisce tutti gli elementi necessari per lavorare con un progetto, e lo ha dimostrato una volta lì. Il suo arrivo ha rivoluzionato il calcio inglese contemporaneo. All'inizio del 2013 giunge al Southampton per affrontare una nuova situazione difficile. Come nei suoi primi giorni all'Espanyol, pure qui la squadra era in serio pericolo di retrocessione. Ancora una volta raggiunse l'obiettivo di mantenere la squadra in Premier. Per la stagione successiva è andato molto oltre costruendo un undici estremamente competitivo e audace, con una chiara vocazione offensiva, protagonista in ogni campo e che giocava senza paura, alla pari, con le più grandi squadre. Sono rimasti tra le migliori della classifica per molte partite e hanno finito con un dignitoso ottavo posto. Ma i numeri erano l'ultimo dei problemi. Ciò che faceva scalpore in Inghilterra era il modo in cui il manager faceva giocare un undici poco ricco di talento. La prova di ciò è che il Southampton era la squadra con il maggior possesso in campionato in quel torneo (58,6%). Il "metodo Pochettino" aveva già preso piede nel paese. Semplice e chiaro com'è suo solito, ecco come ha descritto il suo eccellente lavoro con i Saints: «Abbiamo presentato un approccio attraente e d'attacco, questo era quello che volevamo fin dal primo giorno».

Il successivo passo è stato al Tottenham. All'inizio del 2014, il club di Londra è andato a cercarlo per iniziare un ambizioso progetto sportivo. Sapevano che Pochettino era l'uomo ideale. E così è stato. La sua squadra ha costruito basi solide ed è cresciuta gradualmente, fino a giocare un calcio di altissimo livello. Con il passare del tempo, la sua idea e il suo stile divennero sempre più riconoscibili. La filosofia Pochettino era assolutamente permeante dentro tutto il mondo Spurs. È riuscito a raggiungere la finale della Coppa di Lega 2014-15, e in Premier League nel 2015-16 sono stati, dal punto di vista del gioco, i migliori della stagione, finendo al terzo posto.

Pochettino non è solo il manager della squadra professionistica ma si assume la responsabilità di amministratore assoluto del calcio del club che rappresenta. È un allenatore a tutto tondo, dalla Prima Divisione fino alle squadre giovanili, e tiene d'occhio tutto ciò che accade nel club che riguarda il campo. Difende ogni scelta come se quel club fosse stato nel suo cuore da tutta la vita, con passione, dedizione e rispetto. Ecco perché il suo lavoro non si riflette solo sul campo nei giorni delle partite: va molto più in profondità. Non esiste un solo dirigente o impiegato del club che vi direbbe il contrario.

Nell'ambito del progetto globale che Pochettino è riuscito a sviluppare in Spagna e soprattutto in Inghilterra, spicca il suo ruolo di benefattore dei settori giovanili che ha incrociato. In ogni società ha fatto debuttare molti giovani. Non è però questo di per sé un merito, perché, come dice Bielsa, "È facile inserire giocatori giovani e aumentare, solo per potersi vantare, la lista degli esordienti". Quello che bisogna fare è far debuttare giocatori giovani e assicurarsi che non falliscаno. Il lavoro è quello di metterli dentro per dimostrare che sono pronti per la richiesta di una squadra che poi è arrivata fino alla finale di Champions League nel 2018-19. Mauricio ha un tocco superlativo in questo; sa come accompagnarli passo dopo passo, dar loro tutta la fiducia di cui hanno bisogno, infondere le sue idee e condurli a livelli molto alti. E come potrebbe non dare la priorità al settore giovanile, essendo stato formato sotto la tutela del Loco al Newell's?

«Sono stato cresciuto in un club che guardava molto alla formazione di giovani – ha detto – al NOB questa è la cosa più importante. È la filosofia e l'identità del club. Ho sempre sostenuto i giovani per reale convinzione.»

Un uomo di poche dichiarazioni pubbliche, ma tutte profonde e rispettose, mai banali e vuote:

«Non tratto i giovani come giocatori ma come persone. Hanno bisogno di sentire la fiducia, di vedere che il coaching staff crede davvero in loro. È mia responsabilità aiutarli nello sviluppo delle loro doti.»

La prova di questo concetto è che al Tottenham aveva la squadra con l'età media più giovane della Premier. Il suo superbo lavoro non ha avuto un impatto solo sul club di cui è responsabile. Va molto al di là di questo. Il suo lavoro è una questione nazionale. Più di dieci giocatori che fanno parte dell'attuale generazione della Nazionale inglese sono stati promossi da Mauricio al Southampton e al Tottenham. Il suo arrivo ha incoraggiato e favorito la crescita del calcio nel paese e lo sviluppo di nuovi talenti. Come dice il Loco: "Un buon allenatore deve avvicinare i suoi giocatori al loro pieno potenziale, o scoprirlo. Per avvicinarli alla loro versione migliore. Questa è il suo compito principale."
Iniziamo dalle somiglianze fuori dal campo col Loco. Non c'è dubbio che da Marcelo si possono imparare un'infinità di cose che vanno oltre il lato strettamente calcistico. Dall'età di 13 anni fino ai 20, ha avuto il Loco come punto di riferimento. Con lui, prima di essere formato come giocatore, è stato formato

come essere umano. Questo è ciò che Pochettino mostra oggi. Scontato è che Bielsa rappresenti una parte; l'altra sta nell'impronta della sua personalità oltre all'educazione familiare. Marcelo disse una volta: "Apprezzo il discreto piuttosto che l'esibizionista, il sobrio piuttosto che l'arrogante, il convinto piuttosto che l'insicuro, il generoso piuttosto che l'egoista, il lavoratore piuttosto che il comodo, l'impegnato piuttosto che il disinteressato (...). Apprezzo la perseveranza, la pazienza e la tolleranza". Tuttavia, il modo migliore per farsi un'idea della sua identità viene dalle parole di *Poch* stesso:

> «Non penso di essere un prodotto da vendere. Sono cresciuto con un profilo e mi attengo a questo. Non sento il bisogno dei media. Non mi piace essere popolare e non ho bisogno del riconoscimento di massa. Mi piace che le persone che capiscono il mio lavoro lo apprezzino. Questo è tutto.»

Puro Bielsa.

Un'altra caratteristica molto simile al Loco è la reticenza di Pochettino nei confronti della stampa. Non rilascia quasi mai interviste individuali, parlando solo al sito ufficiale del club sulle specifiche di una partita. Il suo unico contatto con i media è attraverso le conferenze stampa, in parte a causa del suo profilo estremamente basso, e in parte a causa della superficialità di gran parte della stampa sportiva inglese e non solo. Mauricio spiega:

> «Un po' ovunque l'informazione eccede e le questioni calcistiche passano in secondo piano. Si finisce per parlare di tutto tranne che di calcio. A lungo andare, questo genera un rifiuto nello spettatore. Invece di promuovere il prodotto, queste cose lo uccidono (...). Il novanta per cento delle volte viene fuori una sciocchezza».

Alcuni allenatori conoscono molto bene il calcio, alcuni giocatori hanno un'abilità meravigliosa con la palla, ma – se gliela togliete – questi non possiedono nulla di attraente. In altre parole, eccellono solo nella loro zona di comfort e, al di fuori di questa, non hanno altre abilità sviluppate. Pochettino non è un tipo del genere. Non solo ha cercato di prepararsi come calciatore e allenatore, ma come persona, per acquisire un bagaglio culturale rispettabile, per sviluppare il suo intelletto e stimolare il suo cervello per essere l'uomo che è. Mauricio è una personalità molto interessante da ascoltare, è un tipo da cui si impara sempre, che lascia messaggi con contenuti profondi e ti invita a riflettere. Si preoccupa anche che i suoi giocatori abbiano un'educazione intellettuale. Nelle sue stesse parole:

> «Il mondo del calcio ti fa inevitabilmente vivere in una bolla. Ti porta a confondere i valori. Il fatto che ho finito la mia carriera di calciatore e ho iniziato a studiare come chiunque altro mi ha riportato alla realtà. Perché alla fine della giornata, il giocatore e l'allenatore non vivono nella realtà del 99% degli esseri umani (...). Il calciatore ha tempo e dovrebbe approfittarne non solo per allenarsi ma anche per sviluppare la sua mente e ampliare la sua cultura. C'è una realtà difficile là fuori ed è importante tenere i piedi per terra.»

Un altro tratto in cui Pochettino è simile al suo grande mentore è il modo in cui si avvicina alla sua professione, l'ossessione che ha con il suo lavoro, che occupa letteralmente tutta la sua vita.
«Non ho una vita al di fuori del calcio», ha dichiarato.
È noto che trascorre circa dodici ore nella cittadella sportiva del club, lavorando caparbiamente, senza pause o riposo. Una delle frasi più ricorrenti specie nei suoi primi anni da allenatore è:

> «Soffrire nell'allenamento per godere nel gioco.»

Si allude chiaramente, e molto *bielsisticamente,* alle richieste sproporzionate che impone in allenamento. Porta il giocatore a fare un carico di sforzi molto elevato, alla ricerca di un'ottimizzazione fisica, tecnica, tattica e strategica.
In campo è evidente l'idea principale: prendere il comando in ogni partita, su ogni terreno di gioco e contro qualsiasi avversario; avere il possesso della palla e cercare di conseguenza di controllare l'incontro; dominare e sottomettere l'avversario; dare priorità alla creazione e alla ricerca offensiva senza speculare sull'errore dell'avversario ma viceversa provare a forzarlo; recuperare rapidamente la palla quando si perde e avvicinarsi il più possibile alla porta avversaria

con una pressione costante. Squadra corta che riduce le linee. Superiorità numerica. Giocatori più offensivi possibile in ogni posizione.
La differenza è che Mauricio è molto meno rigido di Marcelo nel suo approccio e nei suoi modi. In altre parole, è assolutamente pragmatico. Entrambi, tuttavia, promuovono lo spettacolo e si preoccupano della bellezza del gioco.

> «Bisogna capire che il calcio merita di essere giocato bene per rispetto dei tifosi che vengono al campo. L'estetica è importante, anche se viviamo in un mondo orientato ai risultati», ha detto Pochettino.

Un esempio più che eloquente del pragmatismo di Mauricio è l'incommensurabile ammirazione che ha per Mourinho, un uomo che è agli antipodi della scuola di Bielsa, ma al quale Pochettino trova comunque molte, molte virtù.

> «Per me è il numero uno. La sua filosofia può piacere più o meno, ma ha vinto ovunque sia stato. Ha sempre dimostrato una capacità di adattamento, sia in termini di calcio sia, soprattutto, emotivamente, per gestire gruppi diversi ed eterogenei.»

Anche se Mauricio ha parlato pubblicamente in molte occasioni di Bielsa e dell'innegabile influenza che ha avuto su di lui, in diverse occasioni ha abilmente cercato di scrollarsi di dosso il pesante soprannome di *bielsista*, perché non è facile portare il pesante fardello di essere costantemente paragonato a Bielsa. Da questo punto di vista, credo che voglia solo essere Mauricio Pochettino, con la propria impronta e personalità, e non essere etichettato come un discepolo del Loco.

> «Non sono diventato un allenatore per seguire i metodi o la filosofia di Bielsa. Marcelo mi ha allenato per molti anni e ho molte delle sue caratteristiche. Ma non sono al cento per cento come lui. Non credo di essere un allenatore con il tipico *background* di Bielsa. Anche se lui è l'allenatore che mi ha influenzato maggiormente, anzi dirò di più, lui è stata un'ispirazione per me quando dovevo prendere la decisione di

diventare allenatore. Marcelo – ha sempre aggiunto – è uno dei migliori allenatori del mondo.»

La comunicazione con stampa e giocatori è diversa formalmente da quella del Loco.
Arrivò a Southampton senza parlare una parola d'inglese e in poco tempo avrebbe imparato perfettamente la lingua. Marcelo è arrivato all'Olympique de Marseille e se n'è andato senza parlare, pubblicamente, una parola di francese, così come ora al Leeds non parla inglese, anche perché, c'è sempre da sottolinearlo, la sua grande capacità espositiva nella sua lingua è magicamente efficace.
Naturalmente, se parliamo di somiglianze, entrambi condividono un sentimento molto profondo: il grande amore per Newell's. Pochettino stesso ha detto che se mai tornerà in Argentina sarà solo per allenare, oltre alla Selección, "La Lepra".

Rosario, la sua città

Newell's e Central uniti da Bielsa

Necessaria premessa. In questo libro incrocerete spesso riferimenti al Newell's Old Boys e al suo nomignolo "Lebbrosi". Giusto ricordarne l'origine, che qualifica anche la maggiore rivalità di tutta l'Argentina, e probabilmente del mondo. Lo scrittore messicano Juan Villoro, il vero erede di Osvaldo Soriano per passione calcistica e qualità letteraria, raccontò della sua prima volta alla Bombonera, che visitò in occasione di un *Superclasico*. Uscì estasiato per quel che aveva vissuto e visto e raccontò di questo entusiasmo al tassista che lo stava riaccompagnando in albergo: "Che grande rivalità!", chiosò verso l'autista. Che, con un ghigno beffardo, si riservò l'ultima battuta: "Noi però a Rosario ci odiamo di più". Ogni argentino può testimoniare a favore del tassista.

Newell's e **Rosario Central**, *Leprosos y Canallas*. Una rivalità che si perde nella notte dei tempi, quella tra "Lebbrosi" e "Canaglie".

La leggenda racconta che i soprannomi dei due club, di cui i rispettivi tifosi vanno decisamente fieri, nascono al principio del secolo scorso. Nella città di Rosario, l'unica altra capitale del calcio argentino, si era organizzata una partita benefica: l'incasso sarebbe stato devoluto all'Ospedale Carrasco, dove si curavano, appunto, i lebbrosi della città. Il Central non si presentò per la gara e da qui nacque l'epiteto di *Canallas*. Le "Canaglie" risposero appiccicando l'etichetta di *Leprosos* ai rivali.

E così prosegue da sempre e per sempre.

È totalmente antistorico che un tifoso del Central ammiri e rispetti una stella di Newell's o viceversa. Il rosarino è, senza dubbio, il classico più appassionante dell'Argentina. Nella città santafesina si respira calcio. Amore incondizionato per un club e odio estremo verso l'altro, arrivando, a volte, a limiti che superano il folclore e diventano violenza. Impossibile non diciamo amare, ma anche solo avere un minimo di rispetto per giocatori e allenatori della frangia opposta. Con alcune eccezioni, una in particolare: Marcelo Bielsa.

Ivan Rachitti, giornalista rosarino e sostenitore del Rosario Central, ci racconta il perché.

La sua capacità, il suo lavoro, la sua onestà, il suo rispetto, i suoi valori e le sue convinzioni non conoscono colori né identità calcistiche. Per ammirare Bielsa non è necessario essere di un determinato club, devi essere una persona per bene. Chi ha quella condizione, difficilmente non si lega al Loco, qualunque squadra simpatizzi, lascia una parte di cuore per Bielsa.
Ci sono due casi di persone fortemente legati all'istituzione *canalla* che hanno nella loro vita idolatrato e amato Bielsa: uno è quello di **Kily Gonzalez**, passato anche dall'Italia, uno dei grandi idoli del Central. Kily ha sempre parlato molto bene di Marcelo, dicendo che è stato il miglior allenatore che ha avuto nella sua carriera, quello che gli ha insegnato di più e con cui ha giocato il suo calcio migliore, evidenziandone sopra tutto la qualità umana. "Hai rovinato la mia adolescenza", gli disse una volta in nazionale, riferendosi alla supremazia del Newell's sul Central durante il periodo in cui Bielsa allenava la *Lepra*.
L'altro caso riguarda il meraviglioso scrittore rosarino **"El Negro" Fontanarrosa**. È quasi impossibile che un uomo con l'intelligenza, la capacità e il talento di Roberto Fontanarrosa non rispettasse Bielsa. Nonostante sia stato un tifoso cieco del Central.
«Mi è simpatico, mi piace. Lo trovo serio, onesto. Non lo conosco personalmente, ma è un caso raro perché la maggior parte dei tipi che sono ossessivi e studiosi giustificano con questo i sistemi difensivi. E lui non è difensivo. Inoltre, è sempre stato un tipo molto rispettoso nei confronti della gente del Central, mai una parola fuori posto, mai una provocazione inutile. Quando dirigeva a Newell's, nonostante avesse una squadra molto superiore alla nostra, non è mai stato arrogante nei nostri confronti. E se vogliamo è ancora più lodevole perché lui non è stato solo un allenatore del Newell's, lui adora il Newell's...»

Prendendo questi due superbi e celebri esempi come punto di partenza, ci interessava sapere che cosa pensa il tifoso comune del *Canalla*, in generale, del Loco. Per questo abbiamo ascoltato **Ivan Rachitti**, giornalista rosarino sostenitore del Central. Lui segue giornalmente il club, conosce i suoi tifosi, vive il mondo del Central. Lavora per la Radio Nacional e Radio La Red, nella città di Rosario.

Ivan, a parte la passione assoluta con cui si vive il calcio a Rosario e il fanatismo assoluto per il Newell's o il Rosario Central, penso che di fronte a un personaggio come Bielsa, l'appassionato è come se riuscisse a evitare gli estremismi. Molti* Canallas *ammettono che pur essendo il Loco pienamente identificato col NOB, lo ammirano e rispettano.

«Sono totalmente d'accordo. Il tifoso Central è molto passionale, ma Marcelo Bielsa va oltre le maglie. Davanti a persone come lui, il tifoso si toglie la passione e ammira l'uomo e il suo lavoro. Conosco diversi casi di tifosi viscerali di Rosario che si sedevano a vedere il suo Athletic Bilbao perché gli piaceva il suo stile, per quello che trasmetteva la squadra, l'idea di gioco che proponeva. Quando Marcelo è stato allenatore della Nazionale ed è stato eliminato al primo turno della Coppa del Mondo, molti tifosi del Central lo hanno difeso a spada tratta. Era molto più facile legarlo al Newell's e deriderlo e invece no: l'hanno sostenuto. Il popolo mette sempre in chiara evidenzia i suoi valori. La gente riconosce la sua diversità.»

Il Kily González e il Negro Fontanarrosa, due illustri fanatici di Central, hanno sempre parlato bene di Marcelo. Questo dovrebbe anche aiutare il tifoso in generale a rispettarlo.

«Sì, e non solo loro. Recentemente ho parlato con César "Chelito" Delgado, un'altra figura importante legata al Central, e mi diceva che Bielsa è l'allenatore che ha avuto il maggiore impatto su di lui, quello che gli ha tirato fuori il meglio. Ma soprattutto mi parlava dei suoi valori. Il tifoso del *Canalla* sa bene a quale squadra appartiene, ma sa anche che i valori di rispetto, di dedizione, di lavoro, di sforzo, sono all'ordine del giorno con Bielsa. Una personalità unica, uno che merita tutto il rispetto possibile: nella città di Rosario il suo nome è totalmente rispettato. Bielsa è oltre Newell's o Central.»

BIELSA ITALIANO

II

Roberto De Zerbi

Loco. L'apodo, il soprannome che da sempre accompagna Bielsa nasce nelle giovanili del Newell's quando Carlos Piserni, attuale responsabile e all'epoca solo allenatore dei ragazzi, vedendo la lunghezza delle sedute e l'intensità del lavoro di Marcelo iniziò a chiamarlo come adesso lo conoscono tutti. Un nomignolo affettuoso (i due sono sempre amici e si stimano) che evidenziava già una diversità, quasi una grandezza che *in toto* non si riusciva a cogliere e quindi se ne celebrava la follia. È rimasto "el Loco" e a volte è stato ricoperto questo termine da un'aura negativa o canzonatoria, specie qui in Italia.
Roberto De Zerbi più volte ha subìto lo stesso genere di critiche, proprio in nome della sua diversità, umana e di proposta di gioco, in certi ambienti di calcio italiano.
Non sono quindi sorpreso dalla vicinanza che quasi definirei spirituale tra lui e Marcelo. (E quindi nemmeno tra quella transgenerazionale tra lui e Silvio Baldini, che potrebbe per certi versi essere apparentato, per la profondità di messaggi che ci lascia, proprio al Loco, titolo che anche lui più volte si è sentito appiccicare per i discorsi di cui sopra). Una affinità percepita e vissuta, quella dei due *locos*, che ha spinto Roberto a mandare un messaggio a Bielsa nel tentativo di organizzare un incontro.

«Alle 22.26 dell'undici luglio 2017 ho inviato un messaggio a Marcelo Bielsa. Avevo appena imparato un po' meglio lo spagnolo, mi presentavo, gli dichiaravo la mia stima e gli chiedevo se fosse possibile fargli visita per parlare di calcio. Due giorni dopo mi arriva una chiamata, rispondo ed era lui: subito rimani ipnotizzato dal suo modo di parlare, che è proprio bello, chiaro, efficace, ti entra dentro. Mi diceva che non c'erano problemi, abbiamo organizzato la cosa e sono partito per Lille, dove lui allenava. Sono rimasto una settimana, ho visto tutta la preparazione alla prima partita della stagione di Ligue 1 che giocò e vinse col Nantes di Claudio Ranieri. Il martedì quindi mi presento al campo di allenamento e osservo. Un'ora prima dell'inizio era tutto preparato, sembrava una catena di montaggio da quanto era organizzata, da quanto era scandito il ritmo dell'allenamento. Credo non abbia mai interrotto il lavoro, si limitava a guardare con attenzione. Dopo mi chiama e iniziamo a parlare ma camminando, col passo spedito che lui ha sempre: io al suo fianco e dietro a me i miei collaboratori, sembravamo quei film con Sordi medico della SAUB... Due ore così... Mi parla di come lui sente il calcio, di quello che pensa, non solo di dettagli di gioco, quello secondo me è il meno, ma di tutto ciò che riguarda il mestiere di tecnico. Mi ha regalato una serie di perle straordinarie, in quel martedì e nelle altre *charlas*, come lui le chiamava, che abbiamo avuto in quei giorni: ero andato lì proprio per sapere cosa pensa lui del mestiere, che tipo di compromessi è eventualmente giusto accettare, che paletti mettere e poi come vivere il calcio, al di là dell'allenamento. Fútbol a 360 gradi. Il suo linguaggio, la profondità dei concetti ti prendono immediatamente e ti trascinano in un altro mondo: i valori che trasmette sono unici ed esposti in maniera chiara, così chiara che te li fa apparire semplici, pensi "*Cazzo* ma è vero", "*Cazzo* ma come ho fatto a non pensarci prima?". Ma è la sua efficacia che rende quei concetti così a portata di mano. Sono l'essenza dello spirito del gioco, lì presentati davanti a te. Il giovedì arriva il pacco che avevo fatto arrivare dall'Italia, per ringraziare dell'ospitalità, dentro c'erano salumi, formaggi, vino, cose così. Devi vedere qual è stata la sua genuina accoglienza dei prodotti: tanto che ci ha poi introdotto al suo ufficio, che poi era un ufficio adibito ad abitazione, visto che praticamente viveva lì. "Vieni – mi dice – che parliamo di calcio". Mi ha mostrato tre-quattro faldoni di quasi cento pagine l'uno di studi sul Nantes: uno su come giocava, uno su Ranieri e le sue ultime uscite come tecnico, uno sui giocatori, sulle partite dell'anno scorso... Tutto, insomma e anche lì tento di capire sempre di più, tento di entrare nel Mondo Bielsa che ero venuto a scoprire in presa diretta. La domenica alla partita mi ha prenotato dei posti, siamo andati e abbiamo visto riprodotte tutte le situazioni di gioco preparate in allenamento. Davvero impressionante. Mi è capitato di incontrare, visitare e parlare con altri tecnici top, anche se magari non li ho visti lavorare per una settimana intera come col Loco, ma ti giuro, una cosa impressionante quello che ho visto in quella partita stradominata col Nantes. Dopo la gara gli ho inviato un messaggio per ringraziarlo ancora per l'esperienza di quei giorni e per congratularmi per il match vinto. Mi ha risposto che era felice di avermi fatto divertire con la partita e mi chiedeva di inviargli le foto dei collaboratori che mi avevano seguito in modo tale da mantenere il ricordo e legare i volti ai nomi e chiudeva con un "in bocca al lupo" per la mia carriera. Superlativo.»

Fantastico, sotto tutti i punti di vista. Raccontami però ancora i pensieri di quando sei andato via, vicino al suo mondo, cosa credi ti sia più entrato dentro di quella esperienza professionale e umana.
«Lui va oltre il calcio, è oltre l'allenatore. Come carisma, come profondità. Fa l'allenatore perché gli piace il calcio, ma lui avrebbe potuto fare il presidente dell'Argentina, lo scienziato, il professore universitario, sostanzialmente tutto. È di un livello unico e inarrivabile. Ti arriva con una profondità che ti scuote per forza. C'è poi una cosa che di lui adoro soprattutto, il fatto che riconduca sempre il calcio alla vita, alla strada, alla gente... è una cosa che mi fa andare al settimo cielo. Perché ama talmente il calcio che riesce a trovare un parallelo continuo con la vita di tutti i giorni. Lo trova in maniera chiara, ti convince su tutto. Chi ama il proprio lavoro, prende spunto dal proprio lavoro per la vita e viceversa.»

Bielsa con la sua persona, con le sue parole, deifica il concetto stesso del gioco del calcio. A me ha fatto comprendere la missione di ognuno di noi, e cioè che si trasmette qualcosa quando si fa il proprio lavoro per bene. È quel che cerchiamo di fare anche noi da dietro la scrivania o sulle tribune, quando proviamo a raccontare un cambio di un sistema di gioco, una lettura, la storia di un calciatore. Una

passione, un modo di fare appunto il proprio lavoro che, almeno per me, mi ha fatto scoprire Bielsa. Parlo di insegnamenti che mi paiono importanti, o meglio, che possono servire nella vita, ecco.

«Io sono un sostenitore accanito di questa cosa. Qualcuno vede il calcio nei numeri, 4-4-2, 3-4-3... C'è chi invece lavora e attraverso il proprio lavoro esprime se stesso. Nell'esprimere se stessi si esprime la propria infanzia, la famiglia, la cultura, i tuoi valori. Lui è così, e non c'è nessuno a questo livello. Il calcio di Bielsa è approcciarsi alla vita in un modo suo, totale. Quello è lui. C'è chi specula e c'è chi studia. Chi lavora e chi scommette e crede nell'episodio. Io credo nell'evoluzione, nella strategia. Nel lavoro, credo soprattutto nel lavoro di ogni giorno. E quindi mi approccio alle partite con il sangue agli occhi, cerco di trasmettere questa mia ferocia ai giocatori. Io vedo Bielsa così, non va al compromesso. "E, ma sai, il risultato" ti dicono, ma non è il risultato, il concetto... non è il risultato di per sé, perché io al 90' sono capace anche di mettere due portieri, non è quello. Non sono disposto, invece, ad andare aspettare l'altra squadra, ad attendere che qualcosa succeda. Non sono io. È questo quello che mi piace di lui.»

Venendo al campo, la sua proposta di gioco è però un po' differente dalla tua.

«Io adoro l'uomo Bielsa, mi piace la persona. Quel suo farsi seguire, sì o sì. Quel suo modo di vivere quasi in totale solitudine la professione. Il fatto che sia andato in giro per l'Argentina con una macchina scassata a cercare giocatori; o di come abbia vissuto l'esperienza di allenatore del Cile in un momento difficile; o di come viva in generale le squadre dove va, quell'anima popolare. L'aver pagato di tasca sua il centro dove si allena il Newell's, ovviamente senza sbandierarlo com'è nel suo stile. Mi piace il protagonismo delle sue squadre, l'ambizione, il coraggio, che chiedo anche alle mie, lì mi ci ritrovo. Meno invece nel suo stile di gioco, non è la mia modalità. Il suo è un calcio di ritmo, di altissimo ritmo, un po' come quello di Gasperini o Juric. Se vedi l'allenamento, vedi lui, lui è scientifico, nell'applicazione c'è tantissima intensità, non c'è una esercitazione in cui si va meno di mille all'ora.»

Quindi il giocatore Roberto De Zerbi che giocava col numero 10, come avrebbe preso una serie di allenamenti del Loco?

«Io avrei pagato per farmi allenare da un uomo così. Però giustamente porto il mio numero dieci anche nel mio modo di allenare, per questo ti dicevo prima che ho un'altra idea. L'esercitazione più di tre volte uguale mi stufa, la cambio sempre, anche in base al tipo di squadra, i giocatori io non penso si debbano muovere a livello scientifico. Io sono una persona che vive nell'ordine, mi piace che le mie squadre lo siano sempre, che ci sia simmetria, geometria nelle giocate, però ricerco dentro a tutto ciò la fantasia, quasi la esigo. Non ci deve sempre essere lo stesso ritmo, anzi deve esserci un continuo cambio di ritmo, in base a diversi fattori. Non si deve per forza andare dritto per dritto, si deve leggere la situazione e infatti, come altri, cerco di spiegarla al giocatore. Gliela mostro, poi certo in partita deve riconoscere quando e se fare una determinata scelta. Alleno alla scelta. Bielsa va più sul metodo, per lui passa attraverso la ripetitività del gesto la comprensione, l'assorbimento del concetto. Lo fai, lo fai, lo fai: apprendi. Anche di questo abbiamo parlato, in quei giorni in Francia. Penso che la maggior parte degli allenatori, in fondo, siano degli artisti a tutti gli effetti, perché esprimono se stessi, nel far giocare in un certo modo o in un altro la propria squadra.»

E la maggior parte degli allenatori, qualunque sia la loro idea, devono trasmetterla ai giocatori. Il Loco anche qui mi pare hors catégorie.

«Il convincimento non è solo importante, il convincimento è tre quarti della riuscita! Bielsa nella sua sincerità, nella sua coerenza non può non essere rispettato. L'allenatore non può promettere una cosa che non può mantenere, deve essere onesto col giocatore, col gruppo. Deve essere diretto, i giocatori devono sapere che io parlo a loro, anche quando mi relaziono ai media, per me l'importante sono sempre i calciatori. Bielsa non abbandona mai il suo castigliano, né nello spogliatoio né nella comunicazione fuori perché la sua lingua è magica, è straordinariamente efficace. La parola è fondamentale per un tecnico, specie di alto livello. È un uomo aperto, intelligente, acculturato, non avrebbe problemi a imparare un'altra lingua, ma perderebbe secondo me parte della sua efficacia comunicativa, ed è solo per questo il motivo per cui non lo fa. E perderebbe secondo me parte del suo carisma, che esprime in maniera unica col suo castigliano, con la ricerca della parola perfetta per descrivere ogni dettaglio di un discorso. Questa sua capacità non è solo del professionista, è dell'uomo tutto. Quel modo di parlare ti dice chi è: come te lo dice, cosa ti va a tirare fuori, un collegamento apparentemente non così diretto ti avvicina al calcio, ti fa pensare nella direzione giusta. Ha parole che ti riempiono, ti affascinano. Ha una profondità di pensiero in ogni dialogo che ti colpisce; quando la ascolti, tu sai che quella cosa l'ha pensata e analizzata mille volte, ci è girato intorno, ha levigato il pensiero e te l'ha proposto nel modo più perfetto possibile.

Dicevamo prima del suo profondo legame con certe piazze, specialmente alcune, quelle di città che vivevano con estrema passione il legame col club.
«Per questo vado da lui, perché lui ti mostra come si può andare anche oltre la vittoria. Il legame del Loco, non so, col Leeds di oggi o in passato con Bilbao, con Marsiglia, senza parlare ovviamente del Newell's, andrà oltre i titoli che sono arrivati o meno. Non è quello. Sono sensazioni, ricordi, immagini, emozioni che saranno sempre con te, accompagneranno la vita di ogni appassionato oltre che quella del Loco. C'è davvero qualcosa che vale di più. Ripenso spesso ai miei anni a Foggia e mi brillano gli occhi: non ero solo un allenatore di una squadra, allenavo una città. La senti quella passione popolare. Portare costantemente allo stadio 30-40mila persone, avere richieste per 70mila per le finali, sono emozioni uniche. Bielsa te lo dimostra.»

Lo hai studiato, lo segui, lo hai conosciuto e ci hai parlato. Chi è secondo te Bielsa?
«Un uomo timido, riservato, schivo, e allo stesso tempo con una personalità straripante, con un carisma unico. Lo chiamano Loco – anche a me qualche volta mi etichettano così... – non è però un pazzo, per niente: si comporta in maniera troppo vera in un mondo di ipocrisia. E quindi Loco, va bene. Viva il Loco.»

Javier Zanetti

Javier Zanetti, o Pupi come in Argentina lo chiamano davvero tutti, ha mantenuto per molto tempo il record per il maggior numero di presenze nella sua nazionale. Non esattamente una compagine qualunque. E soprattutto è riuscito a scolpirlo nel momento in cui l'Albiceleste ha prodotto una serie di generazioni inarrivabili, una di seguito all'altra: fa impressione leggere l'infinita lista di giocatori che il Pupi ha avuto al suo fianco tra il 1994 e il 2011, anno di debutto e di addio al centro di Ezeiza. Quel prestigiosissimo record, peraltro, fu superato solo nel marzo del 2018 da Javier Mascherano. Entrambi ammiratori entusiasti del Bielsa uomo e del Bielsa tecnico. Ed entrambi ovviamente presenti su questo testo.
Lo ricordo una volta, invitato dall'amico Lele Adani per un programma televisivo di Sky, "La noche del Futbol", che si occupava delle qualificazioni ai Mondiali di Russia 2018, entrare nella sala dove si preparava la diretta: colse con la coda dell'occhio l'immagine di un giornale posto su un tavolino che ritraeva il Loco. "Lui è il più grande" disse a Lele, indicando la foto. Lo disse con occhi ammirati e iniziò a descriverlo con un tono celebrativo: non sembrava parlasse solo di un tecnico. Il tono che ho ritrovato, identico, rispettoso e deferente, quasi sottovoce ma con continui accenni all'entusiasmo e picchi di commozione, quando si è reso disponibile a parlare con noi. Parlare del Loco, ricordare Bielsa lo trasporta non solo in Argentina (e non è facile incontrare un ex calciatore così *hincha* quando gioca la sua nazionale: letteralmente, si trasforma), ma anche alla sua gioventù.

«Marcelo migliorava la persona e il giocatore, tirando fuori da noi l'entusiasmo del ragazzo che gioca per strada a calcio. Lui richiamava spesso questa immagine nei suoi ritiri con la Nazionale, richiamava quello spirito, quello del quartiere, del *potrero*, dove eravamo cresciuti tutti, con una palla al piede e le partite che non finivano mai. Quell'entusiasmo che dovevamo riportare nella Selección, perché quei bambini che eravamo stati noi ora ci guardavano, ci sostenevano, erano con noi. Era davvero bello ogni volta entrare al centro di allenamento pensando al Paese, pensando alla gente. Questo è Bielsa.»

In più passi di questo libro si richiama il valore dell'amateurismo, allo spirito del dilettante che ogni calciatore deve mantenere anche quando diventa un numero uno nella sua nazionale e nel suo club. Bielsa cerca di mantenere questo spirito nel giocatore.

«Nessuno è come lui. Sono i valori che trasmette che lo rendono unico. Tutti giochiamo per vincere, no? Per strada, nel quartiere, siamo lì perché ci piace, perché ci diverte, ma cerchiamo di vincere impegnandoci al massimo. Per questo dobbiamo mantenere quel modo di approcciare al gioco. Marcelo per primo, lui così scrupoloso in ogni dettaglio sul campo e così aperto sul mondo, su quello che succede. Bielsa ti lascia tanto, ti insegna e ti fa crescere non solo come calciatore ma come persona. Questi valori li sentivo dentro di me, non solo nelle partite ma in ogni allenamento. Non ci sono molti tecnici che riescono a trasmettere queste sensazioni, anzi... Io lo ringrazio sempre per questo, per quello che mi ha lasciato come uomo. Bielsa parte dal calcio, ma va molto oltre. Questi princìpi li ha portati ovunque nella sua carriera, in Argentina e altrove ed è per questo motivo che è così amato dappertutto.»

Com'era Bielsa nel quotidiano, quando lo vivevi tutti i giorni. Qual era il suo modo di porsi, come si rapportava ai giocatori, al gruppo.

«Marcelo era, ed è ancora, ovviamente, attento a tutto. Osserva ogni cosa e ha una capacità di essere originale in queste sue visioni. Ricordo anche la curiosità, sai quando hai persone interessanti con cui hai voglia di confrontarti, sugli aspetti calcistici ma anche su altro, quando trovi qualcuno che vuoi stare ad ascoltare... perché è interessante, perché sai che sicuramente imparerai qualcosa di vero, di profondo. Con Bielsa era così. Lui sempre molto educato, sempre anche rispettoso degli spazi dei giocatori. Non è invadente fuori dal campo, è molto professionale nell'approccio e al contempo caloroso, mostra che ci tiene a te come uomo, prima di tutto. Senza distinzioni, eh: Batistuta, Veron, Almeyda, Zanetti, qualsiasi, anche l'ultimo arrivato, tutti trattati in maniera trasparente, corretta, senza favoritismi o altro. Sul campo è un martello, non transige su nulla, pretende – e ottiene – il massimo. Ma poi tu non lo vedi nel centro sportivo, magari poi ti appare all'improvviso e ti lancia una domanda che ti fa pensare. Non è rara questa situazione, in cui lui parla di una cosa e tu pensi: "Ma guarda questa cosa l'avevo davanti agli occhi da una vita e non ci ho mai pensato..." e lui te la tira fuori. Non è mai banale pur essendo totalmente trasparente, diretto, onesto nel rapporto. Si vede che è un uomo informato, molto intelligente e proprio un "malato" di calcio. Ricordo, ad esempio, che quando ti presentavi al ritiro alla prima sosta di settembre, dopo la prestagione, dove magari avevi giocato solo amichevoli, quelle dove, non so, vinci 12-0, ecco: tu tornavi in Nazionale e lui ti aveva analizzato le ultime tue dieci gare, ma anche le sgambate coi dilettanti. Tutto. Con un'attenzione... Che poi, all'epoca, pensavo: ma dove ha preso questi filmati, queste amichevoli coi dilettanti che mi pare manco fossero trasmesse in televisione. Bielsa, chissà come, le aveva. Questo era il suo grado di attenzione nei tuoi confronti e nei confronti del gruppo. Questo il senso della sua missione, del suo lavoro, sempre profondo e dettagliato.»

Una volta, quando era all'Athletic, ha detto che tu gli hai suggerito come si costruisce un campo di allenamento...

«Sì, sì, questo è un aneddoto che ti racconta bene chi è Bielsa. È come ti raccontavo, gli accennavi una cosa e ti si apriva un mondo. Gli avevo detto: "Ogni volta che devo andare in campo passo prima dalla palestra e quando finisco l'allenamento, prima di tornare nello spogliatoio ripasso dalla palestra. Una volta mi infortunai, lievemente, perché non avevo trovato il passaggio intermedio, appunto perché in quel posto dove eravamo, in Brasile mi sembra, non c'era la possibilità di tornare in palestra. Così Bielsa raccontò, prendendo spunto da quella conversazione, ai giornalisti come Zanetti, un giocatore che non si infortuna mai, una volta con lui si infortunò perché era impossibilitato a passare dalla palestra: quindi aveva disegnato agli architetti del nuovo centro di allenamento dell'Athletic che si stava costruendo un percorso quasi obbligatorio per i giocatori, che dallo spogliatoio portava al campo ma dove incrociavi la palestra. Bielsa suggeriva agli architetti, immagino poi coi toni suoi, di rispetto e attenzione. Poteva pure fregarsene, non solo non era compito suo, ma non ci avrebbe mai allenato in quel centro visto che ci avrebbe messo un po' a nascere: lui però in quel momento stava lavorando per l'Athletic e il suo contributo per la causa era totale. La maggior parte del nostro mondo e non solo, non si preoccupa di ste cose, vive concentrata solo su sé, è egoista, non ci pensa. Marcelo è diverso, completamento diverso. Intelligente, pratico, rispettoso e profondo, è sempre così: se penso che davvero da un mio infortunio ha preso il via il disegno del nuovo centro dell'Athletic...»

Con lui hai giocato moltissime gare, in tante zone del campo differenti. Sempre a tutta, no?
«Ma con lo stesso obiettivo: attaccare per tutto il tempo. Ho giocato più spesso in mezzo al campo, nei tre, ma anche sulla linea difensiva e qualche volta pure da attaccante di destra, un po' un inedito per me. Ma lui ti spiegava tutto, sapevi esattamente cosa fare. E poi, ti ripeto, lo spirito era identico in ogni partita contro tutte le squadre a imporre il tuo gioco, con lui dovevi correre tanto, pretendeva molto dal punto di vista fisico. Mi ricordo delle qualificazioni al Mondiale del 2002, dove abbiamo dominato la classifica, siamo arrivati a 43 punti, col Brasile a 30, una roba così. Raramente c'è in Sudamerica così grande scarto tra la prima e le altre. Col Venezuela una volta giocammo con solo due difensori, dominammo senza mai prendere un tiro in porta o quasi. Con Bielsa era così, sempre avanti, contro tutti. Fu un percorso straordinario, si interruppe bruscamente con quelle tre partite del Mondiale e l'eliminazione. Purtroppo a volte il calcio ti fa questi scherzi. Eravamo i principali candidati alla vittoria proprio per come stavamo giocando e invece finì subito, nel primo girone. Ma nulla cancella il resto, non si vive solo ed esclusivamente di risultati finali: c'è un percorso da analizzare, quello che hai dato, che hai trasmesso. Anche questo è importante. Le persone non devono dimenticarlo.»

È questa la diversità, con tutti i suoi concetti estremi, anche, rappresentata da Marcelo Bielsa, per te?
«Per me, per tutti quelli che lo hanno conosciuto e lavorato con lui. Dal punto di vista calcistico, di proposta calcistica, di studio del gioco, di quello che avviene nel mondo del calcio, lui era avanti già molti anni fa. Ancora adesso se gli vai a chiedere il miglior laterale della B Argentina, ti fa la lista dei primi dieci, sicuro. Ed è bello perché ti dice della sua professionalità e del suo entusiasmo, della sua passione. Ma è quello che ti mostra attraverso il calcio, che il Loco è direi quasi unico. Con lui impari dentro ma anche fuori dal campo, Bielsa ti lascia valori profondi dentro. È questo, ti resta per la vita.»

Nicolas Burdisso

Nico Burdisso ha iniziato il suo nuovo percorso nel mondo del calcio dalla cima. Dopo le esperienze da calciatore, praticamente solo in Italia, con Inter, Roma, Genoa e Torino, è tornato da direttore sportivo nella squadra dove è cresciuto, il Boca Juniors. L'ex difensore è uno di quegli uomini che fanno bene al mondo del calcio: è un lavoratore appassionato, serio e preparato. Apprezzato universalmente, ha iniziato la sua carriera internazionale proprio con Bielsa, una figura da cui non si è mai allontanato.

«Grande intensità di rapporto. Impossibile non avere un rapporto così stretto con lui. Lui è molto vicino al calciatore, vicino al campo. Si parla tanto delle capacità di manager che deve avere l'allenatore, lui è avvantaggiato perché è autentico, è trasparente e tutto quello che è importante sta dentro al campo. Noi calciatori sempre lo abbiamo visto come una persona credibile. Sì, la mia prima convocazione in nazionale è stata con lui, esordire con Bielsa... è certamente una situazione simbolica, emblematica; in più, quando hai poco più di vent'anni, sei una spugna, tutto quello che ti possono dare lo impari. Con un maestro come lui con delle idee così radicali come le sue; in Italia – e questo bisogna dirlo – si usano parole come integralista, estremista, ma certamente è radicale in quello che fa. E ovviamente ti fa innamorare subito.»

Si usano, si usano... e non sempre con accezione positiva. Adesso ci arriviamo a parlare di questo suo essere estremo e iniziamo dalla sua figura, che sempre più diventa mitologica. Come mai, secondo te? Cos'ha di differente dal resto?
«Io dico sempre che, nel limite del possibile un calciatore deve ammirare il suo allenatore, lì si crea un rapporto che va oltre. L'ammirazione può essere calcistica, tecnico-tattica, per le cose che ti insegna, che ti dice, per quello che ti chiede in partita, se ha una marcia in più sul piano delle qualità umane, delle risorse umane, non so un Ancelotti, un Mourinho, che ti sa motivare, che ti sa stimolare che ti fa sentire sempre bene. Bielsa in questo contesto riesce ad amalgamare bene entrambi gli aspetti. Quando vai da lui senti questa vicinanza profonda a livello

umano e la conoscenza profonda a livello calcistico. Entri in un nuovo mondo, dove esiste infatti un altro linguaggio, tutto suo, *bielsistico*, completamente diverso dagli altri allenatori. Lui sa essere molto concreto con delle parole efficaci che si inventa. Situazioni di gioco originali che ha nella testa solo lui. Quindi tutte queste cose ti fanno vedere un personaggio quasi mitologico. Oggi dentro il contesto del calcio mondiale è un assoluto Mito.»

Mito originale, perché di solito il mito si consolida con tante e grandi vittorie. Per lui non è così, perché?
«Sono sempre stato un innamorato di Bielsa, un suo allievo; Marcelo ti insegna anche a essere molto critico con te stesso e io lo sono stato anche con lui. E ho messo in discussione tante cose, inserire sempre un "perché", in ogni cosa. Lo faccio con me stesso, l'ho fatto con tutti gli allenatori che ho avuto, e ho avuto grandissimi allenatori. E mi piaceva discutere con loro per imparare, perché fanno un certo tipo di valutazioni, certe scelte... Su Bielsa l'ho fatto spesso su questo piano: perché non ha vinto così tanto uno con queste profonde conoscenze, così bravo. Io che l'ho conosciuto, che ci ho lavorato e che ora lo studio da fuori, collego il tutto sul fatto del concetto di essere estremo, dove lui ti porta. Ha una parte estrema, molto estrema, che forse è un limite nel momento in cui bisogna vincere. Ma come dicevi, è un allenatore per quello che costruisce, per quello che insegna, per cosa propongono le sue squadre, per come migliora i suoi calciatori, perché migliora i calciatori, tutti eh: lui ha 22 calciatori in squadra alla fine dell'anno ne migliora 22, non dieci o quattro. Tutti.»

Perché dici che questo estremismo lo ha frenato nel momento della vittoria? La proposta calcistica, l'essere un uomo libero e la libertà in un mondo come il calcio, a volte fa paura, specie a presidenti, dirigenti, ma anche media e calciatori...
«Un po' tutto. Ma non solo a livello di motivazioni. Ti racconto questo, e te lo racconto da grandissimo estimatore di Bielsa. Lui usava la stessa misura per caricare me e, che so, Tevez. Ma noi siamo persone molto diverse... Io prima di una partita devo ricevere più parole di tranquillità, sono già molto carico di mio, sono quasi oltre la soglia. Se uno viene coi discorsi che si fanno "Mi fido di te, lo sai, farai questo e quest'altro", io esco e voglio ammazzare qualcuno per lui... Carlitos era

ovviamente diverso e necessitava quella carica. Secondo me alla lunga diventa un limite, questo è il mio pensiero, non penso che vi sia una ragione o un torto, sono ovviamente modi diversi di vedere la cosa. So solo che stiamo parlando di un allenatore unico, di un assoluto genio. Non trovo una parola diversa per dirti di Bielsa: genio.»

Un altro aspetto molto particolare è quello dell'ammirazione che nasce per lui dal pubblico, dalla gente. I tifosi delle piazze dove è stato, anche magari per un periodo breve, lo idolatrano. Anche ad anni di distanza non lo dimenticano, mantengono un profondo sentimento di affetto, se non di più.

«Lui ha la capacità di creare qualcosa che non tutti riescono, e non è facile: crea appartenenza. Crea un senso di appartenenza col posto che lo porta oltre. Il suo strumento è il calcio dov'è appunto un genio, ma tramite il calcio lui appartiene alla gente, alla città, appartiene alla storia della città, alle idee. Ti dico questo perché tanti allenatori ti portano alla determinazione, alla convinzione, possono anche arrivare a sedurre un popolo. Ma Bielsa fa altro, Bielsa crea questa appartenenza e la gente, il tifoso la coglie in pieno, e non lo abbandona, perché quel senso è suo, è lui. Credo sia anche per la sua origine, come argentini, un po' questa cosa ce l'abbiamo dentro, vedi con Diego, con Papa Francesco, con Che Guevara, parlo di questi uomini molto carismatici, ognuno ovviamente alla sua maniera, con stili assai differenti che però riescono a creare un senso di appartenenza con il posto. E questa cosa, possiamo fare altre mille valutazioni, non ha assolutamente prezzo, è bella, profonda, unica. Nel mondo del calcio non ha prezzo. Arrivare al senso di appartenenza sia con i calciatori, sia per gli allenatori, con la città è una delle cose più difficili del mondo, soprattutto adesso, quando dicono che i calciatori hanno pochi valori, son così, son cosà, vogliono solo i soldi. Oggi come oggi, lui che trascina una città per il suo calcio è appartenenza pura, in particolar modo perché sappiamo che potere può avere il calcio nella società. Questo potere, con un leader come Bielsa. Bellissimo.»

Una situazione quindi davvero unica, estrema, parola quest'ultima, che ricorre molto spesso in quanto dici. Passiamo quindi al campo. Dov'è l'originalità del calcio di Bielsa, una originalità, appunto, estrema.

«Tutto diverso, sul come giocare, sul come interpretare il gioco, sulle scelte che devi fare in campo, sulle pressioni, sulle scalate, quando devi fare la seconda giocata, arrivo a dirti anche sui calci piazzati, lui ha preparato certi schemi sui piazzati che se la palla arriva in un certo posto devi fare un certo tipo di movimento; se cade altrove devi farne degli altri... Lui non lascia nulla al caso, cerca di controllare tutto, il massimo almeno che si possa controllare, la sua testa è così. E infatti studia tutto, e questo torno a dirlo, è estremo, molto estremo. Però ti dà anche la libertà della giocata, se la leggi e la sai interpretare, lui crea i presupposti. Ma è ovvio, ha allenato grandi calciatori e quelli non vogliono essere troppo schematizzati, vogliono da soli arrivare alla scelta migliore e su questo aspetto Bielsa ti mette in condizione di farlo, ma non solo come attaccante, lo stesso vale per tutti i ruoli, è una cosa molto intelligente. Bielsa è ovviamente intelligente. Ma tutto deve essere dentro un contesto molto organizzato e molto estremo. Su alcune cose non c'è proprio una via di mezzo: giocare veloce, giocare in avanti, essere protagonista sempre, su ogni campo, essere in pressione costante, trovare il modo per attaccare. Questi concetti non sono mai con Bielsa in discussione, devono sempre essere messi sul campo.»

Tu al Genoa hai avuto Gianpiero Gasperini, che qualche volta, per la proposta di alcune situazioni di gioco è accostato a Bielsa. La trovi corretta come lettura, ci sta?
«Io trovo molte vicinanze con Gasperini. Dopo due mesi con *Gasp*, gliel'ho detto, mi sembra di tornare a giocare con Bielsa. Poi è andato a Coverciano ad ascoltarlo e, tornando, mi diceva che dalle sue parole non trovava quelle affinità che riconoscevo io. Gli ho risposto: intendevo dal punto di vista della ricerca calcistica, sulle persone... sulla gestione stiamo parlando di due tipi completamente diversi. Uno, se vogliamo molto chiuso nel rapporto, l'altro con un profilo più internazionale; *Gasp* ha una gestione italiana ma dal punto di vista calcistico, sul come giocare e soprattutto sul come difendere trovo molte affinità. È solo con lui che ho fatto le scalate in avanti, invece che scivolare; *Gasp* è stato il primo che mi ha richiesto quell'atteggiamento in campo che avevo sperimentato prima con Bielsa, in modo tale da levare ogni linea di passaggio al portatore di palla. Dopo 15 anni arrivo al Genoa e vedo sostanzialmente gli stessi princìpi, io da difensore, da dietro, posso

comodamente osservare lo sviluppo e vedo gli stessi movimenti, e ho avuto allenatori di grande livello e diversi tra loro, da Mourinho a Luis Enrique, da Mancini fino a Maradona; questa cosa non l'avevo mai fatta e trovo quindi una linea continua, un filo rosso anche in quell'attaccare sempre, nell'arrivare con tanti giocatori nell'ultimo terzo di campo e potenziare le capacità individuali di ogni calciatore. Anche *Gasp* lo sa fare molto bene. Io trovo parecchie affinità.»

Una proposta continua che coinvolge molto i difensori, in prima costruzione.
«Sì, lo faceva da sempre, anche quando le regole non erano come quelle attuali. Ricordo con Bielsa di averla fatto tantissimo sia all'Olimpiade sia nelle qualificazioni mondiali. C'è sempre ricerca della positività di giocare, di giocare e impostare con pulizia e ti parlo di molti anni fa, non tutti, anzi pochi, lo facevano. Siamo nei primi anni 2000 quando era con me e ancora adesso che lo vedo al Leeds è così; lo *scout* dei calciatori va in questo senso, nel limite delle possibilità della società, ovviamente. Quando mi allenava anche Gasperini la ricercava anche se con meno continuità. Secondo me anche ora è un filo più conservativo *Gasp* in questo fondamentale, mentre Ivan Juric ci crede di più. Ho avuto anche lui come tecnico. Ovviamente non come De Zerbi. Comunque sì, la ricerca di protagonismo sin dalla prima costruzione, è comune a tutti questi allenatori.»

Si dice sempre che Bielsa cerca in ogni momento della gara di attaccare. In Italia soprattutto questa affermazione, quel "contro chiunque, va in avanti" è letta in maniera parziale e distorta come se il Loco non riconosca le virtù delle altre squadre e attacchi scriteriatamente. Mi sembra invece che un tipo come lui sia attentissimo allo sviluppo di gioco avversario. Ricordo un'intervista a Caniggia in cui raccontava come gli allenatori che più gli avevano mostrato video, più studiavano le caratteristiche di gioco altrui, già ai suoi tempi erano stati Bielsa e Bilardo, pur partendo da una proposta molto diversa.
«Bielsa guarda la squadra avversaria, il suo è uno studio maniacale degli avversari, cura dei dettagli, ma è proprio naturale sia così, lo studio è continuo altrimenti non lo lascerebbe tranquillo la sua coscienza se non si applicasse in quel modo totale. È molto bravo soprattutto a riassumere quelle informazioni che ti dà, sa

trasmettere il giusto, mai troppi concetti tattici, mai troppo pochi, quello che deve sapere il calciatore e che serve per la partita. Bilardo non l'ho avuto, sono convinto di quello che dice Caniggia, perché le etichette si sono sprecate molto anche su di lui.»

Entrambi hanno, diciamo così, costruito una scuola anche di tecnici, no? Bilardo ha perpetuato quella di Zubeldia, suo maestro all'Estudiantes, che anche lì quanto a etichette non si scherza. Eppure quella squadra ha introdotto nel calcio situazioni di gioco che ora adottano un po' tutti, ricordo la spizzata che si fa dal primo palo su corner. Ecco Bielsa forse è più il creatore di una scuola.

«Certamente. Tanti suoi ex giocatori, tanti suoi collaboratori continuano il suo lavoro, poi naturalmente ci mettono del loro. È una cosa che mi prende sempre l'occhio anche perché è parte importante del mio nuovo lavoro, quello di direttore sportivo: ho l'obbligo di sapere come ogni allenatore pensa, perché devo sapere come potrebbe lavorare con me, devo sapere cosa posso dargli e riconoscere, quel che cerca. Certo, per un DS lavorare con Bielsa è come fare un super master, per le cose che apprendi, che ti insegna... Io poco tempo fa sono andato a trovare un mio ex compagno che considero un po' l'erede più simile al Loco, Gabriel Heinze, che adesso allena in MLS. Ha scelto un percorso originale di crescita e mi sembra sia per quello che voglia trasmettere ai suoi giocatori, in campo e fuori, sia per come comunica che somigli a Marcelo. Ci trovo parecchie analogie.»

"Che ti dà dentro e fuori dal campo", dici. Sempre riconosci questa cosa, cioè quello che ti lascia l'allenatore come uomo prima che come calciatore, Nicolas?

«Guarda, ti dico: tutti ti lasciano qualcosa, anche quelli che non hai apprezzato non fosse altro per farti capire: io così non voglio fare, non mi piace quel comportamento. Bielsa invece è unico ed è così carismatico, così radicale che tu non puoi fare altro che stargli al fianco, diventi un suo soldato. Dopo tre allenamenti con Marcelo, io do la vita. È convincente, sono stato fortunato a incontrarlo a vent'anni. E comunque oggi, con un'altra età e un percorso esteso ed esperienze profonde in tanti ambienti del mondo del calcio, continuo a essere un suo soldato.»

Ivan Juric

Presi coscienza che **Ivan Juric** fosse un allenatore differente, particolare già dai tempi di Mantova, dove un amico, Leonardo Piva, oltre a magnificare il suo lavoro, nell'applicazione quotidiana mi palesava dei dettagli che me lo rendevano appunto, originale, e quindi interessante. Lo avevo incrociato nelle tribunette di Interello, quando era assistente del fugace *Gasp* nerazzurro. Ho sempre seguito con attenzione il suo percorso e sono rimasto per questo poco sorpreso dei suoi indubitabili successi veronesi.
Ho appreso per caso della sua passione per Marcelo Bielsa e ho provato, senza aver nessun tipo di confidenza, a mandargli un breve messaggio WhatsApp per chiedergli se potessimo scambiare una chiacchierata sul Loco. Dal momento della doppia spunta blu credo siano passati giusto un paio di minuti e vedo il mio cellulare squillare. "Per parlare di Bielsa ci sono eccome, con piacere" è stata la sua frase, prima ancora di presentare il progetto del libro e spiegargli il perché della mia ricerca. Un fiume in piena, nessuna pausa per raccontare di una passione, di un "amore", ha usato anche questo termine nel dialogo telefonico che abbiamo avuto. Come un attacco del suo Hellas. O del Newell's del Loco.

Dove e quando Mister hai conosciuto il Loco?
«Stavo finendo la mia carriera da calciatore, rimasi assolutamente folgorato dal Cile di Bielsa al Mondiale. Un calcio che vedevo poco, o quasi mai praticare, e la vista di quella squadra mi emozionò. Mi innamorai subito di quell'allenatore, la scintilla fu a Sudafrica 2010. Poi da lì non l'ho più abbandonato.»

La storia di un amore, appunto. Cosa ti piace di quel calcio? Hai detto che avevi smesso da poco e avevi per lunghi tratti della tua carriera giocato il calcio di Gasperini: trovi analogie?
«La purezza, è la cosa che più mi piace del suo calcio. Essenza. Questo è il calcio. Sacrificio, corsa, fatica, questa è la bellezza. Al diavolo quelle frasi vuote "Bisogna sapere gestire", "Il campione non deve correre"... sono *cagate*. Io preferisco questa cosa qui. Il gioco è continuo movimento, sapersi muovere. Ero sul finale della mia

carriera e quello era il calcio che ho sempre amato di più. Avevo avuto Gasperini, giocavamo con tanta intensità, non così estrema come quel Cile forse... Anche se oggi, il calcio di *Gasp* è più estremo da diversi punti di vista: il Loco non accetta l'uno contro uno a tutto campo, Bielsa ammazza l'attaccante, lo ammazza tra i due e ti fa superiorità dietro. Adesso col Leeds c'è qualcosina in più, cioè scala dietro col terzino, però meno di Gasperini, meno. Ma quel tipo di calcio, giocato a così alto livello, non lo avevo mai visto, oh! Un Mondiale, contro la Spagna che poi ha vinto il titolo, contro quel Brasile. Sempre avanti, voglia, sacrificio, idee.»

Innamoramento immediato, che poi è proseguito seguendo il Loco nei successivi percorsi, immagino. E quindi si incrocia l'uomo, l'uomo e il suo calcio

«Certo, certo, da lì non l'ho più abbandonato, lo andavo a studiare ovunque si trovava qualcosa di lui, sui siti, nei *blog*. Guardavo tutte le partite delle sue squadre, anche perché più ricerchi più ti trovi in sintonia, ti piace quel che vedi, quel calcio non speculativo, era bello e divertente osservarlo, ti gusti quel che dici, lo senti che è vero. Mi tocca il suo modo di essere, i suoi modi di fare, toccano lo spirito. Anche nelle sue frasi, anche le più semplici, lo vedi che è diverso, mi viene in mente: "Qual è il tuo piano B? Migliorare il piano A". Purezza e uomo, uno così non lo trovi ovunque. E poi il campo. Io sono andato a vedermelo il suo Athletic Bilbao, è la mia squadra preferita di sempre. Mai visto un calcio così... Marcelo Bielsa e il suo calcio, lì c'è la vita, la vita. Fatica, sacrificio. Si accetta l'errore ma non il comportamento sbagliato, il non impegno non è permesso. E quello spirito lo mette in campo, lo trasmette ai suoi giocatori. Quel suo Athletic era un sogno, certe partite, quelle con il Manchester United, un sogno davvero, favolose. La purezza dell'uomo è nel suo calcio.»

Anche se ancora non sei riuscito ad andare a vedere dal vivo il suo lavoro, hai preso qualcosa di lui, hai visto qualche allenamento?

«Non c'è molto ma tutto quello che c'è, che è disponibile, che ho trovato l'ho visto, mi piace il suo lavoro analitico e gli ho rubato anche qualche esercitazione: se tu giochi molto a uomo, io anche in difesa nella zona ma a uomo, l'esercitazione per non subire l'uno-due, quella per non prendere il velo – che facciamo anche qui all'Hellas. L'idea della concentrazione sull'uomo e meno sulla palla. Ho visto anche parti di sessione, sempre alla massima intensità, anche oggi a Leeds, quando fanno 11 contro 11, 10 contro 10, vanno sempre forte, non ci sono pause, lavori sulla potenza aerobica. Quegli allenamenti, quelle porzioni che sono riuscito a vedere, poi te le ritrovi in campo, è questo che mi piace. Un ritmo di gioco diverso, forse qualche volta anche esagerato, boh non so, per qualcuno è esagerato, però è bello, puro. A me piace tanto.»

Bielsa possiamo dire è un punto di riferimento di Juric?
«Assolutamente, io dopo la mia partita chiedo sempre cosa ha fatto il Leeds. Poi me lo vado a vedere, come ha giocato, se ha proposto delle novità, quali novità. Mi ricordo il suo undici a Bilbao, tutta gente buona, normali, sì ok, ma con quella rosa non fai quel calcio lì, non arrivi a due finali con le partite che ha fatto, dai. Mi identifico un po' con il suo modo d'essere e di fare calcio, prendi una squadra che non è top e la porti al massimo del massimo, là non so, un po' mi rivedo. Bielsa per me è una grande fonte di ispirazione e di crescita, per il modo di vedere calcio, puro come ti ho detto, e per i valori della vita che esprime.»

I valori della vita li rivede nel suo calcio.
«Certo. Tu conosci, sai, ricordi. Prendi le sue conferenze stampa, quelle lunghe, belle, dove spiega il suo calcio: il modo di essere, quello che io propongo è quello che io sono, la mia partita quello è, io sono così, io sono quella squadra. L'allenatore è questo. E poi quando tu vedi Bielsa vedi la purezza, non vedi la furbizia, non vedi truffa, vedi purezza dell'uomo, undici giocatori che vanno, che accettano situazioni che altri non accetterebbero mai, vedi gli occhi di gente che ci crede, vedi giocatori che non si arrendono che vanno avanti fino a sfinirsi, che danno tutto, vedi che non c'è gestione e quindi sai che quello è lui, quello è l'uomo, il suo comportamento, lo ritrovi nella sua squadra. Magari è esagerato per alcuni, non so anche qui in Italia, dove si apprezza la furbizia, si apprezza tanto, mentre in altre parti del mondo si apprezza meno. Ecco lui, Bielsa lo vedi come è, dritto, onesto. Puro.»

Marco Rossi

Raggiungiamo **Marco Rossi** poco prima di una serie di partite di qualificazioni ai Mondiali di Qatar 2022. Dopo aver portato l'Ungheria all'Europeo, ora tenta l'ennesima impresa: trascinarli alla maggiore competizione internazionale, da cui i magiari mancano dall'edizione del 1986. Dura, durissima, anche se l'ex centrale di Sampdoria e Brescia una sottospecie di miracolo, in panchina, l'ha già compiuto, quello di fare rinascere la Honved, la squadra che era la maggiore fornitrice di talento per l'Aranycsapat, la squadra d'oro di inizio anni Cinquanta. Finita annientata dai debiti e dalla malagestione, grazie a Rossi la Honved si è risollevata ed è tornata a vincere perfino un titolo. Marco aveva abbandonato la Serie C per provare l'esperienza in Ungheria, dove ha immediatamente fatto bene, tanto da guadagnarsi poi la panchina della Nazionale. Con un coraggio pari solo a quello avuto più di 25 anni prima quando, da giocatore, salutò la Serie A per il campionato messicano. Lì incrociò Marcelo Bielsa, tecnico per una sola stagione al Club America. Un incrocio fondamentale per la sua carriera.

«Marcelo Bielsa è stato ed è un punto di riferimento. Mi colpì immediatamente il suo modo così ossessivo di intraprendere un ruolo, quello di allenatore, che adesso è anche il mio. Era la prima volta che vedevo un approccio del genere. Non l'ho mai scordato e ho capito, vivendola, quella passione, quelle emozioni che riusciva a trasmettere.»

Arrivi in Messico nel 1995. Giocavi nella Sampdoria di Eriksson, al fianco di gente come Mancini, Mihajlovic, Salsano, Platt, Lombardo. Siete giunti a un passo dalla finale di Coppa delle Coppe, perdendo solo ai rigori in semifinale contro l'Arsenal, dopo aver fatto fuori il Porto di Bobby Robson nei quarti. Eppure decidi di andare, addirittura oltreoceano, nel club più importante del Messico, l'America, che aveva accolto un nuovo tecnico argentino dopo aver licenziato Leo Beenhakker. Una scelta molto particolare, soprattutto per l'epoca.

«Fu una sorpresa anche per me. Il team manager della Samp, Beppe Dossena, mi disse che tra le offerte che erano arrivate ce n'era una anche dal Messico. Volevo cambiare, sentivo che potevo avere più spazio e nonostante le rassicurazioni di Eriksson mi decisi, anche allettato da una esperienza così. Il vicepresidente del Club America, José Rubulotta, argentino di origine italiane, mi volle conoscere. Avevano visto proprio le mie gare di coppa, specie con Porto e Arsenal, la partita di Highbury, e mi volevano offrire un contratto. Sarei stato il quinto straniero, c'era Kalusha Bwalya, reduce dalle Olimpiadi dove il suo Zambia aveva battuto l'Italia 4-0, c'era Maurizio Gaudino, il colombiano Harold Lozano e Omam-Biyik, il centravanti del Camerun che segnò il gol della partita inaugurale contro l'Argentina, al Mondiale del '90. Insomma, dei cinque il più scarso ero io...»

Alla fine ti convinci e ti trovi in un grande club con un grande tecnico, all'inizio, o quasi, della carriera, ma già che si portava dietro una storia importante. Vittorie e finali di Libertadores col Newell's e Atlas Guadalajara dove aveva ristrutturato dalle fondamenta la società. Il Club America che voleva un calcio propositivo e d'attacco dopo l'esperienza di Beenhakker, che peraltro in campo aveva mostrato ottime cose ma si era poi scontrato con spogliatoio e dirigenza, sceglie il Loco Bielsa. Cosa ti ha colpito di lui, tu che arrivavi sostanzialmente da un altro mondo e immagino con aspettative e curiosità.

«Fu realmente impressionante l'impatto. Avevo avuto Lucescu in Italia, il solo che più o meno si avvicinava a un certo tipo di discorso calcistico. Ma, ricordiamolo sempre parliamo del 1995, non avevo mai visto quella maniacalità, quella cura del dettaglio negli allenamenti della fase offensiva soprattutto, ma anche in quella difensiva. Divideva il campo in settori con un nastro allungabile e comandava ogni passaggio, ogni ricezione, curava la postura, ti diceva quando e dove voleva che la palla partisse e arrivasse. Questa preparazione maniacale fu la prima cosa che mi colpì di lui. La seconda è stata la completa dedizione: era completamento assorbito dal calcio. Arrivava diverse ore prima di noi, preparava il campo, spesso da solo, preparava ogni passaggio. In modo tale che non ci fossero tempi morti. È vero, come dici, stavamo molto tempo sul campo, il lavoro era pesante ma pianificato in ogni minuzia, tutto scorreva fluido. Nel calcio attuale, praticamente tutti prepariamo sessioni in questo modo, studiamo molte situazioni da riportare poi in partita, ma lui lo faceva già nel 1995. Quello che consideriamo oggi normale, per lui era normale in quegli anni. Non ho il minimo dubbio, è stato assolutamente un precursore, anche in questo ambito.»

Qual è stato personalmente il tuo rapporto, come è iniziato, qual era la sua maniera di porsi. Anche qui ti colpì in qualche modo?
«Il nostro rapporto non iniziò in realtà benissimo. Andò così: io mi aggregai al gruppo un po' dopo gli altri, col campionato già cominciato. Poi naturalmente è necessario almeno un mese per acclimatarsi a dovere a Città del Messico per via dell'altura e della contaminazione dell'aria. Quindi sapevo che sarebbe passato del tempo prima di mettermi a regime con gli altri. Feci un giorno un'intervista a un quotidiano locale. Ancora non maneggiavo benissimo la lingua, ma cercai di esprimermi al meglio. Il fatto è che nacque un equivoco. Io dissi che il mio unico obiettivo era farmi trovare pronto dal tecnico: in allenamento davo tutto e poi toccava a lui scegliere, non era un mio problema. Bene, il giornalista scrisse che il problema sarebbe stato del tecnico se io non avessi iniziato a giocare... Eh beh, suona un po' diverso! Lui si arrabbiò molto, mi convocò e parlammo per intenderci meglio. Chiarimmo tutto, lavoro e comportamento seguirono alle nostre parole, mi misi a disposizione e poi iniziai a giocare. Mi ricordo la convocazione nel suo ufficio, piccolo, quattro metri per cinque: totalmente ricoperto di VHS, c'erano videocassette di partite ovunque. Quando non era sul campo era lì a studiare le squadre avversarie, anche lì, devo ripetermi, un precursore.»

Tocca a me quindi ripeterlo e ribadire questo termine, precursore. Quell'America, specie nell'andata, fece un calcio offensivo e moderno, la palla usciva dai difensori, quindi anche per te, c'era un lavoro nuovo da svolgere in campo. Come fu quel campionato, che ricordi hai?
«Esatto. Anche questa richiesta, che oggi è di tutti, era già sua all'epoca. Io, a parte con Lucescu, non avevo mai avuto quei compiti da svolgere. Alternavamo la linea a tre e a quattro, però utilizzavamo più quest'ultima, anche se la rompevamo spesso per aggredire. In genere uno dei due centrali aveva più capacità di aggressione e l'altro di impostazione, però entrambi venivamo sollecitati su entrambe le fasi. Costruivamo da dietro come si usa oggi e avevamo parecchie alternative

di gioco. Iniziammo molto bene la stagione, poi ci fu un calo nell'ultima parte del campionato, poco prima della Liguilla, dei *play-off* di fine stagione e la dirigenza decise per l'esonero. Mi dispiacque anche perché non c'erano i presupposti, la squadra giocava, era viva. Comunque, poi perdemmo in semifinale contro il Necaxa che vinse la finale contro il Celaya, dove giocava Emilio Butragueño. Sono grandi ricordi, pure la mia partita contro il *Buitre*, sono stato molto bene in Messico, anche al di fuori dal campo: cultura, cibo, persone, io e mia moglie ci trovammo molto bene. Davvero una grande esperienza anche se durata solo un anno. Peccato il finale di quella stagione.»

Ecco, ci torno un momento. Bielsa finisce la prima fase con 30 punti, in testa alla classifica, 8 vittorie e sole 3 sconfitte. Poi inizia un periodo dove non arrivano i risultati, qualcuno scrive all'epoca che la squadra era un po' stanca, ma spesso si dice così per giustificare un calo di rendimento. Detto ciò, nelle ultime 15 gare ne pareggiò 8 con 5 sconfitte. Si decise per la scossa, l'ennesima in una squadra che da molto tempo non vinceva e si sa che quando un grande club vive quei momenti, finisce per non avere la forza di tenere duro e preferisce la scommessa del cambiamento. Scommessa che raramente paga. Bielsa tuttavia si congedò alla grande da voi. Si prese la colpa dei risultati e ringraziò la disponibilità dei giocatori: "Non ho nulla da rimproverare ai ragazzi né alla dirigenza, ho una grande frustrazione per non essere riuscito a essere all'altezza del compito". Solita uscita di classe del Loco, che pretende sempre moltissimo da se stesso. Un tecnico che lascia qualcosa anche di extra calcio.
«Assolutamente. Purtroppo sono stato con lui solo poco più di sei mesi, ma non ci vuole molto per capire la grandezza di un uomo così. Quel suo castigliano pulito, che fa bene a mantenere secondo me nell'originale anche ora che allena in Paesi non ispanoparlanti, ti entra dritto dentro. Ti trasmette le sue emozioni e ti arrivano, forti: anche ora che lo ascolto nei diversi discorsi che sono stati ripresi e riproposti in rete, ritrovo quella voce che imparai a conoscere in Messico. Ti trasmette *pathos*, ti coinvolge con la testa e il cuore, anche perché quello che ti dice non si ferma al solito argomento di tecnica o tattica calcistica, ma riflette aspetti del comune sentire, psicologia umana che puoi vivere in altri settori della tua esistenza. Marcelo è ancora uno così, lo vedi: arriva, coinvolge. Un uomo che emoziona.»

Eppure come sai, in molti dicono: non ha vinto, non ha mai allenato grandissime squadre di club. Che idea ti sei fatto?

«Marcelo Bielsa è una persona leale, diretta, onesta: se ha qualcosa da comunicarti viene a dirtela in faccia. Questo il calciatore lo apprezza molto, perché si rende conto di essere trattato da uomo. E quindi vale molto. È una persona riconosciuta a tutti i livelli, anche a quelli altissimi, però credo non abbia avuto opportunità dai grandi club che avrebbe meritato di allenare per le sue conoscenze e il suo valore; quindi non abbia vinto quello che si può vincere con squadre così perché, sai, in alcune situazioni, in determinati ambienti devi essere un po' un gestore, devi essere diplomatico: è difficile poter essere se stessi fino in fondo. Credo che Bielsa stia dimostrando ancora oggi di essere una persona che non è mai scesa, non scende e mai scenderà a compromessi. Questo penso sia un carattere distintivo della sua personalità e del suo modo di essere allenatore.»

Filippo Galli

Filippo Galli è uno dei difensori più vincenti del nostro calcio. Protagonista col miglior Milan della storia, dopo l'addio al calcio giocato ha diretto per quasi dieci anni il settore giovanile dei rossoneri (dal 2009 in avanti), anche qui vincendo in diverse categorie. Nonostante questa valanga di titoli praticamente, anche negli anni dove lo frequentavo settimanalmente per questioni di lavoro, non l'ho sentito mai parlare di trofei. E mai mi ha chiesto di scrivere: "Ricorda che abbiamo vinto questo e quest'altro" come l'esercito di mediocri che mi capitava di incontrare e che magari avevano uno smunto trofeo da esporre, mi sottolineavano a ogni intervista. Galli mi ha sempre parlato di formazione, mentre gli chiedevo forse un po' troppo spesso della crescita di Manuel Locatelli, probabilmente il giocatore più forte realmente costruito al Vismara. In tante delle nostre chiacchierate veniva fuori, tra gli altri, il nome di Marcelo Bielsa.

«Avendo lavorato in ambito di settore giovanile per tanti anni, naturalmente Bielsa è stato uno dei fari che ci ha orientato. Le tante sue frasi, quelle note, quelle che stimolano, ma poi soprattutto i messaggi che lui lascia, il significato profondo che c'è in quello che dice sono stati un continuo riferimento. Ho qui con me un documento che avevamo prodotto in quegli anni e vedi i nomi che avevamo citato: Johan Cruyff, Cesar Menotti, Pep Guardiola, Juanma Lillo e ovviamente Marcelo Bielsa. Nel nostro Paese, spesso si è parlato, non solo nel calcio di Serie A ma a tutti i livelli, della necessità della vittoria, da ottenere anche in maniera speculativa. Ci sono messaggi contorti, superficiali che tante volte veicola il nostro calcio, messaggi contro cui è necessario battersi e non importa se si viene etichettati come Don Chisciotte... Ecco il messaggio di Bielsa, per modificare la cultura, o meglio dire una certa cultura, è importante, anzi è fondamentale. Un uomo che ti dice "Non si vive celebrando vittorie ma superando le sconfitte" e, ancora più importante, ti ricorda come la vittoria sia a volte ingannevole, come possa frenare il tuo percorso di crescita se non sfrutti le tue possibilità appieno, quello che realmente hai dentro e tiri fuori. Perché vincere vogliono vincere, anzi vogliamo vincere, tutti; chi fa questo sport gioca per vincere le partite mica per perderle, ma la vittoria è piena solo se si accompagna al merito. Se nel percorso che mi porta alla vittoria non tenessi conto di ciò che è formativo, allora commetterei un grande errore.»

Molte volte si ripete che a livello di settore giovanile sia più importante formare che vincere i trofei, posto che come hai detto tutti giocano per vincere. Ma quando si tratta di formare, anche qui spesso si equivoca, si pensa a costruire i giocatori per vincere poi in Serie A, ed è corretto e giusto così, anzi il percorso virtuoso delle società deve essere questo. Ma quando si parla di formazione, di gioco del calcio e di giovani, uscirei anche dall'ambito del calcio. Come abbiamo detto tra noi più volte, un uomo migliore è certamente un giocatore migliore.

«Certamente, e anche in questo troviamo il pensiero di Bielsa. Che parte sempre dal calcio per assumere dei valori che servono poi nella vita di tutti i giorni. Anche perché nel gioco, c'è dentro tutto, gli aspetti tecnico-tattici, emotivi e anche educativi, che sono naturalmente all'interno di un certo tipo di calcio. Un calcio che è un gioco di squadra, dove le individualità hanno un valore, risolvono in molti casi, ma sono tutte dentro un concetto di insieme, di tutto. Pensa al gol forse più bello di sempre, quello di Maradona contro gli inglesi dove parte da metà campo e va in porta. Lì Diego non fa tutto da solo, e lo dirà anche lui, in un'intervista successiva. L'importanza ad esempio di Valdano che gli corre a fianco e che condiziona la difesa inglese ha un valore, un valore importante per chi vuole andare in profondità nel gioco. E così in tante occasioni, rimane sempre un gioco di squadra, perché c'è chi te la dà, la palla, non puoi rimettere in gioco da solo e poi i tuoi compagni per il solo fatto di essere in campo condizionano gli altri. Eric Cantona cosa dice nel suo film, quando gli chiedono qual è stato il momento più bello della sua carriera? Un passaggio, dice, aver avvantaggiato un compagno. E parliamo di fuoriclasse! Ma pensa anche al valore del gruppo, quando il talento si mette a disposizione degli altri e poi viene aiutato nei suoi momenti di difficoltà da tutti. Ecco, questo è l'insegnamento del calcio, che si porta dentro quelli della vita. Un gesto nei confronti dell'altro. Un dare.»

E Bielsa è in pieno in questo discorso valoriale.

«Il discorso che fa al gruppo, nello spogliatoio del Marsiglia, dopo un risultato sfavorevole e non meritato è meraviglioso, dove dice che nonostante si siano impegnati alla morte il risultato non è arrivato, ma che arriverà, perché alla fine tutto si equilibra, se continueranno a dare tutto. Contiene princìpi educativi da far ripetere nelle scuole. Bielsa parla dallo spogliatoio e la sua profondità arriva alla vita di tutti i giorni.»

È questa, diciamo così, diversità il segreto di un allenatore che seduce, che si fa amare nonostante non abbia vinto molti trofei.
«Il Loco, il suo pensiero, appunto, colmo di valori arriva alla gente, a tutti: dal tifoso, al magazziniere, all'allenatore illuminato come è Guardiola. Impossibile rimanere insensibile. E poi si allaccia a concetti pratici. Ora, non fa solo filosofia, che poi non so perché in Italia debba apparire con accezione negativa la locuzione "fare filosofia", come può apparire negativa la volontà di porsi delle domande e di cercare di trovare delle risposte? Ecco, va beh, comunque lui dà concretezza al pensiero. Pensa al suo modo di essere, pensa ad esempio a quando ha chiesto ai suoi giocatori di svolgere dei lavori umili per far capire quanto costasse ai tifosi il biglietto per andare allo stadio.»

Tu sei riuscito a conoscerlo, a scambiarci qualche opinione?
«Ero a Leeds per il settore giovanile, lui era al suo primo anno lì. Sono riuscito a parlarci anche se non per molto tempo, ma quei minuti mi sono realmente rimasti dentro, valgono più di tante ore passati con altri. Arrivo a dirti una cosa forte: la carica emotiva di quell'incontro, anche se breve, per me è stato molto simile a quello che ho avuto incontrando Nelson Mandela. Davvero. Per me Bielsa, quello che fa, quello che rappresenta, è molto importante. Tra l'altro poi l'ho rivisto nel pomeriggio, nel paesino vicino al centro di allenamento, che camminava per strada, da solo, con la tuta. Lui ha questa aurea, è una persona speciale, per me quello che dà è fondamentale nel nostro mondo.»

Marcelo ci insegna molto, e anche per te è una figura fondamentale. Qual è il giusto modo per trasmettere le sue idee ai ragazzi, durante il percorso di formazione?

«Bisogna arrivare loro attraverso un percorso preparatorio. Non arrivano subito al Loco, non si può buttare lì una frase di Bielsa e attendere; è invece importante preparare il ragazzo, attraverso un percorso, un accompagnamento, attraverso una relazione. Non puoi calare il suo messaggio in un contesto in cui non hai lavorato per prepararlo: ci vuole tempo, costanza, presenza, cercare di far capire ai giovani che c'è modo e modo di arrivare alla vittoria. Il suo esempio, le sue parole rappresentano la modalità migliore per trasmettere questi valori, lui è essenziale per chiarire che la vittoria senza merito è più effimera. Dice sempre Arrigo Sacchi che "Rimane nella storia e nel cuore delle persone, colui che ha vinto e ha convinto, non basta solamente vincere per rimanerci". È necessario portare un messaggio in questo senso a tutti i giovani giocatori.»

Ricordo nella seconda stagione di Bielsa nel Leeds, l'intervista a un tifoso cui chiedevano se realmente fosse quello l'anno giusto per ritornare in Premier. Lui gli rispose che non sapeva, che sperava, ma l'unica cosa che voleva era tornare, la domenica successiva, a vedere una squadra di cui si sentiva orgoglioso, che lo emozionava ogni week-end. Per me il Loco ha vinto lì, ancora prima di essere promosso in Premier a fine anno.

«Sono d'accordo, quel percorso portava con sé una profondità di valori e quel tifoso li percepiva e li viveva. Il calcio ti dà sempre la possibilità di ripartire, di vivere una rivincita, di tornare in gioco, come scrive *Nick Hornby* in "Febbre a 90". Ma un messaggio come quello che lancia il Loco riempie di contenuti quei tifosi, noi tutti appassionati. Il valore che fa la differenza non lo trovi necessariamente nell'esito, ma, se è virtuoso, lo incontri certamente nel percorso. Questa è la cosa più importante.»

Walter Samuel

Walter Samuel è stato uno dei più grandi centrali difensivi dell'ultima decade. Protagonista assoluto con Roma e Inter, ha iniziato da poco il percorso di tecnico. Un'esperienza in Svizzera, al Lugano, assistente tecnico all'Inter con Pioli e ora è nel gruppo di lavoro del CT dell'Argentina Lionel Scaloni, col compito, abbiamo scherzato a fine intervista, di provare a rendere giustizia nel mondo del calcio facendo alzare una coppa del Mondo a, probabilmente, il miglior giocatore di tutti i tempi. L'Argentina attuale sta unendo più generazioni per cercare di arrivare ad alzare un trofeo che manca da tanto tempo. Sta crescendo sul piano del gioco e Samuel è stato protagonista in campo di una delle migliori argentine di sempre, quella delle qualificazioni al Mondiale del 2002, proprio con Marcelo Bielsa come tecnico.

«È stato davvero un super periodo quello. Giocavamo un calcio bello, propositivo, la gente era con noi, perché andavamo su ogni campo a imporre le nostre idee, senza paura, con coraggio. Mi ricordo particolarmente le sfide con il Brasile di quel tempo, una squadra formidabile, Ronaldo, Rivaldo, Cafu, Roberto Carlos, erano partite epiche ma in cui noi eravamo sempre la squadra protagonista, poi potevi anche perdere, ed è successo, ma sempre cercando continuamente il gol, andavamo a prenderli altissimi ogni volta. E così su tutti i campi, e sapete quanto sono complesse le qualificazioni sudamericane: ci qualificammo con diverse giornate di anticipo. Poi quel Mondiale... incredibile, uscire subito per un rigore e una punizione, ci ha segnato profondamente, tutti. Ma non possono e non devono essere dimenticate quelle qualificazioni. Ero tra i più giovani del gruppo, con Aimar e Placente. Con Bielsa ho iniziato: mi ricordo la prima chiamata, era riservata ai soli giocatori del campionato argentino, ero al Boca e fui tra i convocati, una gioia immensa. Primi minuti e anche primo giorno davvero un po' spaesato, nessuno, o pochi erano abituati a un certo tipo di allenamenti, però una volta compresi, aggiustato qualche automatismo, si è andati avanti alla grande. Di solito giocavo terzo a destra, quasi sempre eravamo schierati a tre dietro. Ricordo una gara vinta col Brasile in casa in rimonta, Ayala in mezzo, Nelson Vivas a destra, Zanetti, il Cholo e Placente in mezzo, Aimar dietro Lopez, Crespo e Kily, poi dentro Gallardo e Ortega... Dietro comunque giravamo un po', c'era Pochettino anche a destra, qualche volta Sensini.»

Molti sottolineano questa originalità, specie per i tempi, dei lavori del Loco, e qui con te siamo sul finire degli anni Novanta, inizio Duemila. Cosa c'era di così differente?
«Vederlo con gli occhi e le conoscenze di oggi, c'è poco da aggiungere: Bielsa era avanti. Gli allenamenti duravano 35-40', ma a tutta velocità sempre. Tutto era dettaglio, fase difensiva, fase di impostazione, anche per noi difensori. Il lavoro si svolgeva molto per reparti, poi ci riuniva. Tanto specifico, esercizi e simulazioni sul posizionamento e la postura da tenere sui cross dall'esterno, contro la conduzione interna, insegnamenti dettagliati su quando rompere la linea, su quando lasciare il tuo uomo e andare su un altro, anche dettagli su come saltare di testa, ci sono dei video in cui si vede tutto ciò. Nessuna pausa e tutto organizzato. Mi ricordo che gli *sparring,* le squadre che affrontavamo, pure loro avevano una conoscenza approfondita su come si dovevano muovere, conoscenze che stupivano. Bielsa le istruiva e loro producevano una certa situazione particolare cui noi dovevamo reagire in un certo modo. Alcuni di quegli *sparring* sono diventati poi giocatori mondiali, straordinari: ti dico il primo che mi viene in mente, Javier Mascherano...»

Questo il campo, l'allenamento. E il resto? Come gestiva i rapporti con voi Bielsa?
«Grande rispetto e onestà, sempre le cose dette in faccia, all'ultimo arrivato come al primo e più grande del gruppo. Ma veramente così, non come alcuni che dicono qualcosa e poi aggirano la regola. Con lui il rapporto era franco. Ricordo che magnifica sintonia avevano con il *prof* Bonini, anche lui un uomo straordinario, ci rifletto e mi vengono i brividi, mi commuovo, lo penso anche adesso che non c'è più (nel novembre del 2017 Bielsa andò a trovarlo negli ultimi giorni di vita, contrastando la volontà del club che stava allenando, il Lille, che non voleva farlo partire: lo fece ugualmente e al ritorno gli fu negato l'accesso al centro sportivo. Dopo poco tempo scattò l'esonero, *nda*). Il *prof* era quello che più stava con te

anche nei tempi morti, il Loco lo vedevi meno, ma te lo trovavi cinque minuti prima dell'allenamento sul campo. Tutto preparato. Entrambi mi hanno lasciato tantissimo, anche dal punto di vista umano. Con loro sono stato bene.»

La comunicazione, riferiscono in molti, è un'altra grande arma di Marcelo Bielsa, sia con i calciatori sia con i media.
«Assolutamente sì. Lo vediamo ancora oggi in rete, dove troviamo tante sue conferenze stampa, tanti passaggi importanti, citati, ripresi... ma io ricordo già ai miei tempi da calciatore come non facesse andare via nemmeno l'ultima radio del Paese senza una risposta. Lui non dà interviste personali ma negli incontri pubblici attende tutti: rimane lì per molto tempo, ma nessuno se ne va senza aver potuto proporre una domanda. È fatto così Marcelo. Nelle comunicazioni coi giocatori è conciso ed efficace per quello che ti deve dire: anche qui prepara tutto. Mi ricordo una volta, ero al telefono con mia moglie, mi chiama un assistente di Bielsa e mi dice di andarlo a trovare nel suo ufficio. Chiedo alla mia consorte, di aspettare che di lì a poco sarei stato di ritorno: mi trattene quasi un'ora per spiegarmi delle situazioni tattiche...»

Tra le critiche mosse al Loco c'è spesso quella di essere un estremista soprattutto nella ricerca calcistica.
«Non so se è giusta l'etichetta, ma certo quello è il suo modo di vedere il calcio. Di vivere, arrivo a dirti, il calcio. Lui vede tutto, sa tutto. Sa quanti passaggi d'uscita hai sbagliato nell'ultimo match amichevole che hai giocato col tuo club – perché lui non si perde manco un'amichevole – sa spiegarti perché nel 4-4-2 le squadre ti fanno quello scivolamento, sa riassumerti alla perfezione le caratteristiche del tuo avversario, dove ti può fare male. Ed è tutto puntualmente vero, preciso. Bielsa vive per il calcio e di calcio. E lo vive ogni giorno e alla sua maniera. Durante i Mondiali che ha giocato col suo Cile, qualcuno diceva che si sarebbe adattato agli avversari, ai grandi almeno, Spagna, Brasile; io ero sicuro che avrebbe invece giocato sempre il suo calcio: certo che li aveva studiati alla perfezione, come fa ogni volta e in profondità, ma per attaccarli alla sua maniera e, appena possibile, provare a prenderli alti, pressando, cercando sempre di essere protagonista. Lui

è così, anche io qualche volta penso, ma perché non attende un po'? Ti motiva al massimo per fare queste partite, sempre. Ho avuto nello stesso periodo Carlos Bianchi, che ad esempio era molto diverso, più gestore, più papà se vuoi, più portato ad adattarsi a certe situazioni. Il Loco la vive intensa sempre. E se non fosse stato così non ci avrebbe fatto crescere tanto. Molti giocatori sotto di lui sono migliorati, io stesso. Bielsa, credo, ci abbia avvicinato al calcio europeo, in anni dove forse stavamo perdendo il passo con il vecchio continente. Lui ci ha riavvicinato. Con le sue idee, con i suoi metodi. Marcelo è un rivoluzionario.»

Diego Milito

Dopo il *fracaso* del Mondiale 2002, il presidente dell'AFA Grondona conferma Bielsa alla guida della Selección. Tre partite non potevano cancellare tutto il percorso fenomenale delle qualificazioni, anche se il nuovo ciclo sarebbe durato solo un altro anno circa, poiché le ferite non potevano essere suturate totalmente dopo una caduta del genere. Dopo la vittoria alle Olimpiadi, quindi, il Loco lascia la nazionale. Nel breve periodo "post-trauma" c'è spazio per sperimentare nuovi giocatori, che vengono testati in vista di Atene 2004 e soprattutto delle qualificazioni al nuovo Mondiale. In quel periodo entra nel gruppo un giovane attaccante del Racing, **Diego Milito**. Che ne conserva, di quel gruppo e di quel tecnico, un ricordo indelebile.

«Esordii in Honduras, in una amichevole, segnai anche il mio primo gol. Ricordo tutto, ovviamente, di quei giorni. E rimasi immediatamente colpito dai metodi, dai modi e dalle conoscenze di Bielsa. Peccato averlo avuto per così poco e solo in Nazionale. Era l'inizio della mia carriera, doveva ancora arrivare in Europa e lui per primo mi fece capire fino in fondo qual era davvero il mio potenziale, tutto quello che avevo dentro e come potevo metterlo a disposizione della squadra. Mi ha definito come calciatore e mi ha aiutato come uomo a crescere. Dico sempre "Bielsa mi ha aperto la testa". Era ed è un allenatore straordinario.»

Il primo gettone di presenza a San Pedro Sula e gli altri che seguirono in quel periodo di amichevoli fu un'ulteriore vetrina per te. E infatti poco dopo, nel 2004, arrivò proprio il Genoa e la prima tua esperienza in Italia. Di quel periodo con Bielsa, oltre alle partite e i gol, immagino ricorderai anche i duri allenamenti.

«Certo. Allenamenti molto intensi, anche quella modalità di pratica mi ha aiutato molto a crescere e a fare un definitivo salto nel calcio più importante. I suoi allenamenti erano svolti al massimo dell'intensità: se soffrivi, ti diceva, voleva dire che tutto andava bene. Che il corpo e la mente rispondevano. E così che quasi magicamente corpo e mente rispondevano anche in campo, nelle gare ufficiali.

Quelle pratiche venivano riflesse nelle partite. È stata una esperienza che mi ha segnato per sempre e riconosco di essere stato fortunato a incontrarlo.»

In passato hai affiancato il nome di José Mourinho a quello di Bielsa. Naturalmente hanno proposte di calcio non sovrapponibili, però tu affermi che nella gestione hanno tratti comuni?
«Ognuno ha il suo pensiero di calcio, questo è ovvio. Ma per le grandissime capacità di gestire il gruppo, anche con stili diversi, per come lo proteggono e sanno tirare fuori il massimo possibile, li accomuno su questo aspetto.»

Come definiresti il Loco?
«Un allenatore straordinario. Ha riconosciuto immediatamente capacità che nemmeno io sapevo di avere e le ha potenziate. Mi ha fatto amare il gol: ero un attaccante molto associativo, mi muovevo su tutto il fronte d'attacco, ma con lui sono diventato goleador. Non avevo movimenti classici da numero 9, allora mi mostrava video di grandi centravanti, come Crespo o Batistuta, e mi ripeteva che io queste cose potevo tirarle fuori, perché erano nelle mie possibilità. Mi indicava proprio nei dettagli ciò che dovevo fare, è stato davvero un apprendimento fondamentale, quell'anno con lui, in quel momento lì, c'è stata una svolta per me. Mi ha fatto scattare il *click*, da lì è partito tutto. Perché soprattutto in Italia, si vive per il gol e senza quel passaggio chissà come sarebbe andata a finire. Ha tirato fuori le mie qualità.»

VITA DI CLUB
LE STAGIONI DEL LOCO

III

“Non si tratta di quanto hai vinto, si tratta del segno che hai lasciato mentre eri lì. Più importante dei titoli sono il riconoscimento e il rispetto”

César Luis Menotti

Non è più grande chi occupa più spazio ma chi più vuoto lascia quando se ne va

Detto popolare

Sicuramente Bielsa ha vinto molto meno di altri allenatori che hanno attraversato gli stessi posti in cui è stato. Ottenere trofei non è una cosa di poco conto, tutt'altro: ha un enorme valore. Ma per lasciare un segno profondo non basta mettere una coppa in bacheca. Sono innumerevoli i tecnici che hanno conquistato una medaglia, ma sono pochissimi quelli che hanno segnato la storia. Quelli che hanno creato un prima e un dopo, un precedente, quelli che hanno introdotto nuovi metodi, quelli che hanno instaurato una corrente e una scuola di calcio, una filosofia di gioco.
Per lasciare un segno ci vogliono cose molto più profonde di un semplice risultato. Bielsa appartiene al gruppo dei tecnici che hanno segnato epoche. Per ogni

posto in cui è passato, il Loco ha lasciato un'impronta indelebile, difficile da imitare. Questo è il "legado", come si dice in Argentina, in una parola che sta tra "eredità", "lascito" e "marchio", il modo in cui ti ricordano in un posto quando non ci sei più. Parlare di Marcelo Bielsa al Newell's, in Messico, al Vélez, in Cile, a Bilbao, Marsiglia o Leeds è parlare sostanzialmente di un eroe popolare. È ricordare una figura che in un certo momento ha generato una rivoluzione in quei luoghi.

Quando il Loco arriva in un luogo, cambiano completamente le abitudini conosciute fino a poco prima: scuote tutto. La sua presenza si percepisce come poche, ma è poi la sua assenza a notarsi ancora di più. Vediamo in questa parte del testo le sue tappe più significative.

Bielsa al Newell's

È questo, sicuramente, il capitolo più emotivo e sensibile del suo percorso. Il legame tra Bielsa e Newell's – e viceversa – è molto forte. Un amore smodato vissuto intensamente da entrambe le parti. Poche persone hanno difeso con tale nobiltà e passione lo scudo di un club come il Loco ha fatto con la Lepra, il nomignolo del Newell's. L'uomo può sembrare freddo e distante, estremamente parco e misurato. Ma il cuore domina la ragione e il cuore di Marcelo è al cento per cento rossonero; infatti qui, nel club della sua vita, ha mostrato, forse, i tratti di maggiore esaltazione della sua carriera. Celebre ed eloquente un'immagine che lo ritrae: mentre è sollevato da un gruppo di giocatori di fronte alla tribuna *leprosa*, con tono fermo chiede al Chocho Llop di togliersi la maglietta e di porgergliela per alzarla, scuoterla al grido frenetico di "Newell's carajo, Newell's!".
Anni dopo, in Cile, fu consultato per saperne di più su quel momento storico e per chiedergli se si potesse, un giorno, vedere qualcosa di simile con la *camiseta* della Nazionale andina, con la Roja, in mano. Non poteva, col consueto tono, che rispondere così: "Ho l'odioso dovere di essere sincero, è difficilissimo che su di me un'altra maglia trasmetta più di quella del Newell's".
Idillio puro e genuino.
È per questo che per rendere e definire meglio questo viscerale legame ci siamo rivolti a chi ha vissuto quegli anni al fianco del Loco. Ha scritto per noi **Rubén Fraga**, rispettato e prestigioso docente, giornalista e storico della squadra rosarina e, ovviamente, grande bielsista.

Il Loco al Newell's
La prima rivoluzione. I suoi inizi tra giovanili e squadra riserva
Come dice la canzone dell'immortale Alfredo Zitarrosa, la rivoluzione Bielsa *Crece desde el pies*, letteralmente, "cresce dal piede". Fu nelle divisioni giovanili del Newell's Old Boys di Rosario dove il Loco iniziò un percorso che aveva fin da subito un luccichio particolare, unico. Un lavoro, il suo, cerebrale, meticoloso, ossessivo, colossale, che lo marchiò a fuoco come un uomo nuovo, differente, alieno nel mondo del fútbol.

Diverso come scopritore di talenti-pianificatore-studioso-formatore-insegnante-motivatore. Diverso, Marcelo Alberto Bielsa. Questa personalità unica nel mondo del calcio è stata forgiata da zero, senza fanfare e lontano dalle telecamere, nel club che ama di più al mondo. Il club di quei colori che, in qualsiasi parte del globo, lo obbligano a essere "sgradevolmente sincero". Il rosso e il nero della passione si riversarono nel sacro grido: "Newell's, carajo, Newell's!" Il club dove aveva giocato, senza grande successo, un paio di partite in Prima Divisione come difensore per poi divenire il braccio destro di Jorge Griffa. I due progettano insieme un piano di lavoro per la ricerca di giovani calciatori per costruire una nuova *cantera leprosa*, un settore giovanile unico. Si trattava di percorrere migliaia di chilometri in tutto il paese a bordo di una Fiat 147, che più di una volta lo ha costretto a sostare dal meccanico e lo obbligava a conseguenti altre pazzie, come viaggiare per più di 600 chilometri a piedi e poi su un autobus di linea con l'unico scopo di cacciare qualche ragazzo. L'aneddoto più famoso racconta come a notte inoltrata lui e il maestro Griffa abbiano bussato alla porta di una casa della località santafesina di Murphy (con sorpresa degli inquilini, che stavano dormendo) e hanno convinto un ragazzo che stava per firmare per le giovanili dell'eterno rivale di Rosario. Sembrava una missione impossibile, perché il padre aveva già dato la sua parola al Central. Ma alla fine, il Loco è stato convincente e hanno scelto il Newell's. Quel ragazzino era Mauricio Pochettino.

Il Loco si è poi occupato di formare e perfezionare i gesti tecnici di ciascuno di questi adolescenti inseriti nelle divisioni giovanili. Già allora era un passo avanti negli esercizi tattici: divideva il terreno in due o tre campi con nastri per farli giocare in spazi ristretti. Disegnava le possibili mosse e ordinava di eseguirle. Segmentava il terreno in modo che i suoi giocatori incorporassero quello che voleva che facessero in zone definite. Gli avversari, quelli a cui si "doveva mangiare il fegato", prendevano forme di paletti fatti con bastoni di scopa. Col passare degli anni e già in prima squadra quei rivali immaginari si sarebbero trasformati in bambole di latta prima e di plastica gonfiabile poi. Lo si poteva già vedere (anche se con molto più capelli e meno chili di adesso), allora, il Loco che camminava frenetico sul prato verde, brandendo un paletto come Don Chisciotte con la sua lancia al vento, contando i passi per inchiodarlo al posto giusto, funzionale al disegno tattico che aveva in mente. In quel periodo cominciarono i suoi lavori "in provetta" negli allenamenti usando *sparring*, cioè giocatori giovanili che prima dovevano imparare gli esercizi pensati dal Loco affinché poi il DT potesse mostrare ai più esperti "empiricamente" che cosa desiderava plasmare sul campo di gioco. Bielsa disegnava le possibili mosse e ordinava di effettuarle in modo tale che i compiti di *routine* fossero fondati sulla generazione di varianti quasi automatiche. Tutti riconoscono che Bielsa ha una concezione quasi scientifica del calcio, dove l'obiettivo è quello di ridurre alla minima incisività la componente di azzardo del gioco e che la sua concezione riposa su tre pilastri: coordinazione, vitalità ed efficacia.

Raccontano che gli allenamenti erano terribilmente estenuanti (qualcuno potrebbe addirittura dire sproporzionati per delle squadre giovanili), ma così forgiava "dal piede" veri leoni che poi ha portato a vincere praticamente tutti i campionati giocati. Avrebbero fatto il grande salto nella prima squadra del club e in molti casi, più tardi, sarebbero divenute stelle del calcio nazionale e internazionale. Lì, in quei momenti, sono nati i quaderni a spirale per lasciare nella memoria, sotto forma di carta, infinite annotazioni. Quasi formule segrete simili a quelle con cui gli alchimisti trasformavano i metalli in oro. Nacque così il Reparto Video, una cosa senza precedenti nei club, dove si sarebbero col tempo riempite intere pareti di scaffali pieni di VHS, poi supporto indispensabile per lo studio di tattiche e strategie. Allora nacque l'abitudine degli immancabili lecca-lecca per calmare l'ansia (sostitutivi delle sigarette) di un Loco ossessivo che cercava di non lasciare nessun dettaglio al caso. Le "giocate in provetta" o a palla ferma erano le sue preferite: tutto si poteva praticare una e mille volte, tutto si poteva perfezionare. E così, lavorando a cottimo e convincendo, sapeva come compenetrare ogni giocatore della sua idea calcistica di "tutti marcano e tutti giocano". Fu così che nacque il **Bielsismo**, con i suoi marchi di fabbrica: protagonismo, verticalità, dinamica, proposta e bel gioco. Con le fondamentali premesse di un esigente, minuzioso, ossessivo grado di preparazione di ogni partita. E con un disegno tattico che, quando abbiamo cominciato a vederlo mostrato nella squadra riserve del Newell's (in tempi in cui si giocava sempre nell'antipasto della gara della prima squadra), qualcuno l'aveva prontamente definito "come un ombrello che si apriva e si chiudeva".

La generazione d'oro nella prima squadra del Newell's

All'inizio degli anni '90 quando era già allenatore della prima squadra, il Loco diede un'intervista ad Alfredo Alegre, giornalista di El Gráfico, in cui disse: "Io pretendo che i miei giocatori, in attacco, siano europeizzati nella fase di smarcamento e argentinizzati quando devono dribblare, nell'uno contro uno. Boldrini deve essere Butragueño; Franco assomigliare a Michel; Zamora a Manolo, quel *wing* destro dell'Atlético di Madrid, tecnico che pare Houseman". Il cronista lo interruppe, segnalandogli che quello che diceva era quasi un'utopia: "Ci divertiremmo tutti..." disse Alegre. E il Loco riprese: "Voi, io no. Mi dispiace ma io non vedo mai una partita per divertirmi. Ho difficoltà a togliermi dalla testa l'essere allenatore". Questo era Bielsa, uno a cui, quando arrivò in Prima Divisione col Newell's, non tremò il polso nel "riconvertire" il gioco di un idolo del club come il Tata Martino, trasformandolo da centrocampista squisito, elegante e tecnico, già campione nel NOB del "Piojo" Yudica, in un giocatore anche di sacrificio e corsa. Lo stesso Tata ricorda oggi con divertimento quella conversione a cui lo sottopose il Loco dicendo che le autorità del club battezzarono con il suo nome esattamente la tribuna dello stadio del Parque che rimane all'ombra, perché era solito proprio lì inventare calcio, senza il disturbo del sole... Ovviamente, dall'arrivo di Bielsa ha subìto un miglioramento fisico e una disponibilità al sacrificio mai visti prima. Cosa che notarono immediatamente i tifosi, stupiti nel vedere il Tata correre dietro a un avversario per venti metri e gettarsi in *tackle* per rubare palla, come non aveva mai fatto prima.

La generazione di calciatori che ha formato Bielsa nel Newell's è stata una delle migliori della storia, se non la migliore. E parliamo di club che si è sempre distinto per essere una *cantera* inesauribile di *crack*. Il Loco ha contribuito già con un paio di giocatori formati da lui, a quella straordinaria squadra campione della stagione 1987-88 guidata da José Yudica, che, oltre a essere per molti la migliore di tutta la storia *leprosa*, ha raggiunto un record difficilmente eguagliabile: laurearsi campioni con una rosa formata esclusivamente da giocatori e corpo tecnico emersi nelle giovanili del club (quel gruppo ha raggiunto anche la finale della Libertadores). Poi, un paio d'anni dopo, con Bielsa allenatore della prima squadra e con molti dei calciatori che aveva reclutato e formato nelle giovanili, il NOB ha vinto l'Apertura 1990, la stagione 1990-91 (sotterrando il Boca di Tabarez nella mistica Bombonera) e il Clausura 1992. Ha anche raggiunto un'altra finale della Libertadores nel 1991-92, che ha poi perso ai rigori contro il San Paolo di Telé Santana. Quella promozione di giovani in prima squadra sarebbe diventata un modello ripetuto più avanti, anche se con meno tempo di lavoro, nelle altre squadre e nazionali che Marcelo ha allenato.

Il fatto che Bielsa sia passato da tecnico della squadra riserve a manager della "prima" del NOB è stata una scommessa molto coraggiosa del presidente "lebbroso" di quel tempo, Mario Garcia Eyrea. Nonostante la sua nomea di scopritore e formatore di talenti nelle giovanili, il Loco era praticamente uno sconosciuto al grande pubblico. Anche chi era abituato a vederlo allenare a più basso livello, dubitava che il posto di allenatore della prima squadra fosse adatto a lui, soprattutto per la sua inesperienza. Come se non bastasse, Marcelo doveva sostituire una gloria del club sulla panchina del Newell's, José "Piojo" Yudica. Una sfida maiuscola per il Loco. A tal punto che un noto giornalista rosarino intitolò il giorno in cui Bielsa assunse l'incarico: "Il Newell's ha scambiato una Formula Uno per un Fitito (Fiat 600)". In questo contesto, nel luglio 1990, la diffidenza era il denominatore comune di molti tifosi verso lo sconosciuto fanatico che iniziava la sua avventura in Prima Divisione come il tecnico più giovane dell'Argentina. Inoltre, il Newell's aveva iniziato la stagione con la quinta media più bassa della classifica, a soli sette punti dall'ultimo posto. Un elemento non trascurabile fu il prestigioso preparatore atletico che il Loco era riuscito a convincere, il professor Jorge Hugo Castelli, pluricampione con il Boca di Juan Carlos Lorenzo. Bielsa aveva letto i libri del professore e lo ammirava per il suo lavoro. Per questo motivo, quando cominciò a "montare" il suo staff tecnico per fare il grande salto, il primo che cercò fu proprio Castelli. Un netto trionfo in casa contro il Platense, alla prima partita, con gol del Tata, un pareggio con l'Argentinos Juniors fuori casa alla seconda e la sconfitta con l'Huracan alla terza hanno posto immediatamente il Loco sulla corda allentata. Le critiche al tecnico alle prime armi arrivavano da tutte le parti e c'erano diversi commenti sarcastici, in una città che respira calcio come Rosario. Tanti sostenevano che se la sua squadra avesse perso ancora, alla quarta giornata, contro l'Union de Santa Fe, sarebbe stato licenziato. Ma in quella partita, forse la prima gran finale che ha giocato nella sua carriera di allenatore – che quindi avrebbe potuto finire prematuramente quel giorno – i giocatori hanno risposto come fiere sul campo e hanno ottenuto un trionfo molto netto sul piano del gioco e del risultato, 3-1. Poi è arrivata una vittoria in casa contro l'Independiente per 1-0 e una goleada fuori, al Chaco For Ever per 5 a 1, un successo chiave nella lotta per non perdere la categoria, il primo grande obiettivo del NOB. E anche se si perse in casa col River, la settimana successiva si è poi vinto il "classico" in trasferta, 4 a 3 (in una notte di festeggiamenti impressionanti e con un risultato bugiardo, visto che avrebbe dovuto essere molto più ampio). Da questo viatico inizialmente accidentato prese finalmente il via la leggenda del Loco Bielsa.

Dopo quell'inizio incerto, quando il Loco è riuscito a consolidare la sua idea di gioco e mettere il suo sigillo nella rosa dell'Apertura '90, con cui diventerà campione, si cominciò a generare una comunione indissolubile e proficua tra staff tecnico, rosa e tifosi. Ogni partita era giocata da undici leoni sul campo e decine di migliaia nelle tribune. Ogni partita veniva vinta con netta superiorità, a prescindere dal rivale o dallo stadio. Le indimenticabili *goleade* nei "classici" (4 a 3 fuori casa e 4 a 0 in casa) e il trionfo inedito in uno di questi giocando addirittura con la squadra riserve – perché il Rosario Central non accettò il rinvio della partita richiesto da NOB, che doveva scendere in campo contemporaneamente in Coppa Libertadores – sarebbero diventati pietre miliari, sommate naturalmente ai tre campionati vinti e alla finale di Libertadores. Le sue squadre si mossero sempre partendo dal sistema 3-3-1-3. Anche se la sua spiegazione è più chiara: "Lo schema che io propongo prevede un paio di *wines* ben aperti, un centravanti, un volante di creazione, un 5 tradizionale e una difesa con un solo giocatore in più rispetto all'attacco rivale".

"La modernità nel calcio è stata portata da Arrigo Sacchi nel Milan con la pressione costante e l'aggressività permanente. In questo Paese bisogna smettere di deridere chi, per vincere, cerca sempre di essere protagonista. Il Newell's è stato un buon testimone di questo assunto: ha rischiato, ha provocato l'errore dell'avversario e non si è innervosito per alcune prese in giro apparse un po' ovunque. Al contrario, è riuscito a diventare campione" ha raccontato Bielsa dopo aver raggiunto la gloria con il club della sua vita.

"Le mie idee sono più chiaramente espresse al Newell's del '90 e al Vélez. Questo è il modo in cui interpreto il calcio ed è quello che proverò a proporre anche con la Nazionale": così disse nel novembre 1998 quando fu scelto come CT della Nazionale Argentina. In una frase riassume la sua filosofia: "Non posso trovare nessuna scusa per non cercare di vincere, devo provarci, mi sento in dovere di farlo in ogni partita".

All'arrivo del Loco in prima squadra, il Newell's aveva come antecedente immediato, soprattutto a dal 1970, una chiara identità legata al calcio di qualità, di buon gioco e con mentalità offensiva. I due titoli ottenuti nella Prima Divisione dell'AFA (Metropolitano 1974 e stagione 1987-88) erano arrivati per merito di rose di ottima qualità. Ma a volte si metteva in dubbio la mancanza di spirito combattivo, di mistica, per cui si era persa qualche partita importante, quelle in cui non dovevi sbagliare e in cui alla fine scivolavi: veniva insomma un po' di "braccino". Bielsa è arrivato per cambiare tutto, per fare una rivoluzione: "Questa istituzione portava sulle spalle una nomea ingiusta. Per noi era molto importante sbarazzarcene. La rosa merita che si parli anche della sua *garra*, della sua fierezza", dirà Bielsa. Per trasformare il suo Newell's, il Loco ha ritenuto indispensabile imporre la concezione di gioco che ha sempre chiesto: "Sognavo di far giocare al NOB un calcio diverso, dove la caratteristica principale era la mobilità e i giocatori sorprendessero spuntando in luoghi inaspettati", raccontò dopo. Mauricio Pochettino, uno dei *crack* al 100% *made in Bielsa*, nel 1992 ha spiegato che "Bielsa ha dato alla squadra un volto calcistico totalmente differente".

Il portiere Scoponi raccontò anche che in una partita gli fu chiesto di calciare la palla verso la tribuna, approssimativamente verso la linea centrale del campo. La spiegazione del perché facesse questo è "puro Loco", forse anche un po' leggenda: Bielsa aveva dato questo suggerimento al portiere, sostenendo che, in quella gara particolarmente complicata, attraverso la rimessa laterale effettuata dalla squadra avversaria, il centrocampo "lebbroso" avrebbe recuperato la palla molto più velocemente, e in una posizione di campo maggiormente favorevole. Lo stesso Scoponi, oggi allenatore dei portieri della Nazionale messicana, raccontò un altro aneddoto che ritrae il Loco nei suoi inizi come tecnico della prima squadra *leprosa,* inizio anni Novanta. Bielsa non si concentrava insieme alla squadra, ma era letteralmente internato, isolato dal mondo, al Liceo Aeronautico Militare di Funes. Così, un giorno Scoponi chiese al Loco del perché non fosse con loro al campo e Bielsa rispose: "Mentre lei dorme, io sto facendo delle cose per migliorare la squadra". Così, Marcelo rivoluzionò il club sul campo di gioco e quella rivoluzione si diffuse fino alle tribune e a tutti gli ambiti della vita istituzionale. In meno di due anni il Newell's ottenne dalla mano del Loco tre titoli nazionali e considerazione pure a livello continentale, cioè più dei successi che il club aveva raccolto nella sua storia, nei 51 anni precedenti, ponendola per la prima volta tra i grandi d'Argentina.

L'impronta incancellabile di Bielsa

Per capire il vuoto lasciato dal Loco quando è andato via dal Newell's, basta ricordare che nel tentativo di colmarlo, almeno in parte, al club è arrivato, un anno dopo, nientemeno che il migliore calciatore della storia, Diego Armando Maradona. E anche se diversi anni dopo la partenza del Loco, il Newell's avrebbe aggiunto altri due scudetti di Prima Divisione (nel 2004 con il Tolo Gallego e nel 2013 col Tata Martino) al tifoso manca sempre e sogna continuamente il suo ritorno. Come ha scritto il grande Ezequiel Fernandez Moore... "Il miglior Bielsa è quello che sta per arrivare".

Marcelo Alberto Bielsa divenne così un eroe *leproso.* Un tipo retto che a forza di lavoro, follia e onestà si è guadagnato un posto privilegiato tra gli uomini che, partendo dal pioniere Isaac Newell, posizionarono il Rossonero all'alba del XXI secolo come il club "più grande" della zona interna dell'Argentina, oltre che fornitore inesauribile della Nazionale, un tratto distintivo che lo ha reso meritevole della frase: "Newell's, Rosario nel mondo". Bielsa ha formato molti dei *crack* del calcio internazionale che sono emersi dalla *cantera leprosa*; molti di loro divennero ottimi allenatori, come Martino, Pochettino, Berizzo, Sensini, Franco, Gamboa, Llop...

Anche se, come tutti gli eroi, ha già conquistato il suo posto nel bronzo immacolato, intoccabile, quando ancora è in attività come allenatore, tutti i tifosi del Newell's, sognano quel giorno apoteotico in cui il Loco scambierà il bronzo per la felpa di direttore tecnico e potremo godercelo nuovamente sulla panchina della nostra squadra, vedendolo camminare da un estremo all'altro del recinto segnato col gesso, come un leone in gabbia, facendo quello che fa meglio, e quello che fa come nessuno, nel club che ama di più al mondo.

Bielsa nell'Atlas

Le luci, i flash, le notizie circolano intorno a quello che succede nel calcio professionistico, ma pochi si accorgono che le divisioni inferiori sono il massimo patrimonio di ogni club, il tesoro più pregiato su cui contano o dovrebbero contare, almeno. Non chiunque può lavorare in quella che è una zona nevralgica delle squadre di calcio. Per farlo non basta sapere solo di calcio ma bisogna saper formare persone, educarle, dare loro tutte gli strumenti necessari per arrivare il più possibile pronti, sotto ogni aspetto, alla Prima Divisione. Quei pochi che hanno la fortuna di raggiungerla, devono farlo con uno stile ben definito, con la filosofia di quel club impregnata dentro.

Marcelo ha svolto quel ruolo e, come sempre, lo ha rivoluzionato con i suoi metodi. Prima, al Newell's, dove, come già accennato nelle pagine precedenti, ha posto le fondamenta più solide di sempre. Un lavoro certosino ripetuto in un altro club rossonero, tempo dopo. Nel 1992 Bielsa arrivò all'Atlas di Guadalajara, dove ancora oggi lo ricordano come uno degli uomini più influenti della storia non solo del club, ma, *tout court*, del fútbol messicano. All'epoca il Messico attraversava uno dei momenti peggiori che abbia vissuto il suo calcio. Crisi di ogni tipo: strutturale, sportiva, di potere.

Tutto ciò sommato alla brutta figura sofferta prima di Italia '90 con la celebre squalifica del Tri (la Nazionale messicana), dal Mondiale per il caso dei passaporti falsi. Come contorno, la feroce lotta tra i dirigenti della Federazione Messicana di Calcio (FMF) e Televisa, uno dei più potenti media del mondo, che aveva e ha enorme influenza sul calcio locale. Francisco Ibarra, all'epoca presidente della FMF, sapeva che per incamminarsi sulla strada della ricostruzione della Nazionale, bisognava rompere, proporre una discontinuità. Così nel novembre del '91 arrivò César Luis Menotti come fiammante allenatore della Nazionale. Solo un anno è durato il suo mandato, ma è bastato per cambiare sostanzialmente la realtà circostante. Ha ordinato le cose, ha restituito al giocatore la voglia e l'orgoglio di rappresentare il suo Paese, gli ha ispirato fiducia e fatto recuperare l'autostima. Il passaggio di Menotti in Messico ha generato un grande salto di qualità per il calcio azteco. Ha suggerito, inoltre, che il Paese dovesse avere un posto nella Coppa America e nella Libertadores. Ha lasciato anche una squadra nazionale competitiva. L'ultima chicca che Menotti propose al Paese centroamericano: raccomandò a Ibarra, che era direttore sportivo dell'Atlas, di andare a cercare Bielsa per farsi carico della formazione di base. Il leader lo ascoltò, ma il Loco aveva le sue reticenze e non sembrava inizialmente molto entusiasta di arrivare in Messico. L'offerta sportiva però era davvero seducente: costruire dai giovani, dare un indirizzo netto al club con totale autonomia e Marcelo alla fine accettò. Fu così che iniziò il processo che avrebbe permesso all'Atlas di essere, in breve tempo, il club con la miglior *cantera* del paese.

Tra il 1992 e il 1993 il Loco ha svolto un lavoro mai visto sul territorio messicano, con metodi innovativi, una profonda formazione per ogni allenatore delle diverse categorie e una rete di reclutamento in tutto il territorio. I risultati? Rafa Marquez, Pavel Pardo e Jared Borgetti, tre delle più grandi glorie locali, oltre a una serie di buoni giocatori, così da costituire una delle migliori generazioni di tutti i tempi per gli "Zorros". Ma il suo incarico è andato oltre il rossonero e ha avuto enorme impatto sulla Nazionale. C'è stato un momento in cui quasi la metà dell'insieme patrio era composto da nomi usciti dall'Atlas. Il suo vestigio è durato molti anni e continua ancora oggi. Il Loco ha preso in mano la prima squadra nella stagione 1993-94, con risultati più che dignitosi. Nel '95 ha avuto un passaggio breve e discreto per l'America e nel 1996 è tornato al club di Guadalajara come direttore sportivo per lasciare il suo ultimo segno, che è ancora profondo. Fu una tappa che servì al Loco per domare un po' la sua personalità vulcanica. Tempo più tardi ha dichiarato: "In Messico sono diventato più riflessivo".

Fernando Acosta all'epoca era il presidente dell'Atlas. E così ricorda al Loco: "Il lavoro che Bielsa ha svolto all'Atlas è stato straordinariamente rapido, efficace ed efficiente. Ha organizzato una rete di reclutamento di giocatori molto importante che esiste ancora in 92 città del Messico. Dalla sua formazione sono usciti grandi calciatori. C'è stato un momento in cui la selezione maggiore ha avuto praticamente 10 effettivi emersi grazie al lavoro di Bielsa. Costruì magnificamente, poi non toccò a lui raccogliere i frutti di tutto il lavoro, ma ne beneficiò tutto il Paese".

Francisco Ibarra era un dirigente con una grande visione. Ha scommesso sul progetto di due rivoluzionari e non si è sbagliato. Così si riferisce a Marcelo Al-

berto: "Bielsa ha lasciato moltissimo all'Atlas. Si continua a parlare di lui come di un seme germogliato che ha acquistato un valore molto importante nel tempo. Molti giovani giocatori cominciarono a emergere dall'arrivo di Marcelo. Era meticoloso in tutto Bielsa, aveva un profilo adeguato ed è venuto per potenziare le strutture e la formazione di base. È una persona che lascia tracce dove si ferma. Il fútbol messicano deve molto a Menotti e Bielsa".
E oggi, la Nazionale messicana è allenata dal Tata Martino, discepolo del Loco. Ha vinto la Gold Cup del 2019. I suoi principali assistenti sono Jorge Walter Theiler e Norberto Scoponi, entrambi cresciuti nel Newell's di Bielsa.

Bielsa al Vélez

Raul Gámez suscita un profondo rispetto per ciò che è stato come dirigente. È l'uomo che ha cambiato radicalmente la storia del Vélez. La sua caratteristica è sempre stata la capacità di spingersi oltre, anche se bisognava mettere a rischio tutto ciò che era stato costruito in passato.

Gámez è uscito dalla zona di comfort e ha cercato cerca nuove sfide, reinventando il club nel momento in cui ha preso l'audace decisione di portare al Fortin, Marcelo Bielsa. Una decisione rischiosa, non tanto per Marcelo, che era già allora un allenatore riconosciuto, ammirato e rispettato da tutto il mondo del calcio, ma per il contesto. Il Vélez, non una grande d'Argentina, era reduce dagli anni migliori della sua storia, grazie ai successi ottenuti da due allenatori: Carlos Bianchi, soprattutto, e Osvaldo Piazza. Hanno conquistato tutto con uno stile di gioco ben definito, in quattro anni in cui il Fortin ha messo in bacheca campionati locali, Libertadores, Coppa Intercontinentale (contro il Milan di Capello), Interamericana, Supercopa Sudamericana e Recopa Sudamericana.

Se n'è andato Bianchi, se n'è andato Piazza, e la logica per la maggior parte sarebbe stata quella di portare un altro uomo dal rene *velezano* con una simile proposta di calcio. E, invece, no, il presidente è andato alla ricerca di Marcelo Bielsa. Paragoniamo la grandezza di questa decisione a quella del Bayern Monaco: dopo la partenza di Jupp Heynckes, che aveva vinto tutto, han scelto di affidarsi al miglior allenatore del mondo, Pep Guardiola, per continuare a vincere ma giocando sempre meglio.

Per deviare così nettamente ci vuole coraggio e Gámez lo ebbe. Con l'arrivo del Loco ha innescato una bomba. Almeno così sembrava all'inizio. Una squadra consacrata, piena di referenti e con una proposta già nota allo spogliatoio, arriva un allenatore senza alcun precedente legame con il club e con metodi assolutamente opposti rispetto a quelli utilizzati appena prima. È venuto per sradicare quattro anni di gloria assoluta e instaurare un nuovo sistema, una nuova filosofia di lavoro e di gioco. Ma Gámez si animò e la cosa più notevole fu il sostegno incondizionato che gli diede nei momenti di tribolazione, soprattutto nei primi mesi. Poi Bielsa ha fatto il resto. È stato uno dei suoi capolavori.

Al Newell's, in Cile ha preso rose giovani. Naturalmente, senza togliere un grammo di merito alle rivoluzioni che ha fatto in ogni posto in cui è stato, al Vélez era molto più complicato. Il club era una bomba che poteva esplodere in qualsiasi momento: giocatori di riferimento che pesavano molto nello spogliatoio e metodi che inizialmente non convincevano. In questo contesto lacerante si è dovuto imporre Marcelo. Ma quando le convinzioni, l'onestà, la capacità di *leadership* sono forti come quelle del Loco, si può raddrizzare il timone e portarlo sulla rotta voluta. Perché, come ha detto molti anni dopo, in una conferenza stampa all'Olympique di Marsiglia: "Ci sono alcuni leader che di fronte alle avversità cambiano il discorso e altri che lo mantengono. Ho visto quelli che cambiano, invertono e indovinano. Ma anche il contrario. Non posso abbandonare le mie convinzioni. Non sarei io". Proseguendo così: "Il lavoro che faccio tratta del convincere le persone. E si convince proponendo uno stile che è quello che si percorre per raggiungere gli obiettivi. Nelle avversità ci sono due opzioni: abbandonare la strada e dimostrare che le convinzioni sono legate solo agli effetti o rafforzare la convinzione essendo fermamente convinti che la strada scelta è quella giusta. L'importante è sempre quello che esprimiamo sul campo. È quello che io valuto". Così fece (anche) al Vélez: invertì una situazione sfavorevole e finì per convincere quel gruppo fino ad arrivare al titolo.
"Il giocatore è molto attento ed è molto propenso a cercare i punti deboli dell'allenatore" afferma Vicente del Bosque. Quella rosa cercò quelle debolezze, ma non le trovò, perché Marcelo Bielsa è stato invulnerabile. Non aveva alcun legame con l'istituzione. È stato solo un anno, tra il 1997 e il 1998, ha diretto due campionati locali (5° posto e poi scudetto). Tuttavia, il marchio lasciato dal Loco al Vélez è stato molto apprezzato. Così lo ricorda – con nostalgia e profonda ammirazione – **Raúl Gámez**.

In ogni luogo dove Marcelo è stato ha lasciato un solco indelebile. Vélez, pur essendo stato solo un anno, non ha rappresentato l'eccezione. Perché sei andato a cercarlo? Cosa volevi fargli fare?
«Comincio dicendoti che Marcelo è una persona che ci ha lasciato cose importanti dal punto di vista umano, non solo da quello sportivo. Già nell'anno 1992,

quando Eduardo Luján Modo si dimise, il primo nome che pensammo con Guillermo Pizzoglio, il vicepresidente, fu quello di Bielsa. Avevamo già parlato delle caratteristiche di Marcelo e di quello che aveva fatto al Newell's. Ci è sempre piaciuto, quando dovevamo trovare un allenatore, capire bene le caratteristiche di ogni candidato. E tutto quello che sapevamo su Bielsa era buono, ma allo stesso tempo, in un certo senso, complicato, perché aveva molte particolarità che non sono facili da applicare in un luogo molto differente da quello originario: al Newell's tutti lo conoscevano e accettavano le sue condizioni. Stava lavorando all'Atlas del Messico e ho contattato Mario Zanabria che era lì con lui. Mi ha risposto che Marcelo sarebbe rimasto perché stava conducendo un importante progetto giovanile e aveva bisogno di più tempo di lavoro.»

Se dite che aveva molte peculiarità che non erano facili da applicare in un club dove il DNA vi sembrava inconciliabile col suo pensiero, perché lo volevate?
«Perché lui mi ha riempito di certezze. Vedi, per il Vélez sono passati allenatori che hanno avuto molto successo, che sono prodigi del club, come Bianchi, come Piazza, come Ricardo Gareca, Miguel Angel Russo; ma se mi dici pensi a loro per un futuro al Vélez? Ti dico di no. Dico sempre la stessa cosa, io porterei Bielsa. Il gioco che ha sviluppato, le sue caratteristiche, il suo modo di lavorare, erano totalmente diversi. E lo dico con convinzione e tenendo conto di tutto.»

Molti potrebbero essere sorpresi da questa dichiarazione, senza dubbio, perché Bielsa nella storia del Vélez, per titoli e tempo, non è stato così significativo. Ma come dice Menotti: "Non si tratta di quanto hai vinto, ma del marchio che hai lasciato". Ed evidentemente, Marcelo ha lasciato un'impronta.
«Sì, è vero. Il fatto è che Bianchi è stato molti anni. Gareca anche. Bielsa ha caratteristiche che ti catturano. Creativo ed esigente come non ho mai visto nessuno. All'inizio abbiamo avuto anche spiacevoli incomprensioni perché i giocatori non si sentivano a proprio agio con il suo stile.»

Prima di approfondire su questo, andiamo in ordine cronologico. Nel 1992 siete andati a cercarlo e ha detto di no. Nel '97 ci avete riprovato e lì ha accettato. Come andò?

«Arrivò in un momento in cui Vélez aveva vinto assolutamente tutto. Ma capimmo che ci doveva essere un rinnovamento. Occorreva un cambiamento. Avevamo contratti molto alti con diversi giocatori che avrebbero compromesso la situazione economica del futuro. Mantenere così tanti riferimenti dello spogliatoio e nomi così pesanti non era facile. Quindi abbiamo fatto la scommessa di portare Marcelo e ancora oggi siamo felici di aver preso quella decisione.»

Quando siete andati per iniziare le trattative, a Rosario è vero che sapeva più del Vélez di voi stessi e che aveva già studiato tutto?
«Sì, davvero. È un commento che abbiamo fatto con Pizzoglio. Entrambi siamo andati a Rosario e siamo rimasti sorpresi. Sapeva già molto del Vélez. È un uomo attento, pensante, intelligente.»

Lo si nota subito...
«A volte vorrei essere più ricco di espressioni per raccontare meglio le cose, ma non ho questa capacità. Però è tanto l'affetto e il rispetto che ho per Bielsa che mi sembra che tutto quello che dico sia sempre troppo poco. E ti ripeto, sono passati dei tecnici che hanno vinto molto più di lui, ma il suo anno è stato indimenticabile per me.»

Ora sì, parliamo dell'avvio di stagione così difficile di Bielsa con la squadra. Come l'hai vissuto e come hai gestito la situazione?
«L'inizio non fu facile, ma noi eravamo convinti che bisognasse dare tutto il sostegno e le possibilità a Marcelo. I giocatori dovevano adattarsi alle sue idee. E così abbiamo fatto. Ci sono stati diversi disaccordi con alcuni referenti della squadra, ma si è sempre appoggiato il suo percorso e le sue richieste. Avremmo rispettato tutte le decisioni che avrebbe preso.»

Sebbene Marcelo abbia una personalità vulcanica, capace di invertire qualsiasi situazione, senza il tuo appoggio incondizionato, non credo che avrebbe potuto raggiungere i risultati che ha ottenuto. Buona parte del merito è tuo. Hai dovuto parlare con alcuni giocatori per mettere questo in chiaro?

«Ho dovuto parlare con qualcuno per dirgli che tutto quello che l'allenatore aveva previsto era quello che il club avrebbe permesso, quindi dovevano adattarsi alla situazione. E stop.»

Uno dei pochi che lo ha sostenuto dal suo arrivo, o almeno non si è opposto al suo stile e ha avuto la mente più aperta per vedere se i suoi metodi funzionavano o meno, è stato Mauricio Pellegrino. Immagino sia stato di grande aiuto per Marcelo il suo sostegno all'interno dello spogliatoio e in campo.
«Uno dei tecnici che ho in testa per un futuro in Vélez è Mauricio (che infatti ora allena al Fortin, *nda*). In quel periodo rimaneva dopo le esercitazioni ascoltandolo, parlando con lui. Era un ragazzo a cui piaceva imparare. Ci sono stati altri giocatori che inizialmente non collimavano con l'idea di Marcelo, ma poi hanno finito per dirgli grazie e sono stati contenti di averlo avuto come allenatore.»

All'interno di quell'avvio difficile di cui parliamo c'è la goleada 5 a 1 contro il San Paolo in Brasile. C'è l'aneddoto che appena tornati ha portato tutti i giocatori nel tuo ufficio, dove c'era televisore e VHS, per guardare la partita, e fino a quando i giocatori non hanno trovato gli errori e si è sentito soddisfatto, non siete andati via.
«(Risate) Sì, sì, è stato qui, in questo ufficio. C'erano dei giocatori che alla fine si prendevano le colpe solo perché li lasciasse andare a casa e Bielsa diceva loro: "No, non sei tu il colpevole". Questo è il suo modo di essere e di agire. Un tipo molto responsabile. Molto esigente con se stesso prima, sia con il resto.»

Visto che parliamo di aneddoti, potresti raccontare quando ti ha cacciato da un allenamento?
«(Risate) È stato terribile. Mi è servito per rispettarlo di più. Noi gli abbiamo dato il campo di calcio che è la cosa più importante che un club ha, è il patrimonio economico. Dal lavoro dell'allenatore, il club può crescere in importanza sportiva ed economica. Cerchiamo sempre qualcuno davvero esigente e lui lo è fino all'estremo. Quindi, un giorno, durante un allenamento, stavamo per vincere il campionato, gli porto dei dati che mi aveva chiesto. Era un sabato, c'era solo una leggera rifinitura. C'era la stampa intorno al campo di allenamento. Mi

sono avvicinato al centro del terreno di gioco per dirgli che avevo con me quello che mi aveva chiesto. Gli dico "Marcelo..." e si gira e mi dice "Che ci fa qui? Vada via, vada via". Me ne andai con tanta vergogna, ma ho dato tanto valore al suo atteggiamento.»

Il suo contributo è stato fondamentale per la costruzione della bella proprietà della Villa Olimpica.
«Sì. Già nel '94 cercavamo un posto all'altezza, di primo livello, e quel terreno era quello che ci interessava di più. Marcelo ci aiutò a definire le cose di cui necessitava tutta la struttura. Come equipaggiarlo, con quali installazioni, per avere tutto il necessario. Ci ha suggerito dove costruire alcune aree... Ci ha dato un contributo molto importante per la composizione di quell'opera.»

Un'altra grande eredità che ha lasciato è stata la trasformazione dell'attività di base. È venuto con un piano di calcio completo e ha incoraggiato molto la cantera e fatto "esplodere" diversi giovani. Oggi il Vélez ha uno dei migliori settori giovanili del paese grazie, soprattutto, al suo lavoro.
«Lui viene da lì. Ha lavorato per molti anni al NOB e in Messico formando giovani. Qui, non solo ha generato molte possibilità per le giovanili, ma ha definito lo stile su cui poi noi abbiamo voluto continuare.»

Cosa è stato più difficile: averlo portato qui o aver dovuto cercare qualcuno che lo avrebbe sostituito? Perché quando lascia un posto, lascia un vuoto complicato da colmare.
«Sì, è stato molto difficile. Abbiamo subito pensato a persone che hanno lavorato con lui. Ma, va beh, lasciamo perdere...»

Hai fatto tante cose al Vélez, non per niente sei il presidente più importante della storia. Se ti chiedo di costruire un podio con i tuoi più grandi successi, dove metti la decisione di andare a prendere Bielsa e portarlo qui?
«Averlo fatto arrivare al Vélez è ai primi posti. Conoscendolo, visto quello che ha fatto, e il tempo che passa sempre di più, ho ancora meno dubbi. Se fossi il

proprietario del Vélez e dovessi portare qualcuno che lavori in tutta l'area di calcio, dalla *primera* alle giovanili, non sceglierei nessun altro al suo posto, andrei sempre su Bielsa. Che faccia quello che vuole ci tornerà comunque utile... è così responsabile, è un visionario, un creativo...»

Che idea o ricordo ha il tifoso di Vélez di Marcelo?
«I migliori. Senza aver vinto tanti titoli, non essendo stato a lungo, il tifoso lo rispetta moltissimo. Ci piacerebbe tornasse al Vélez. Sappiamo che è difficile perché il suo cuore è al Newell's. Ma il tifoso mi dice sempre "Quando torna Bielsa?". Guarda che sono complicati i tifosi del Vélez!»

Hai avuto contatto dopo che se n'è andato?
«Poco, non è un tipo facile. Ho il massimo rispetto per lui, come persona, come essere umano. Ma ho sempre avuto difficoltà a entrarci, in quella testa, nella sua vita. Guarda che io sono un tipo che ha molte capacità di arrivare alla gente. Se mi chiedessi se mi piacerebbe avere un'amicizia più fluida, più intima con Marcelo, ti risponderei di sì. Avere un contatto, andare a trovarlo...»

Sintetizziamo il discorso: se un piccolo tifoso del Velez che sta crescendo e non lo conosce molto bene ti chiedesse chi è Marcelo Bielsa, che cosa gli risponderesti?
«Se mio nipote mi chiedesse chi è Bielsa, gli risponderei che è un tipo molto onesto, molto capace, un grande essere umano e un enorme allenatore.»

Bielsa nella Nazionale cilena

Quello che Bielsa ha causato in Cile è un autentico fenomeno di stato. Una rivoluzione sociale.
Se è vero che in ogni posto in cui è stato, squadra o selezione che sia, ha lasciato un'impronta, in Cile il Loco ha oltrepassato completamente i limiti sportivi. Divenendo, senza volerlo e ricercarlo, il volto di un paese, il leader di una nazione, l'esempio di ogni abitante e l'orgoglio di un popolo. "Bielsa è una specie di San Martin, un padre della patria, accettato e amato. Senza di lui ci sentiamo come minatori sepolti che hanno bisogno di essere salvati. Se qualcuno dovesse scegliere chi rapire tra la presidente Michelle Bachelet e Bielsa, non avremmo dubbi. Un attacco contro Bielsa è un attacco terroristico contro la nazione." Tanto è arrivato a sostenere Marco Antonio de la Parra, prestigioso e riconosciuto psichiatra, scrittore e drammaturgo cileno. Sì, il Loco era già più importante della presidente stessa (con cui peraltro aveva un ottimo rapporto e si dice si sentissero molto spesso via telefono per parlare non solo di calcio). Il Loco è stato l'eroe nazionale.
Ma andiamo per punti. Nell'ambito calcistico, ha generato un cambio di 360 gradi, assoluto, impensabile. Storicamente il Cile era una delle selezioni peggiori del continente, con poco *appeal* a livello mondiale. Marcelo ha cambiato la storia. Ha trasformato una Nazionale con poca credibilità e molta sfiducia in una squadra con una chiara identità. Diremmo quasi che ha costruito la nuova identità del calcio cileno, l'ha definita fin dalle fondamenta tanto è vero che è con essa che ha permesso alla Roja di diventare una Nazionale con un'attenzione mondiale finalmente differente. Il Cile è entrato nella modernità del calcio grazie al Loco.
Tramite questi presupposti ha quindi ridato l'illusione alla gente. Riuscendo a disciplinare i calciatori, a creare fiducia in una squadra riunita sotto un'unica bandiera, ha legato quel gruppo a un popolo finalmente orgoglioso della sua Nazionale. Non c'era mai stata tanta vicinanza tra la rosa dei convocati e la società, forse bisogna tornare al lontano 1962 quando il Cile organizzò un Mondiale.
Bielsa ha convinto quei ragazzi, una delle migliori generazioni del Cile, che potevano cambiare la storia del loro Paese. E così è stato: il Cile si è classificato al

Mondiale di Sudafrica 2010, dopo dodici anni, in modo straordinario. Ha ottenuto un importantissimo secondo posto nel girone, un solo punto dietro al Brasile. Nella Coppa del Mondo ha fatto un percorso molto importante, cadendo agli ottavi di finale ancora contro il Brasile. Ma rispetto a quello che ha generato nella gente, questi super risultati sono niente.

Il primo intervento del Loco, appena firmato il contratto, è stato sulla struttura. Il complesso dove si riuniva la Roja, il "Juan Pinto Durán", si trovava in condizioni pessime e arretrate. Aveva pochissime comodità per lavorare come si deve. Considerato il livello di allenamento e di perfezionismo del Loco, era una zona assolutamente impraticabile. Non ha però preteso dalla Federazione investimenti imponenti ma si è impegnato in prima persona, col solito gesto che risponde alla sua grandezza d'animo. Per coprire il *budget* utile al fine di realizzare i miglioramenti necessari, ha tenuto discorsi in tutto il paese. Ha girato teatri, auditorium, università viaggiando ovunque. Bielsa offriva le sue inarrivabili conferenze dove dissertava, oltre che di calcio, anche sul concetto di *leadership* e di guida. Chi partecipava contribuiva alla causa e con il ricavato delle donazioni si sono così potute concretizzare le opere al "Pinto Durán". Il fenomeno sociale causato dall'enorme successo dell'iniziativa ha fatto sì che anche la politica, rimasta affascinata, se ne interessasse.

Nel dicembre 2009 ci sono state le elezioni presidenziali e i principali candidati hanno usato Bielsa come modello per i loro discorsi, citando sue frasi per cercare di attirare voti e preferenze. Perché, come ha detto Alex Mavel, prestigioso psicologo, scrittore e conferenziere motivazionale cileno: "Quello che di lui si percepisce è talmente meraviglioso che va ben oltre il calcio. Quello che fa, la sua filosofia, non ristagna in una disciplina, ma si apre alla vita tutta". Nel 2008 il Loco è stato eletto lo straniero più influente del Cile.

Marcelo, con le sue azioni e i suoi gesti, è stato ed è davvero un Dio pagano per molti cileni. Nel 2010 il paese andino ha subito un terremoto devastante, una tragedia storica, che ha lasciato centinaia di morti e decina di migliaia di case distrutte. Una delle zone più colpite è stata attorno alla città di Constitucion. Lì è andato il Loco a offrire il suo sostegno grazie alla mediazione di un sacerdote gesuita amico, Filippo Berríos.

Poi il Loco, così refrattario a mostrarsi è addirittura comparso pure in un programma televisivo di solidarietà per aiutare tutte le persone colpite, pronunciando parole calde, affettuose e motivanti. Ovviamente, nell'anonimato, com'è sua abitudine, ha aiutato direttamente anche molte persone. "Da semplice allenatore di calcio è diventato il punto di riferimento della cultura e del lavoro. A ciò ha aggiunto una preoccupazione per il Paese, che va molto al di là dei suoi obblighi contrattuali", ha detto lo storico cileno Sebastián Salinas.
Non si può fare a meno di menzionare il suo addio: avvenuto dopo il cambio del mandato nell'ANFP, la Federazione, e l'uscita di Harold Mayne Nicholls, l'uomo che lo aveva voluto. L'assunzione dei molto poco trasparenti Jorge Segovia prima e poi Sergio Jadue come massime autorità hanno portato alle dimissioni di Marcelo. Le successive denunce verso tali furfanti hanno ancora di più messo in luce la scelta del Loco. Per salutare il popolo cileno, ha tenuto una commovente conferenza stampa. Il periodo in Cile ha segnato profondamente il Loco. Con voce rotta e visibilmente commosso, tra le altre cose, ha detto:

> "Il progetto Cile mi ha reso felice. Ha svelato qualcosa che avevo messo da parte da molto tempo, e cioè l'amore per il compito che ti è stato affidato. Non il compito che vuoi e in cui cerchi di avere successo, perché cerchi un riconoscimento, un'onorificenza, ma il compito che viene mosso dall'affetto, dalla vocazione"

> "In Cile ho sperimentato cosa vuol dire sapersi davvero amato"

> "Voglio ringraziare i calciatori prima di tutti. Vorrei ringraziare anche coloro che mi hanno permesso di lavorare nel calcio di questo paese. Considero i miei tre anni e mezzo in Cile un dono della vita. Ho anche imparato ad amare la vita mentre ero qui. Sono orgoglioso e grato di aver potuto vivere su questa terra. So con certezza che sono io quello che perde molto andando via. Ho cercato di rimanere, ma non ce l'ho fatta. Ai tifosi di calcio e, se posso, ai cileni in generale, voglio dire: grazie di cuore"

Harold Mayne Nicholls è stato presidente dell'ANFP tra il 2007 e il 2011, quello della grande "follia" di andare a cercare Marcelo per offrirgli la posizione di alle-

natore della Nazionale del Cile. Un audace, un uomo di visione, un dirigente che non ha solo sbandierato la parola "progetto", ha fatto seguire i fatti.
All'epoca, la Nazionale cilena era infatti un autentico caos. I risultati erano penosi, non c'era uno stile, una via e gli atti di indisciplina dei giocatori erano diventati insostenibili. Per tutti questi motivi Nelson Acosta aveva deciso di dimettersi da CT. Chi avrebbe voluto prendere il comando in simili condizioni? Ma Harold alzò la bandiera dell'utopia, una delle chiavi per un leader di successo. Si propose di provare a convincere Marcelo Alberto Bielsa. Per fare grandi cose bisogna correre dei rischi. Dopo settimane di comunicazioni e trattative, il rosarino accettò. È stato quattro anni senza sedersi su una panchina, rifiutando offerte molto allettanti, ma alla fine ha detto sì a quella della Roja. Ha visto qualcosa di diverso in Mayne Nicholls: sicurezza, trasparenza, serietà, un obiettivo concreto. Tutto nasce da quel convincimento. Naturalmente, non si poteva scrivere il capitolo del Cile senza parlare col visionario Harold Mayne Nicholls, artefice della "rivoluzione Bielsa".

«Sono subentrato nel gennaio 2007 come presidente della Federazione. Avevo già deciso che Nelson Acosta avrebbe continuato a lavorare con noi alla vigilia della Coppa America. Conquistato il secondo turno di quel torneo, i giocatori commettono un atto di indisciplina, escono di notte in una discoteca e quando tornano di mattina si è verificato un disordine generale a colazione. Pochi giorni dopo abbiamo giocato contro il Brasile e abbiamo preso una terribile *goleada*, 6-1. Sul volo di ritorno, Nelson mi dice che non voleva continuare. Ventiquattrore dopo, senza parlare con nessuno, ho preso il telefono e ho chiamato Marcelo.»

Marcelo è riuscito a disciplinare il giocatore cileno e renderlo orgoglioso di rappresentare il suo paese, dicono in molti.
«Non dico che prima i giocatori non sentivano la maglia e non la volevano. Sarebbe ingiusto. Marcelo riuscì a trasmettere loro una filosofia di gioco e di vita. Ciò permise loro di concentrarsi maggiormente sulla loro professione ed equilibrare la loro vita privata. Hanno capito che il calcio era molto importante anche nello sviluppo dell'uomo. Ha inculcato la disciplina, il lavoro ben organizzato, il rigore. Marcelo aveva anche un chiaro bisogno che i giocatori si connettessero

meglio con le persone attraverso uno spirito molto più umile di quello che avevano abitualmente.»

Li ha anche convinti a non sentirsi inferiori a nessuno.
«Sì, quello in termini sportivi. Li convinse della qualità che avevano e di ciò che erano in grado di dare.»

Bielsa ha superato completamente il mondo dello sport per diventare un fenomeno sociale. Per esempio, ha avuto una grande influenza sulla politica.
«Certo. Non ricordo esattamente in quali elezioni, ma qualcuno usava le foto con Marcelo per farsi pubblicità. Bielsa ha avuto un enorme impatto sociale in tutto il Cile.»

È stata anche notata la sua nobiltà d'animo nell'essere sempre a disposizione delle persone quando ne avevano bisogno, spesso aiutando in modo anonimo. Come nel terremoto del 2010.
«Questa è stata una delle caratteristiche più importanti nel periodo in cui è rimasto qui. Sempre con una predisposizione a integrarsi alla comunità attraverso azioni come quella che sottolineavi.»

Sei ancora in contatto con lui?
«Sì, ogni tanto ci sentiamo. Non c'è una periodicità, ma qualche volta gli scrivo o mi scrive lui, o uno dei due chiama.»

Tutti danno il merito a Marcelo, quando però in realtà il primo artefice di tutto sei tu: lo sei andato a cercare e sei riuscito a convincerlo, un compito difficile e molto ambizioso. Posso immaginare l'orgoglio che ti deve suscitare.
«Un grande orgoglio. Era una sfida enorme perché qui nessuno credeva che un personaggio formidabile del calcio mondiale sarebbe venuto a dirigere il Cile. Dovevamo dimostrare che le cose si potevano fare. Poi sono anche orgoglioso per l'eredità che ha lasciato. Nel lavoro, nei valori, nella convinzione generale che tutto è possibile se si attua nella maniera giusta.»

Bielsa nell'Athletic Club di Bilbao

Se c'è una cosa che Bielsa ha sottolineato con enfasi nei suoi lunghi anni come allenatore è quello di giocare per l'amore del calcio, in maniera pura ed esclusiva. Ritrovare quello spirito che fin da ragazzini, ci ha trasmesso quella palla che rotola. È una cosa che ha sempre cercato di inculcare ai suoi giocatori in ogni posto in cui è stato; che provino passione per quello che fanno, che siano pienamente identificati con lo "scudo" che difendono. L'Athletic Club di Bilbao rappresenta un esempio altissimo di questo concetto. Non è né grande, né medio, né piccolo: è semplicemente una squadra unica. Un luogo ideale per una persona come Marcelo.

Il Loco vaglia con molta attenzione le proposte. Deve smuoverlo un progetto che sia realmente profondo. È così esigente che ha passato anche tre anni senza allenare tra le nazionali argentina e cilena, mentre riceveva offerte multimilionarie da tutto il mondo, anche da squadre molto importanti, da nazionali che sistematicamente rifiutava, mai senza aver prima ascoltato con rispetto e valutato meticolosamente, perché è così che ci si comporta. Ha anche, è certificato, detto no al Real Madrid. Al Loco non importa né il denaro né la trascendenza del club: gli interessa poter sviluppare il suo progetto, per trovare un terreno solido e fertile per piantare il suo seme. La parola "progetto" è largamente abusata, ma è necessario tirarla realmente fuori con il Loco, come abbiamo ampiamente dimostrato analizzando il percorso della sua carriera.

Dopo il suo addio al Cile, nell'estate del 2011, gli giunge finalmente una proposta che lo smuove: Josu Urrutia, all'epoca non era altro di un giocatore in pensione che stava per candidarsi come presidente dell'Athletic e, in caso di vittoria, aveva il sogno di cambiare, ingaggiando il Loco come allenatore. Un'idea forte anche se legata, appunto, alla sua elezione. Marcelo la vaglia, la studia, la accetta. Quel sì, una semplice sillaba, ha bloccato le successive proposte giuntegli, una anche dall'Inter di Moratti: "Davvero mi lusinga l'offerta nerazzurra ma non posso prenderla in considerazione: ho già dato la mia parola a Urrutia."

Al primo contatto, Josu si presentò e gli disse che stava per diventare il presidente del club della sua vita, in cui aveva trascorso tutta la sua carriera di giocatore

senza mai avere accettato un trasferimento, perché era orgoglioso di difendere e rappresentare gli ideali della sua terra.
Bielsa promise di studiare a fondo l'invito, gli avrebbe risposto qualche giorno dopo. Analizzando il tutto, si rese conto che quello era il posto giusto per lui, uno spazio che amalgamava tutto ciò di cui aveva bisogno per sentirsi a suo agio e generare la sua ennesima rivoluzione, anche se sappiamo che quella parola non gli piace. Nell'Athletic si difende a oltranza l'orgoglio della storia. Si incoraggia innanzitutto l'unione, il senso di appartenenza ai colori, all'istituzione, alla terra. Questo è il *leitmotiv* e la politica tradizionale lì implementata. Un club che non ha tifosi, ma fedeli. Un'entità che ispira rispetto. L'Athletic Club di Bilbao ha una filosofia sportiva unica regolata dal principio che stabilisce che solo i giocatori nati nella regione e creati nella *cantera* stessa, o quelli formati negli altri club di *Euskal Herria* (letteralmente "il popolo che parla la lingua basca"), possono essere integrati nelle loro fila, possono quindi indossare la maglia bianco-rossa dell'Athletic.
Bielsa alla fine, accettò, ma mancava il passaggio chiave: le elezioni.
Prima di assumere la sua posizione e, pur non avendo la certezza che sarebbe diventato l'allenatore, Bielsa ha elaborato una relazione colossale su tutto ciò che circondava l'Athletic. L'ha resa poi pubblica attraverso un video lungo 57 minuti, dove ha dettagliato ogni singolo elemento. Ha visto tutte le 42 partite della stagione precedente, due volte: 84 partite, quindi 7.560 minuti, 126 ore. Più di cinque giorni interi. Ogni gara ovviamente vivisezionata da un punto di vista tattico e strategico. Ha valutato come la squadra ha cominciato l'incontro, i diversi cambiamenti di posizione occorsi durante il match. Ha confezionato le schede di ogni "integrante" della rosa. Quante partite ha giocato, quanti minuti, quante volte è "partito", quante volte è stato sostituito o è subentrato.
Virtù, difetti, successi, errori. E poi quali tipi di infortuni hanno avuto in rosa, come e in quanto tempo hanno recuperato. Ha fatto confronti tra la partita precedente e quella successiva. Ha studiato la stagione di tutti i giocatori che erano fuori in prestito. Ha esaminato ogni rivale della Liga, con quale sistema ha giocato ciascuna di queste squadre, con quali varianti, quali erano i giocatori e le giocate chiave degli avversari. I gol segnati e subiti dall'Athletic nella stagione. Palle recuperate, quando e dove. Ha pure osservato diverse partite della Nazionale

U21, dove alcuni membri della squadra sono scesi in campo e si è preoccupato di conoscere la storia del club. Un mese pieno di lavoro: insomma, Loco allo stato puro. E senza nemmeno essere certo che avrebbe lavorato lì.
Domenica 7 maggio 2011, Josu Urrutia è ufficialmente diventato presidente con il 55% dei voti. E Marcelo Bielsa è stato annunciato come nuovo allenatore. Nella prima conferenza stampa come nuovo tecnico, due domande immediate e inevitabili: perché ha rifiutato un'offerta di una squadra come l'Inter, una grande del calcio mondiale? E perché ha scelto l'Athletic?
Così ha risposto:

> "Avevo un impegno verbale con l'attuale presidente che mi impediva di considerare e valutare altre possibilità"

> "Sono cresciuto in un'istituzione che negli anni '80 e '90 è stata progettata da Jorge Griffa. Aveva un punto in comune con l'Athletic e cioè che si nutriva quasi esclusivamente dei propri giocatori. Giocatori formati nelle loro divisioni giovanili. Ecco perché, studiando questo club, ogni giorno mi sembrava un poco di conoscerlo già. Questo è uno dei tanti motivi che ho considerato per venire"

Formazione, storia, cultura, ancora una volta Puro Bielsa.
Marcelo ha immediatamente fatto presa sulla gente e sulla città di Bilbao, nonostante come gli è capitato più volte, i primi risultati non siano stati eccellenti. Ma il Loco si fa riconoscere subito per lo stile e per l'uomo che è. A Bilbao è stato visto socievole e rilassato come poche volte in carriera. "Rilassato", ovviamente, secondo i canoni di Bielsa.
Profondo, dicevamo, il legame con il territorio. Non ci sono quasi mai stati allenamenti a porte chiuse, ma aperti a giornalisti e tifosi che si avvicinavano: qualcosa di quasi impossibile da credere per una persona estremamente ermetica come il Loco. Frequente, a Lezama, soprattutto la presenza di bambini anche molto piccoli: il Loco guardava fuori, vedeva un ragazzino a caso e lo faceva entrare nello stesso campo di gioco dove si allenava la squadra. Lo trattava un po' come un assistente, lo accompagnava per gran parte dell'allenamento, parlavano

e il tecnico gli chiedeva poi di fare qualcosa, di dare un ordine a un giocatore o di suggerire quel che pensava. Una situazione più volte ripetuta.
Un altro dei momenti più particolari del suo soggiorno a Bilbao è quello accaduto in vista di uno scontro con l'Osasuna allo stadio San Mamés, in cui l'Athletic vinse poi 3-1. Le squadre erano già sul campo, i sostituti in panchina, tutto normale. Fino a quando improvvisamente un magazziniere, Txetxu Gallego, appese un paio di cartelli alla panchina, che recitavano questa parola: "Clarisa". Nessuno dei presenti capiva. Il quarto uomo chiese a Bielsa di ritirare i manifesti, il Loco però rimase concentrato sulla partita. Allora il rappresentante arbitrale intimò a un dirigente di rimuoverli e così furono levati. Ma, esattamente, cosa era successo?
Marcelo è una persona molto credente, di grande fede, curioso di scoprire e conoscere mondi diversi al di fuori del calcio. Nella regione esiste un antico convento, "Santa Clara de Gernika", in cui vivono un gruppo di suore di clausura. Il Loco, che aveva letto di questo monastero, è andato a visitarlo qualche giorno prima della partita con la moglie Laura. Furono ricevuti dalla madre superiora che, sorpresa dai modi, li fece entrare. Hanno chiacchierato per quasi due ore. Bielsa chiese loro di pregare per lui e per l'Athletic e disse loro che lui le avrebbe salutate con dei cartelli.
La stagione fu miracolosa anche dal punto di vista dei risultati, Bielsa e i suoi giocatori avevano ottenuto il riconoscimento meritato: avevano conquistato due finali di prestigio, in Europa League e in Coppa del Re. Le altre finaliste erano però ingiocabili: troppa la disparità di valori tra il suo Athletic e il Barcellona e l'Atletico Madrid, le due rivali. Fu un doppio 3-0. Al di là dei risultati, entrambi quasi scontati, però, il Loco si aspettava una prestazione migliore da parte dei suoi. E non ha nascosto il disappunto. Nello spogliatoio non ha mancato di parlare con toni duri alla squadra. Non erano presenti telecamere ma qualcuno registrò le sue parole, e quell'audio diventò virale. Ecco alcuni passaggi:

"Non siamo stati all'altezza delle aspettative che abbiamo generato"

"Dopo la partita, ho sentito delle risate nel pullman. Lo trovo inammissibile. Mobilitare un popolo e deluderlo. Mi vergogno di aver deluso l'Athletic di Bilbao"

"Ci sono persone che sono andate a piedi a vedere la partita e noi siamo su un pullman a ridere dopo aver perso due finali"

"Ho ben chiaro che il responsabile sono io"

"Non ho niente da recriminare verso nessuno di voi. Ma per il vostro bene, per il vostro futuro, ho l'obbligo di dirvi che avete deluso un popolo che non lo meritava. Non era necessario diventare campioni per non deludere. Ci voleva, invece, un atteggiamento diverso e non aver avere paura di perdere, ma giocare, mettere tutto quello che avevamo per vincere. Non l'abbiamo fatto"

"Ci vorrà molto, molto tempo per riprendersi e vi ricorderete di questo che vi sto dicendo. Insisto, non si tratta di vincere, ma di come abbiamo perso"

Trascorso un tempo considerevole dal momento in cui ha lasciato l'istituzione, Bielsa è ancora più vicino che mai al cuore dei tifosi dell'Athletic che lo idolatrano. Tanto che quando era alla guida dell'Olympique de Marseille, si imbatté in una piacevole sorpresa. L'Athletic stava giocando a Torino contro la Juventus e molti tifosi sono andati ad accompagnare la squadra. Nel viaggio dalla Spagna all'Italia, un grande gruppo ha fatto una sosta speciale in Francia. Sono andati alla sede dell'OM per salutare l'amato ex allenatore. Marcelo li ha gentilmente accolti e hanno fatto una bella chiacchierata dopo la sessione di allenamento. In quel discorso, il Loco riportò loro una constatazione che aveva verificato col tempo: "In qualsiasi luogo, quando qualcuno si presenta dice: 'Sono un avvocato, sono un milionario, sono un impiegato commerciale'. Voi mi dite: 'Sono dell'Athletic'."
Ci siamo rivolti a due persone, due giornalisti che coprono le notizie dell'Athletic e che hanno vissuto da vicino il processo del Loco. **Sergio Rodriguez Viñas**, redattore del giornale El Mundo, e **Dani Garrido** di Cadena Ser. Ecco il loro punto di vista sul periodo di Marcelo nei Paesi Baschi.

Come è stata accolta la notizia che Marcelo sarebbe stato il nuovo allenatore dell'Athletic? Era un tecnico conosciuto in Spagna o molti non sapevano bene chi fosse?

Sergio Rodríguez Viña (SRV): «L'arrivo di Bielsa è avvenuto in un contesto speciale. Nel 2011 ci sono state le elezioni e Fernando García Macua si presentava per la rielezione – era presidente da 2007 – e lo faceva con l'allenatore che era già da quattro anni al club, Joaquin Caparrós. Josu Urrutia, un giocatore storico con una lunga carriera all'Athletic, si proponeva come alternativa. È un buon amico di Ernesto Valverde e voleva che fosse lui, inizialmente, il suo allenatore. Tuttavia, Valverde aveva un contratto in vigore con l'Olympiakos e ha dovuto rifiutare l'offerta. La sua seconda scelta era Marcelo Bielsa, che accettò l'offerta dopo moltissime chiamate telefoniche e scambio di opinioni. Bielsa era uno sconosciuto per molti tifosi dell'Athletic. Senza dubbio, il "fattore Bielsa", la sua immagine e la conoscenza che si percepiva di lui, hanno aiutato Urrutia a vincere le elezioni. Il suo arrivo, a causa del contesto elettorale, per i tifosi però è rimasto quasi in secondo piano all'inizio.»
Dani Garrido (DG): «Direi che l'accoglienza è stata buona, era una scelta di Josu Urrutia, il nuovo presidente del club. A Bilbao è arrivato dopo che Inter e Siviglia avevano provato ad assumere il Loco e il fatto che abbia deciso di venire all'Athletic Club è stato preso molto positivamente da tutti. San Mamés è un luogo dove queste cose non si dimenticano e si apprezzano. Avevano presente il suo straordinario lavoro nella Nazionale cilena, una squadra che giocava un calcio piacevole, di pressione molto alta. Si capiva che era un allenatore di idee chiare e nuove. Certamente, non molti conoscevano i suoi successi in Argentina.»

Qual è stata la tua reazione e quella della gente guardando il video di presentazione in cui Bielsa di fronte a uno schermo gigante fa un'analisi fenomenale, raramente vista con tale profondità, con tutti i dati della rosa a disposizione del club?
SRV: «Sì, Bielsa l'ha mostrato uno o due giorni prima delle elezioni. Urrutia ha assicurato che Bielsa non avrebbe partecipato alla campagna elettorale, ma controllando le informazioni che aveva raccolto, gli ha chiesto di mostrarle attraverso una videoconferenza. Ovviamente, la gente rimase impressionata dal lavoro di analisi che aveva svolto e ancor più dal fatto che l'avesse elaborata quando allenare l'Atletico era solo una possibilità. Urrutia non era nemmeno il favorito per vincere.»
DG: «La sensazione fu straordinaria. Bilbao è amante dell'allenatore metodico,

del professionista che non riposa, dell'analisi profonda, continua. Bielsa ha raggiunto il suo obiettivo, Bilbao si è reso conto che stava arrivando un allenatore con molta passione, malato di fútbol, che non lasciava nulla all'improvvisazione. Vitale, perché i tifosi sapevano che la squadra aveva sì talento ma era anche giovane.»

I suoi inizi non sono stati buoni, ha suscitato dubbi?
SRV: «Sì, perché i suoi metodi erano strani. I tifosi, tuttavia, sono abbastanza pazienti con i nuovi allenatori e in questo caso avevano capito che Bielsa aveva bisogno di tempo. L'Athletic era da molto che giocava un calcio conservatore e quella proposta rappresentava un cambiamento brusco che serviva per dare risultati. Per i giocatori è stato anche uno shock il modo di allenare e di gestire la squadra. E soprattutto il fatto che scartò otto calciatori all'arrivo e questo non è stato preso benissimo nello spogliatoio. In principio, i giocatori non capivano gli allenamenti e lo fecero sapere a Bielsa. Lui chiese pazienza e alla fine, dopo qualche mese, ha funzionato. Dopo un po' ha avuto problemi con alcuni elementi perché gli hanno detto che li stava bruciando fisicamente con i suoi allenamenti.»
DG: «Il suo metodo era molto diverso, ha rovesciato il modo di lavorare a tutti i livelli. La grande maggioranza ha interiorizzato che aveva bisogno di tempo. Non si assume Bielsa per vincere il primo giorno, si immagina qualcosa a medio termine. Le voci sulla destituzione non sono mai state fondate. Ma ci sono stati momenti difficili, fino a quando la squadra ha iniziato a scuotersi e a giocare partite memorabili.»

Quando la squadra ha cominciato a mostrare un livello straordinario, che cosa ha generato nelle persone?
SRV: «Suscitò molto entusiasmo perché videro i risultati e scoprirono che si poteva giocare molto meglio di quanto loro stessi pensassero. I giocatori si divertivano in campo. Tuttavia, alcuni hanno presto avuto dubbi a causa dell'elevato sforzo fisico. Non per un tema di pigrizia, come è stato detto più volte, ma perché temevano di arrivare esausti alla fine della stagione, come è accaduto.»
DG: «La sensazione che qualcosa di buono stava per arrivare. Ha sicuramente legato di più con i tifosi che con la stampa. È diventato un riferimento. Il canto "A

lo Loco se vive mejor" era una *hit* molto comune in città. L'Athletic Club possiede un palmares invidiabile, è stato Rey de Copas, campione di Lega, ma è vero che con Bielsa abbiamo avuto un calcio raramente visto a Bilbao. Forse nella prima fase di Heynckes si è osservata una cosa simile a quella mostrata dal Loco. Nella memoria dei tifosi dell'Athletic rimarrà per sempre indelebile la meravigliosa notte di Old Trafford contro il Manchester United. Un 3 a 2 per la storia.»

Ha fatto una rivoluzione a Bilbao?

SRV: «Direi di sì, soprattutto perché ha alterato la proposta di gioco prevalente nei sette, otto anni precedenti. Si è creata una leggenda intorno al tempo di Bielsa all'Athletic. La squadra ha meravigliato tutti in diverse partite di quella prima stagione, ma era un po' irregolare e con qualche problema in difesa perché il calcio di Bielsa mette l'accento sull'attacco. C'è una gran parte dei tifosi che lo ricorda come un idolo e sente ancora la sua mancanza.»

DG: «Più che "rivoluzione" direi che è stato un metodico cambio di modello quello che ha realizzato Marcelo.»

Non è mai stato così socievole con le persone, soprattutto con i bambini. Bilbao era il posto giusto per la vita del Loco?

SRV: «Pensa che Bielsa non allenava una società da più di dieci anni, senza vivere in modo intenso e continuo in una stessa città, con la *routine* che dà un club. Gli è piaciuta molto Bilbao e il suo ambiente, e ancora conserva molti amici qui.»

DG: «Marcelo si è fatto due amici molto speciali. Ricordo una coppia di circa ottant'anni. Vivevano in una zona di mezza montagna, in una fattoria basca, dediti all'orto e all'agricoltura. Con loro passava le ore "morte", conversando, molto poco di calcio e tanto di vita. Non si è mai avvicinato ai giornalisti, anzi, si è sicuramente preoccupato di prendere le distanze da loro. Sempre rispettoso del lavoro della stampa, questo sì. Non gli è mai mancato un sorriso con i più giovani, con il popolo. Quando l'Athletic cadde nelle due finali di Coppa e Lega Europa, Bielsa ha fatto un ultimo discorso ai suoi giocatori a Lezama. Quella conversazione venne fuori e ha avuto un impatto positivo sui tifosi. Rimproverava i suoi giocatori e parlava della grandezza dei sostenitori che li avevano accompagnati fino alla finale, di quanto era stata decisivo il loro affetto, che non era stato ripagato a dovere. Quanto al fatto che fosse il suo posto giusto, non oserei dire di sì, anche se il suo amico Jorge Valdano ha sempre detto che Bilbao lo ha segnato e molto.»

Le sue conferenze stampa in questa fase sono memorabili. La lunghezza, la qualità delle sue risposte... Hai visto qualcosa del genere in un altro allenatore?
SRV: «No, sotto questo aspetto è un allenatore unico. Per i giornalisti era una grande attrazione, ci siamo divertiti. Una volta mi ha risposto a una domanda per 20 minuti di fila, in cui mi ha guardato negli occhi quasi senza battere le palpebre. Non dimenticherò quei minuti.»
DG: «Sicuramente non ho mai visto nulla di simile, impossibile. A volte il Toto Berizzo, nel Celta de Vigo, mi ricorda quei momenti e in alcune fasi il Loco. Ma il paragone alla fine non regge. Conferenze stampa di un'ora non si sono mai tenute qui. Il basco non è un uomo di molte parole.»

Un sito che segue l'Athletic, una volta confermata la fine del ciclo Bielsa al comando della squadra, ha proposto ai tifosi di lasciargli un messaggio di addio, che poi sarebbe stato consegnato al Loco. Dall'enorme quantità di commenti, che dovrebbero diventare un libro per quanta profondità di emozione suscitano, ne abbiamo scelti due:

> "Non ci sono parole per descrivere il suo impegno, la sua passione e la sua eleganza. Lei ha dato al calcio una ragione per essere amato. Di fronte al vortice che sta trasformando il calcio in un mercato globale e di plastica, lei lascia sempre il suo cuore. Mi emoziono ascoltandola. L'onestà, la sincerità, che spesso ho pensato si fossero perse nella vita pubblica, riemergono nella sua persona per dare un soffio di speranza. Uomini come lei, ecco quello di cui abbiamo sempre bisogno. Vorrei presentare da qui la mia più profonda gratitudine per il suo contributo al mondo. Lei è un esempio. Dalla mia umile e non richiesta opinione: lei è il miglior allenatore che abbia mai messo piede su un terreno di gioco".
>
> **Pablo Muñiz**

"Grazie mille per averci fatto sognare, per averci fatto giocare a calcio
come nessun altro, grazie per aver difeso l'Athletic come mai prima e,
soprattutto, grazie per i suoi valori. Sei la cosa più grande che sia mai
successa a Bilbao. Non ho mai avuto seconde squadre ma d'ora in poi la
mia seconda squadra sarà quella allenata da lei, don Marcelo Bielsa".
Endika

Bielsa all'Olympique Marsiglia

Il periodo all'OM è stato quello mediaticamente più ricco di contenuti. Oltre al campo, lì il Loco ha offerto, forse, le migliori conferenze stampa che abbia mai visto. Quei "duelli" o scambi di vedute con la stampa, che spesso hanno alzato un polverone, sono stati tra i più profondi e istruttivi della sua carriera. Inoltre, il club aveva l'audace e molto interessante abitudine di riprodurre estratti delle sessioni di allenamento e altre situazioni relative all'intimità della squadra. Grazie al lavoro dei membri dello staff dei canali ufficiali della società abbiamo così potuto conoscere alcuni aneddoti del Loco con i suoi giocatori.

Poiché la sua lingua universale è l'onestà, l'etica e la morale, la passione, le convinzioni e la nobiltà, non ha avuto bisogno di imparare a parlare francese per farsi capire perfettamente dai suoi giocatori e per essere adottato come un idolo dai tifosi. La lingua non era praticamente mai un impedimento per fare quello che fa in ogni luogo dove va: una rivoluzione in una città e in un club con una mistica molto particolare.

Marsiglia è pura leggenda, una piazza molto particolare, piena di suggestioni e vincoli con l'OM, l'unica istituzione non solo di Francia, ma dell'intero pianeta dove convivono straordinariamente unite le culture e le anime dell'Africa nera, quella che sta a sud del Sahara, e il Maghreb, con il suo mondo arabo. Ancora oggi, tale impronta è mantenuta negli abitanti e in ogni angolo della città più significativa della Francia, insieme alla Ville Lumière. A Marsiglia si respira storia, mistica, e l'Olympique non è altro che un elemento di questo epico contesto. È il club più grande e popolare del paese. Lì è giunto il Loco. Un rivoluzionario in terre rivoluzionarie.

Dal primo giorno in cui ha messo piede sul suolo francese, ha avuto il pieno sostegno di un'intera città. Non così dalla dirigenza, che non si è mai comportata bene con lui. O almeno, non come merita una persona come Bielsa. Non gli hanno portato nessuno dei rinforzi che aveva richiesto e pochi di quelli che gli erano stati promessi. Fedele al suo stile, frontale e giusto, ha mostrato la sua insoddisfazione pubblicamente in una conferenza stampa poco dopo il suo arrivo.

"Il Presidente ha preso con me impegni che sapeva non avrebbe mantenuto quando li ha presi. Non c'è stata alcuna coincidenza tra ciò che è stato prospettato e ciò che è stato realizzato. Nessuno dei giocatori che sono venuti è stato su mia iniziativa. Ho proposto 12 opzioni e nessuna è stata concretizzata", aveva dichiarato.
Ha dovuto accontentarsi con quello che c'era nella squadra, lontano dall'essere un cattivo materiale, ma mancava di alcune caratteristiche fondamentali per il calcio che il Loco aveva in mente. Si è adattato. Dal primo giorno di lavoro, in prestagione, ha provato a tutti che era un tipo diverso. La stampa era affascinata dalla sua personalità e dal suo modo di lavorare. Uno dei giornali più conosciuti del continente, L'Équipe, gli dedicò diverse copertine: "La rivoluzione Bielsa" e "Amore folle" sono stati alcuni dei titoli. Così anche la rivista France Football, che sulla sua copertina lo ha ritratto seduto su un trono, come un dio, con sotto il titolo "Tutti pazzi per Bielsa". Come succede ovunque nel mondo, il giornalismo ti sacralizza quando i risultati sono positivi e ti distrugge nel momento in cui arrivano i tempi bui. La Francia non fa eccezione a questa perversa regola che regna ovunque sulla mappa, anzi è stato forse il luogo dove sono nate le più superficiali e gratuite critiche al suo operato. Infatti Bielsa, riconosciuta questa situazione, non è mai stato così duro con la stampa come durante tutto il periodo francese, mostrando personalità e profondità come non mai in ogni conferenza stampa e di fronte a domande "banalotte" e a temi insignificanti. Approfondiremo questo punto più avanti riproducendo alcune delle sue indimenticabili frasi.
Ora ci concentreremo sul campo di calcio. L'OM da molti anni non era nell'*élite* del campionato e ancor meno possedeva una ribalta europea. Lo sbarco di uno sceicco arabo miliardario al Paris Saint-Germain ha distrutto la competitività della Ligue 1. La squadra della capitale è diventata una potenza senza pari per tutti gli altri. Il solo prezzo di David Luiz (50 milioni di euro) equivaleva alla somma dei cinque migliori giocatori dell'OM messi insieme. Una disparità totale. Un Everest da scalare. Piano piano, ha imposto il suo stile e la sua filosofia di gioco alla squadra. È stato in grado di costruire, quasi inventare un attaccante come André-Pierre Gignac. Il giocatore era in sovrappeso più volte deriso e mai troppo considerato dal calcio francese. Famoso è il discorso nel quale Marcelo si avvicinò a lui in uno dei primi allenamenti e gli disse: "Ti conosco a memoria, so

tutto della tua carriera. Perderai due chili e farai 25 gol". Ne ha persi sei e ne ha segnati 21. Ha potenziato due giovani di grande talento, come il terzino sinistro Benjamin Mendy e il centrocampista centrale Giannelli Imbula, per citarne solo alcuni. Come accade quasi ovunque, le prime gare non andarono troppo bene. Con il passare delle partite la mano dell'allenatore è stata sempre più evidente e la sua squadra ha iniziato a giocare come da richiesta del Loco. Divenne presto la squadra con maggiore *appeal* del campionato, tutti parlavano della sua proposta di calcio. Era sempre il Loco al centro del dibattito. Avevano segnato 21 gol nelle prime 8 partite, qualcosa che non è mai stato raggiunto da una squadra in Ligue 1 dal 1985. Hanno finito la prima metà del torneo come "Campioni d'inverno". Nella seconda parte non ha mantenuto lo stesso passo, invece, anche a causa di qualche infortunio di troppo in una rosa non ampia. Comunque, quella squadra si è giocata il titolo fino alle ultime partite con il PSG e il Lione, squadre evidentemente dal potenziale superiore, e ha poi ceduto nel finale. L'OM ha concluso in quarta posizione. Il premio di consolazione è stato l'ingresso in Europa League.
Ma se parliamo di successi, specie a Marsiglia, quelli di Bielsa superano assolutamente quello che riguarda un titolo, perché il Loco ha aggiunto un marchio indelebile alla storia dell'OM. Si è creato un autentico idillio con i tifosi, che gli hanno dedicato commoventi dimostrazioni d'affetto. In diverse partite hanno organizzato una coreografia accurata nei celebri due *virage* del Velodrome, per testimoniare il loro legame. Celeberrimo il mosaico costruito su un intero spazio delle tribune in cui si ricostruiva il suo volto e un proclama: "Loco, facci sognare". Una grandiosa opera d'arte.
Verso la fine della stagione, quando nascevano voci sul suo possibile addio i messaggi diventavano sempre più espliciti verso la dirigenza "Bielsa deve restare". A ogni partita c'era almeno un coro per lui, e poi bandiere, manifesti... ognuno voleva dichiarare in maniera esplicita la sua gratitudine. Una gratitudine non frutta di trofei vinti, così sono capaci tutti: il grazie era per aver fatto rinascere una speranza, per avere reso reale l'illusione, per aver riacceso l'orgoglio per la propria squadra; per essere riuscito a farli sentire sopra ogni altro club, anche del PSG, con cui peraltro hanno giocato alla pari i due incontri di Ligue 1. Ci si è spinti fino a "San Marcelo di Marsiglia".

In giro per la città sono state dipinte pareti con la sua faccia e il suo soprannome. Qualcuno ha creato un camioncino ripieno interamente delle sue frasi sotto una sua grande foto. Follia totale, condivisione piena per il Loco.
Nella stagione precedente al suo arrivo, il mitico Velodromo aveva una media di 38mila spettatori a partita. Durante il suo periodo al club, il numero di tifosi è salito a 52.500, record assoluto nel calcio francese. Il suo nome è apparso su diverse schede elettorali nel corso delle elezioni cittadine.
Il Loco ha lasciato segni profondi, ma anche ricordi più frivoli che testimoniano ancora di più il suo marchio sulla città. A Marsiglia, il modello del suo fedele frigorifero portatile sopra cui si sedeva per vedere le partite da bordo campo è letteralmente andato esaurito in tutta la città. Il marchio sportivo che in quel tempo vestiva l'OM, ha fatto uscire una nuova maglia e per venderla l'ha posta in nuovi piccoli frigor... Non crediamogli quindi quando dice: "Non credo di poter rivoluzionare nulla, almeno non ci sono precedenti nella mia carriera in questo senso".
Parliamo del Loco con chi lo ha seguito ovunque, in quel passaggio marsigliese. **Paul Rouergue** lavora per il portale web del Marsiglia e per il canale locale TV Sud Provence.

Come è stata accolta la notizia che Marcelo sarebbe stato il nuovo DT dell'OM?
«Le trattative sono state lunghe, una volta che il suo arrivo è stato ufficializzato, l'euforia ha preso immediatamente tifosi e giornalisti. Marcelo Bielsa ha una grande reputazione. L'Olympique stava vivendo una stagione catastrofica. Il suo arrivo ha riacceso entusiasmo, inoltre avere un allenatore argentino ha portato novità nel campionato francese. Nuovi metodi, un gioco diverso...»

Era un allenatore molto conosciuto in Francia o molti non sapevano chi fosse?
«Gli amanti del calcio sapevano chi era, ovvio. I suoi anni come allenatore della Nazionale argentina e anche in quella cilena lo hanno fatto conoscere mondialmente. Soprattutto, la qualità del suo gioco offensivo ha entusiasmato, ha destato molta curiosità. La sua immagine di "loco" si adatta perfettamente allo spirito della città. Bielsa è un ribelle a modo suo, e ciò ha costruito il vincolo con Marsiglia. Prima del suo arrivo sono uscite molte storie che hanno forgiato la sua

leggenda. Per la maggior parte delle persone, Bielsa era diventato noto attraverso il bel gioco mostrato all'Athletic Bilbao in Europa.»

Quando la squadra ha iniziato a mostrare un livello straordinario, cosa si è generato in città?
«Bielsa ha creato rapidamente un'identità di gioco, anche se è stato criticato almeno all'inizio, i risultati e la proposta erano buoni e la maggior parte della gente era in estasi. La squadra era quasi la stessa della stagione precedente, ma aveva trasformato il senso del collettivo. Ha anche reinventato totalmente le sessioni di allenamento.»

Ha fatto una rivoluzione a Marsiglia?
«Una vera rivoluzione. Giocatori che mai nell'OM avevano lavorato così tanto e così bene e proposto un gioco così attraente. Ma i buoni risultati durarono sei mesi, poi alcuni leader dello spogliatoio hanno cominciato a lamentarsi per gli allenamenti, le sessioni video... L'OM è arrivato quarto a causa dell'affievolirsi di quello spirito iniziale. Bielsa ha cambiato non solo la squadra ma anche le abitudini. Sfortunatamente, è rimasto solo per un anno e gran parte del suo il lavoro è scomparso. Marcelo Bielsa ha generato un enorme entusiasmo. Il Velodrome era sempre pieno. La dirigenza del club non lo ha sempre difeso e gli stessi che hanno venduto il "Progetto Bielsa" come una rivoluzione, dopo un po' hanno vissuto questa cosa come una scocciatura e un pericolo.»

La lingua non era un impedimento per lui. È stato comunque in grado di trasmettere il suo messaggio.
«Il suo traduttore lo seguiva come un'ombra. Ci sono stati alcuni problemi di traduzione solo in conferenza stampa, ma il messaggio è stato capito. La maggior parte degli allenatori francesi non capiscono e non trasmettono il calcio come lui.»

Le sue conferenze stampa sono memorabili, la durata, la qualità delle sue risposte... Hai visto qualcosa di simile in un altro allenatore?

«Le conferenze stampa sono state uno dei primi punti di contrasto con i giornalisti. Le sue spiegazioni sono sempre state apprezzate, ma anche la lunghezza della sua argomentazione e la sua franchezza. I suoi detrattori si sono affrettati a criticare il fatto che non parlava francese e dava "lezioni di calcio". Da quando è partito lui, è tornata nelle conferenze stampa la lingua francese, ma le discussioni sul calcio sono scomparse.»

Oggi, che è passato molto tempo, chi è Marcelo Bielsa per l'OM? Che segno ha lasciato?

«Da quando se n'è andato, alla prima giornata di campionato, la direzione del club e i detrattori nella stampa francese hanno puntato il dito contro di lui. Viene spesso incolpato degli attuali scarsi risultati del Marsiglia. Ma i tifosi e gli amanti del gioco rimpiangono sempre la sua partenza. I tifosi marsigliesi cantano ancora il suo nome alle partite, la nostalgia del calcio d'attacco proposto dal Loco è forte. Bielsa è indimenticabile.»

L'EVOLUZIONE TATTICA DI BIELSA

IV

A CURA DI FILIPPO LORENZON

Newell's Old Boys
1990-1992

Bielsa è un vero e proprio simbolo per i tifosi rossoneri del club di Rosario. È stato alla guida della squadra da giovanissimo. Ha smesso di giocare presto e ha intrapreso fin da subito la carriera da allenatore. Dopo alcuni anni da vice, osservatore e allenatore delle giovanili (giovanili nelle quali c'erano tra gli altri Abel Balbo e Néstor Sensini, che come tanti avranno portato anche loro i "manici di scopa" da casa per fare i paletti e costruire circuiti di allenamento *sui generis*) approda sulla panchina della prima squadra nel 1990.
All'inizio del suo percorso da primo tecnico Bielsa può contare su una rosa in cui vi sono Mauricio Pochettino (che diventerà in seguito uno dei suoi più importanti allievi), Gerardo Martino (futuro CT del Messico), Toto Berizzo (ha allenato anche in Europa prima di sedersi sulla panchina del Paraguay), ma anche Juan Llop, Fernando Gamboa, Gustavo Raggio, Fabian Garfagnoli e Ricardo Lunari (in epoche differenti saranno loro stessi allenatori del Newell's).
Il 1990 fu l'anno in cui la *Primera División* argentina vide l'introduzione della formula dei tornei di Apertura e Clausura, con l'assegnazione del titolo decisa in uno spareggio scudetto andata-ritorno; dalla stagione successiva venne cam

biato il *format*, assegnando il titolo di campione separatamente ai vincitori dei due tornei.

Nell'annata dell'esordio Bielsa, tendenzialmente, schiera il Newell's con un 4-4-2 che prevede l'utilizzo del libero (in alcune partite, come le finali scudetto, lo ha fatto Llop) e dello stopper, Pochettino. L'esordio è vincente: batte il Platense grazie a un gol del Tata Martino.

Dopo un avvio con alti e bassi che vede tra le altre anche la sconfitta contro il River Plate per 1-0, il Newell's arriva a un punto di svolta, il *Clasico Rosarino* contro il Rosario Central all'ottavo turno in un buon momento di forma. L'incontro termina 3-4 per i ragazzi di Bielsa in una partita indimenticabile.

Il Newell's è una squadra molto verticale, che cerca spesso gli esterni in isolamento. Questi poi puntano i diretti avversari in 1>1 per crossare verso le punte (**foto 1**). L'attenzione per le palle inattive offensive è incredibile. Molti gol provengono da punizioni dalla trequarti dove spesso il cross viene cercato sul secondo palo per una sponda al centro e il successivo attacco alla porta (**foto 2**). Inoltre, il Newell's si distingue per una buona capacità di riempire l'area con molti giocatori, quindi con un importante accompagnamento dell'azione. Proseguendo nella fase di possesso, possiamo dire che il Newell's, oltre a usare molto le fasce e gli

Foto 1 - La verticalità del Newell's nel ricercare le ali in 1>1: lancio da metà campo per Ruffini che, libero di puntare l'avversario, riesce a servire con un preciso cross Cozzoni, il quale in spaccata va in gol durante il derby rosarino nel Clausura del 1991.

Foto 2 - Gara casalinga di campionato contro il Boca Juniors, punizione dalla trequarti centrale battuta da Llop che cerca la palla larga su Berizzo. Quest'ultimo a sua volta tenta di servire di sponda gli accorrenti Pochettino e Saldana.

isolamenti esterni, opta spesso anche per penetrazioni centrali tramite triangoli e combinazioni "sofisticate".

L'attenzione di Bielsa è rivolta, invece, in non possesso, anche a una caratteristica del calcio che sta prendendo sempre più piede, il pressing; il Newell's inizialmente difende 4-4-2 con una determinata pressione sull'uomo nella zona, con i due mediani che alzano – se serve – il loro raggio d'azione. L'intenzione è indirizzare il gioco avversario esternamente, con il laterale lato palla che chiude lo spazio al portatore mentre i compagni "aggrediscono" i rivali.

Sempre a proposito di palle inattive, decisiva sarà quella del 6 luglio 1991, data della finale d'andata dello spareggio scudetto, che si disputa tra l'undici di Bielsa e il Boca Juniors di Gabriel Batistuta, ex di lusso della sfida. Al Colosso, così viene chiamato lo stadio del NOB, la squadra di Bielsa si impone per 1-0 grazie a un gol del Toto Berizzo su palla ferma (**foto 3**).

Il ritorno sarà 3 giorni dopo alla Bombonera, sotto la pioggia battente dell'inverno argentino. Il Newell's non si snatura, prova a difendersi in "avanti" attraverso anche la riaggressione. Persa palla, la tendenza è avanzare per andare a contrasto immediatamente, soffocando così l'inizio azione avversario. Un concetto di gioco oggi attuale, allora innovativo. Per quanto Bielsa sia un precursore, però certi tratti della sua

Foto 3 - La punizione del gol di Berizzo; da notare il sovraccarico di tre giocatori rossoneri nel cuore dell'area, che permette al Toto di staccare da solo e segnare. Alle spalle del blocco centrale (non inquadrati) si inseriscono altri 2 giocatori del Newell's.

squadra sono ancora vicini alla tradizione: la presenza del libero, Llop, qualche metro indietro rispetto al resto della linea difensiva, e Pochettino che in molte situazioni si disinteressa totalmente del pallone per seguire il suo uomo. Nella sfida con Batistuta e compagni i princìpi rimangono invariati, c'è solo l'adattamento in alcuni frangenti dell'incontro quando le offensive del Boca si fanno pressanti e il Newell's arretra e lavora sulle transizioni d'attacco. L'incontro termina 1-0 sul campo per il Boca, ma i rigori danno ragione ai rosarini, che diventano campioni d'Argentina 1990-91.

I concetti tattici nel secondo anno sulla panchina del Newell's restano sostanzialmente simili, ma c'è una nuova sfida per i ragazzi di Bielsa, guadagnata con la vittoria del campionato nell'anno precedente: la Libertadores. Vengono sorteggiati nel girone cileno-argentino con Colo Colo, Coquimbo, Universidad Catolica dal Cile e San Lorenzo.

La prima giornata risulterà determinante per la formazione del pensiero calcistico di Bielsa: nel derby argentino in casa contro il San Lorenzo di Acosta, Ponce, Rossi e Gorosito, il 4-4-2 con il libero del Loco viene letto e reso inefficace dai rivali. Per uno 0-6 che farà storia. La stampa è "contro", il tecnico argentino viene contestato visto anche l'andamento in campionato. Gli si imputa il non utilizzo –

al contrario della tradizione argentina – di un "volante" davanti alla difesa, utile nell'impostazione e a equilibrare la squadra.

La "leggenda" narra che Bielsa, secondo alcuni prenda una camera d'albergo nella quale si chiude per due giorni, secondo altri vada in un convento solo coi suoi libri, lasciando gli allenamenti al suo vice. Il suo "gioiello" si era inceppato, serviva una soluzione. Che venne alla luce grazie anche alle influenze sul Loco di Van Gaal e del suo Ajax. Per usare i numeri, possiamo parlare di un 3-3-1-3, ma dietro c'è molto di più. C'è un qualcosa di davvero moderno adesso. Futuristico allora.

Tre difensori, solo il centrale è bloccato, i "terzi" sono liberi di spingere e creare superiorità numerica sulle catene laterali; un *cinco* a fare da "volante", davanti la difesa, a creare e distruggere, con ai suoi fianchi due mezzali che devono fare le due fasi e buttarsi negli spazi lasciati liberi davanti. Infine, i 4 offensivi: le due ali, che devono garantire ampiezza allargando la difesa avversaria per gli inserimenti delle mezzali e in grado di ricevere in isolamento per puntare la difesa avversaria in 1>1; un *diez enganche* come viene chiamato in Argentina, che è il regista creativo della squadra; e la punta centrale, che deve dar profondità e giocare bene "a muro" per aprire ulteriori spazi (**figura A**).

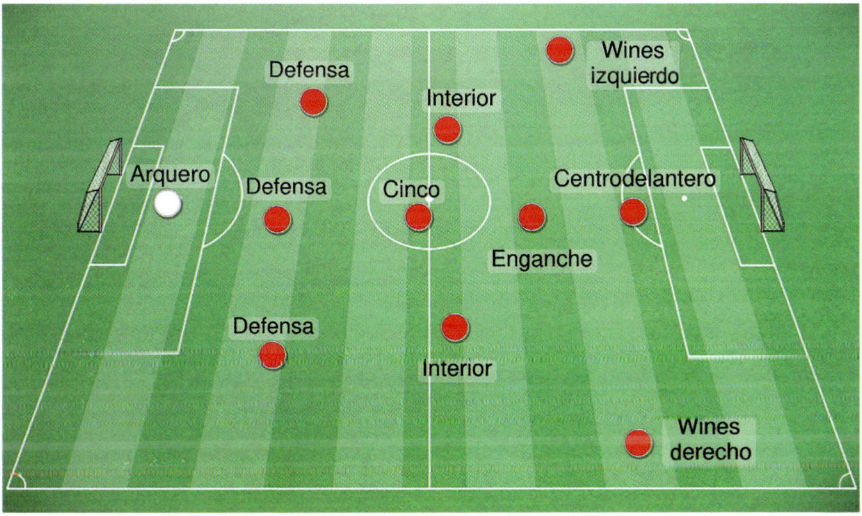

FIGURA A - Il nuovo sistema di gioco elaborato da Bielsa: nasce così il suo 3-3-1-3. I ruoli sono indicati con il "linguaggio" del Loco

Insomma, Bielsa ha iniziato a plasmare una squadra fluida, con un'idea di calcio moderna, giocatori intercambiabili e ruoli, che non sono "posizioni" ma "funzioni". E con un pressing forsennato sia in zone più basse sia, in caso di pallone perso, con una riaggressione immediata anche in settori ultra-offensivi.
Già qui iniziamo a vedere altri princìpi fondamentali di Bielsa: la densità in zona palla (**foto 4**) per riconquistare il pallone, cercando di comprimere gli spazi agli avversari, favorita dalle folte catene laterali e dalla mobilità della spina dorsale centrale.

Foto 4 - Semifinale di Libertadores contro l'America de Cali: verticalizzazione del Newell's (in maglia rossonera) che viene intercettata, palla persa e riaggressione immediata da parte di una mezzala, dell'*enganche*, del trequarti e di un'ala.

Il rovescio della medaglia di questa densità è ovviamente scoprire il lato debole, cosa che il Newell's fa spesso, lasciando un uomo libero dall'altra parte del campo. La difesa "in avanti" dei rosarini è spregiudicata, non si guarda alle spalle, il riferimento primario non comprende l'uomo ma alle volte solo il pallone. Il nuovo modulo dà maggiore copertura in caso di transizioni difensive, vista l'ultima linea sempre pronta ad accorciare, oltre a essere più folta rispetto alla soluzione adottata in precedenza. In fase offensiva invece Bielsa continua a sfruttare parecchio il lancio lungo verso la punta, potendo muovere le ali e il trequartista alle sue spalle, pronti a prendere la seconda palla e agire da subito vicini alla porta. Il centrocampo a tre, infatti, consente al Newell's di accorciare in avanti sulle seconde palle e le respinte della difesa avversaria rimanendo coperto. Le due mezzali sono fondamentali: Saldana (che agisce da interno nel centrocampo a 3) è uno dei giocatori determinanti, grazie alle sue capacità di inserimento, all'intensità, all'aggressione in avanti. È lui a riprendere la sfida scudetto contro il Velez (**foto 5**), poi pareggiata sul 2-2 da Mendoza.

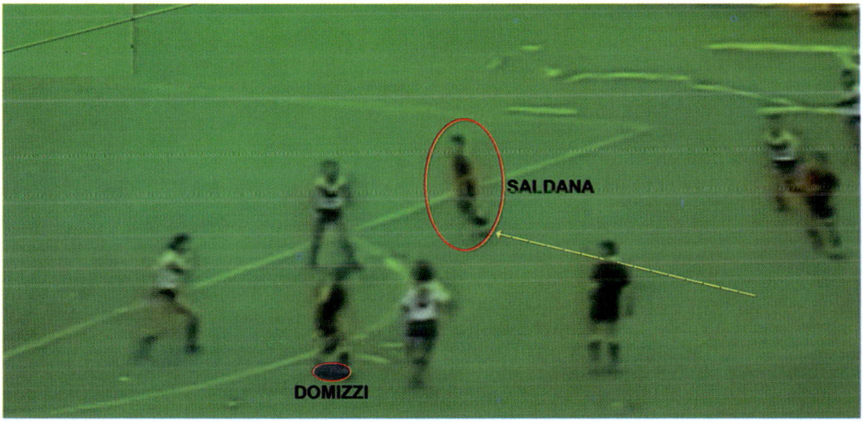

Foto 5 - Saldana si inserisce nello spazio liberato dall'ala venuta incontro, sfrutta la sponda di Domizzi e realizza il gol nella sfida scudetto contro il Velez.

Alla dodicesima giornata, al Monumentàl il NOB dà una lezione al River Plate (che chiude la partita addirittura in 7 uomini), sconfiggendoli con un sonoro 5-0 a suon di traversoni dalle fasce e giocate nello stretto degli avanti rossoneri, trovando il gol su azione anche con il difensore Gamboa, in proiezione offensiva. E l'incontro sancisce la nascita del nuovo Newell's di Bielsa.
Dalla partita contro il Rosario, il Newell's ha iniziato una marcia trionfale, vincendo il campionato con due punti di vantaggio sul Velez, perdendo solamente sul campo dell'Estudiantes; il nuovo modo di difendere di Bielsa, in avanti, cercando di comprimere gli avversari con intensità e densità in zona palla, ha portato i rossoneri a essere la miglior difesa del campionato con solo

8 reti subite in 19 giornate. Nella fase offensiva i giocatori sono liberi di esprimersi in un sistema che offre equilibrio, fluidità e libertà di interpretazione nell'occupare gli spazi nella fase di possesso. Nella **foto 6** si può notare come Pochettino, un "braccetto" della difesa a tre, sia nell'area di rigore avversaria. Lo stesso avviene anche nella Libertadores; dopo la sconfitta per 0-6 del debutto, conquista 7 punti nelle 3 partite contro le squadre cilene per poi prendersi una prima rivincita col San Lorenzo espugnando 0-1 il loro campo, e chiudendo con altri 5 punti contro le cilene. Risultato, primo posto nel girone e accesso alla fase finale.

Foto 6 - Quando si dice una squadra fluida: il giocatore che sta scaricando il pallone è Mauricio Pochettino, terzo di difesa, che – dopo aver vinto un contrasto – si è inserito in conduzione fino all'area avversaria; sul cross dell'esterno Domizzi segnerà Mendoza per lo 0-3 finale contro il San Lorenzo nel torneo di Clausura '92.

La rivincita contro il San Lorenzo (quarti di Libertadores) è decisa da tre gol su sviluppi di palla inattiva (doppietta di Pochettino), poi la quarta realizzazione avviene grazie a un'azione manovrata che riempie l'area (**foto** 7). Il ritorno è una formalità e termina 1-1 con il Newell's che approda alle semifinali e supera l'América de Cali. In finale la squadra di Bielsa trova il San Paolo di Cafù e Rai, di Zago e Muller, guidato da Tele Santana, allenatore del Brasile dell'*ottantadue*.

Foto 7 - Presidio e accompagnamento, princìpi di gioco "moderni" già presenti nel calcio di Bielsa. Combinazioni strette al limite, palla esterna per Zamora, cross con l'area ben riempita e Llop (giocatore in linea col primo palo) insacca il 1-0. San Lorenzo battuto nell'andata dei quarti di Libertadores 1992.

Il Newell's è al top. Non solo gioca un calcio offensivo di livello, spettacolare e moderno, ma allo stesso modo riesce ad avere quell'indispensabile *garra*, a unire le filosofie di Menotti e Bilardo, solitamente viste antiteticamente tra di loro. L'organizzazione del tecnico rosarino è veramente maniacale sia in fase di possesso sia di non possesso, per non parlare appunto delle palle inattive.

La gara di andata, che dovrebbe essere quella casalinga, si gioca in realtà al Gigante de Arroyito, lo stadio degli arcinemici del Rosario Central, in quanto quello dei Newell's non ha la capienza necessaria a ospitare l'evento. La prima *chance* proviene dagli sviluppi di un "piazzato", dopo il quale Saldana calcia da fuori di sinistro sfiorando il palo a lato di Zetti. La partita vede poi alcune occasioni per i brasiliani, con Scoponi che si disimpegna egregiamente. A un minuto dall'intervallo, su un cross dalla trequarti destra, Berti si inserisce tra le linee, controlla e cerca di servire Mendoza: la palla impatta il braccio di Ronaldao. È rigore. Il Toto Berizzo trasforma! Nel secondo tempo invece di provare ad aumentare il bottino il Newell's decide di abbassarsi nella propria area, concedendo molto poco, ma allo stesso tempo avendo una grande *chance* con Pochettino, tanto per cambiare su calcio piazzato.

Arriviamo al ritorno: Bielsa fa partire i suoi con tre giorni di anticipo alla volta di San Paolo. Il 17 giugno 1992 lo stadio è pieno oltre la sua reale capienza e al

Morumbi vi sono 105mila persone; il gioco spumeggiante e la qualità del San Paolo contro il piccolo ma organizzatissimo Newell's. Che si difende basso, rischiando molto sulle offensive di Rai e Cafu, con l'intenzione di giocarsi tutto con ripartenze improvvise in parità numerica. Per due volte gli uomini di Bielsa costruiscono le situazioni di 2>2 studiate a tavolino con la coppia Zamora-Mendoza molto pericolosa (**foto 8**). Sul ribaltamento di fronte dopo una grande occasione in transizione, c'è il pareggio per i brasiliani su rigore con Rai. Si arriva ai rigori, ma il Toto Berizzo non concede il bis dell'andata prendendo il palo. Dopo l'errore di Ronaldao sembra esserci una luce, ma Mendoza e Gamboa sbagliano i propri tiri e Cafu sancisce la sconfitta per la squadra di Bielsa, che si fermerà a un passo dal paradiso.

Foto 8 - Secondo tempo nella finale di ritorno di Libertadores: Mendoza libero di puntare i due difensori avversari in campo aperto con Zamora che apre uno spazio tagliando in profondità. Grande occasione per il Newell's.

Argentina
1998 - 2004

Nel 1998 arriva un'importante occasione per Marcelo Bielsa: allenare l'Argentina. Il suo 3-3-1-3 si è intanto evoluto rispetto a quello dei primi tempi: offensivamente permangono i princìpi di verticalità e isolamento delle ali, le trame di gioco sono fluide, frutto di giocatori che si intercambiano nei compiti e nelle posizioni, con qualità tecnica assoluta. Ma è soprattutto difensivamente che l'interpretazione della gara rende l'Argentina sempre equilibrata con la soluzione di "appiattire" l'ultima linea di difesa a 3 o a 4 in relazione allo schieramento di gioco avversario, nello specifico se la squadra affrontata agisce con una o due punte effettive. Questo concetto dipende dall'idea calcistica di Bielsa secondo cui, in fase di non possesso, è importante contrapporsi allo schieramento avversario predisponendo i propri difensori a quello che è un principio cardine della sua filosofia, ovvero la marcatura continuativa a uomo dell'avversario una volta entrato nella metà campo degli oppositori. Non fraintendiamo questa idea con il voler essere speculari ai rivali: infatti, a prescindere dal sistema di gioco scelto, non viene mai meno la volontà di fare la partita, di dominare il gioco, di proporre un calcio offensivo.

Per fare questo Bielsa ha studiato un modo di difendere che potrebbe essere definito "asimmetrico", con una mezzala che si abbassa quasi a diventare un terzino e l'altra che rimane in mediana a schermare la difesa. Sorin infatti arretra sulla linea difensiva e Zanetti lavora centralmente da mediano come si può notare nella gara dei quarti di finale di Copa America 1999 contro il Brasile (**foto 1**). In questo incontro, interessante anche la soluzione di inserire sulla trequarti due numeri dieci come Riquelme e Ortega. C'è anche il debutto nella competizione di Pochettino in difesa al fianco di Ayala e Samuel. L'Argentina è ancora in "formazione": sceglie (o è costretta) di non giocare mai il pallone da dietro a differenza delle gare precedenti, inoltre la qualità e la spinta offensiva avversaria obbligano più volte i biancoazzurri a schiacciarsi con un'ultima linea anche a cinque.

La mano di Bielsa comincia comunque a vedersi e il cammino di qualificazione al Mondiale del 2002 è positivo, netto, a tratti esaltante sia in termini di gioco sia

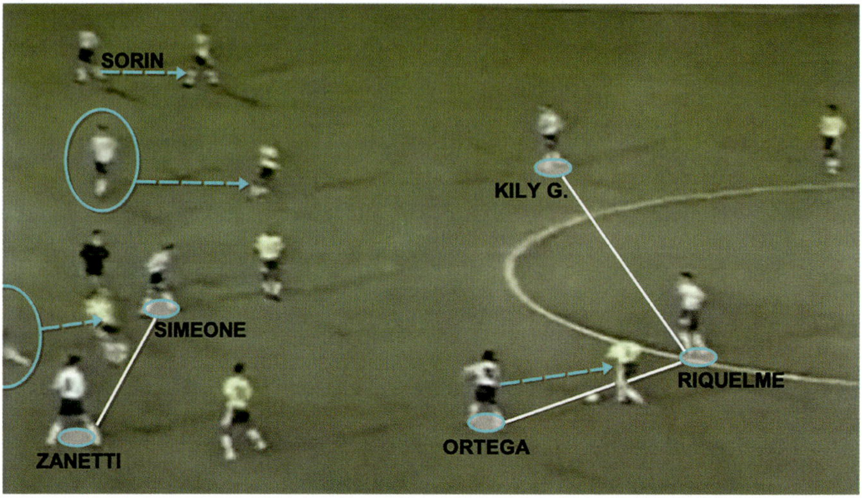

Foto 1 - Questa immagine può sembrare confusionaria, ma racchiude i princìpi difensivi dell'Argentina di Bielsa; innanzitutto, la difesa "asimmetrica", dove un interno di centrocampo (Sorin) si abbassa a fianco dei 3 difensori, mentre l'altro (Zanetti) rimane a filtro davanti la difesa con il play Simeone. I due braccetti di difesa (Samuel e Pochettino cerchiati) seguono il riferimento delle 2 punte brasiliane (Ronaldo e Amoroso) coperti alle spalle da Ayala. Anche l'ala Ortega segue a uomo il terzino avversario Roberto Carlos nella sua conduzione verso l'interno.

di qualità espressa. Per molti è l'Argentina migliore di sempre, si qualificherà con 4 giornate di anticipo perdendo una sola volta, ma ottenendo complessivamente anche 13 vittorie e 4 pareggi, vincendo il girone di qualificazione con ben 12 punti di vantaggio sulla seconda (il sorprendente Ecuador).

Bielsa è un allenatore perfezionista, meticoloso tatticamente ma altrettanto minuzioso nell'incidere anche sulla mentalità della propria squadra; a *pass* mondiale ottenuto, al Monumentàl di Buenos Aires si presenta il Brasile (affamato di punti e con una qualificazione quanto mai a rischio) che passa in vantaggio dopo appena 2'. La reazione ci deve essere, il cambio di mentalità è proprio questo e gli uomini del Loco non deludono: ribaltano il risultato nell'ultimo quarto d'ora vincendo per 2-1. L'Albiceleste piace, rappresenta lo spirito di un popolo che sta combattendo in uno stato in piena crisi economica dove più della metà della popolazione vive in media sotto la soglia di povertà. E si presenta al mondiale nippo-coreano come una delle grandi favorite; d'altronde i 43 punti delle qualificazioni rappresentano un record assoluto fino a quel momento (primo posto nel *ranking* FIFA). Bielsa convoca in Asia solamente 3 giocatori che militano in patria e ben 8 che giocano nella nostra Serie A.

Al Mondiale si affida al suo 3-3-1-3. Il divario tecnico, ad esempio contro la Nigeria, è evidente. L'Albiceleste schiera Cavallero in porta; Pochettino, Samuel e Placente nei tre dietro, Zanetti, Simeone e Sorin in mezzo, Veron nel ruolo di *enganche* con Claudio Lopez e Ortega sulle fasce, con Batistuta punta (**figura A**). Tuttavia, fatica in parte a essere pericolosa pur gestendo sempre il pallone. Sbaglia un rigore con Batistuta dopo una splendida azione collettiva, efficace grazie alla soluzione tattica che vede l'abbassamento di Veron nell'impostazione (**foto 2**). L'incontro sarà deciso poi da Batigol che finalizza al meglio un corner tagliato sul secondo palo da Veron.

Contro l'Inghilterra, una squadra muscolare e quadrata, non sicuramente spettacolare nel modo di interpretare la gara ma alquanto concreta ed equilibrata nelle due fasi, il centrocampo a 3 vede ancora una volta Simeone centrale con ai fianchi Zanetti a destra e Sorin a sinistra. Sulle fasce lavorano a sinistra Sorin e

FIGURA A - Il 3-3-1-3 contro la Nigeria.

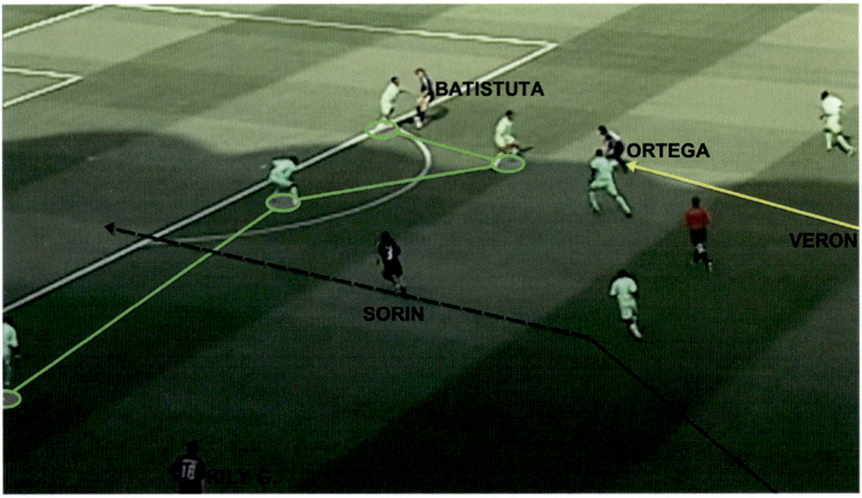

Foto 2 - Occupazione degli spazi: l'ala (Kily Gonzalez) rimane in ampiezza, Sorin si inserisce nello spazio interno tra difensore centrale e terzino avversari. In questa situazione Veron si è abbassato nello sviluppo, servendo poi palla sul taglio di Ortega verso l'interno del campo. Assist per Sorin e occasione per l'Argentina.

Kily Gonzalez (parte da ala), che sembrano avere buoni tempi nei loro cambi di posizione, occupando sempre con saggezza l'ampiezza e la corsia più interna del campo; a destra invece Ortega da ala entra molto nel campo ed è Zanetti che si apre per agire largo (**foto 3**). Batistuta è preferito a Crespo. La gara è combattuta e gli inglesi avranno la meglio.

Contro la Svezia e il suo "rombo" a centrocampo, Bielsa cambia alcuni giocatori chiave: mette Almeyda in cabina di regia e Aimar in posizione di trequarti, levando dallo scacchiere due elementi tanto importanti quanto carismatici, Simeone e il capitano Veron.

Modificare e modulare le posizioni di giocatori e schieramenti è una peculiarità che contraddistinguerà tutta la carriera di Bielsa. L'Argentina gioca bene, domina, tanto è vero che alla mezzora si contano 4 palle gol e un possesso palla a favore che si avvicina al 70%. Ma il Mondiale termina in questa sfida: una palla ferma regala il vantaggio alla Svezia, Crespo pareggia, ma non basta.

Questo incontro segna un cambio generazionale per la formazione argentina:

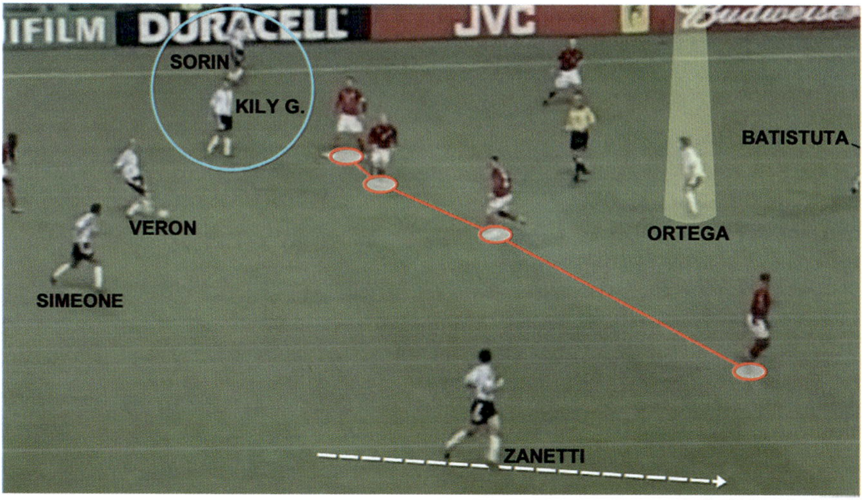

Foto 3 - La struttura pensata da Bielsa per l'Argentina al Mondiale: Veron libero di abbassarsi a sviluppare il gioco, Ortega che da destra entra nel campo lasciando la corsia laterale libera a Zanetti mentre a sinistra Kily e Sorin occupano l'ampiezza del campo alternandosi come tutta fascia oppure internamente nella mezza posizione.

Batistuta e Caniggia lasciano, seguiti da Simeone e Pochettino che escono dal radar delle convocazioni. Grondona conferma Bielsa, per la bontà della qualificazione al Campionato del Mondo, e il Loco riprende il suo lavoro di preparazione in vista delle qualificazioni al Mondiale successivo, ma soprattutto per la Copa America del 2004. È diventato più elastico nel suo modo di vedere il calcio, meno ancorato al suo 3-3-1-3; comincia a disegnare un'Argentina che sa cambiare abito a seconda della gara e sa scendere in campo anche con sistemi più flessibili, a volte tarati sulle caratteristiche dell'avversario. Il debutto nel girone B mette l'Ecuador sulla strada dell'Albiceleste; Bielsa sceglie il 4-2-3-1, le storiche mezzali, Zanetti e Sorin, vanno a fare i terzini, con Ayala e Heinze al centro della difesa. Dal centrocampo in su la squadra è pressoché nuova rispetto alle precedenti competizioni: il roccioso Lucho Gonzalez affianca Mascherano in mediana, il talentuoso D'Alessandro a fare da trequartista, Delgado e Kily Gonzalez sugli esterni e Saviola come prima punta (**foto 4**). Il risultato finale? 6-1.

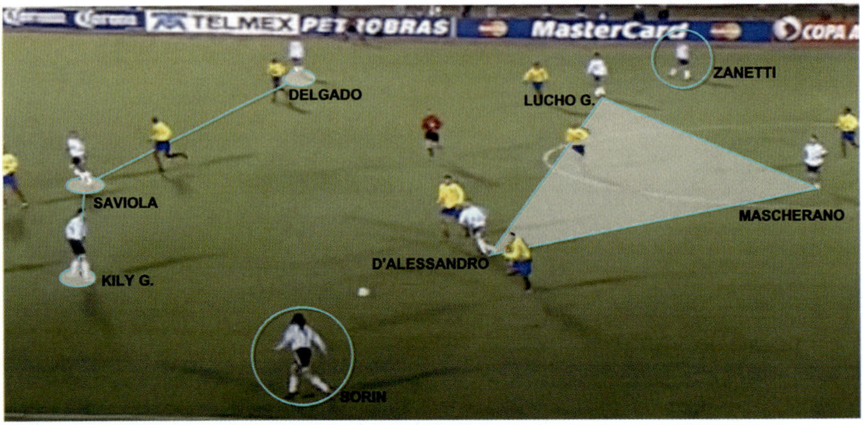

Foto 4 - L'Argentina alla Coppa America del 2004: in fase di possesso Lucho Gonzalez si alza affiancando D'Alessandro nella zona di trequarti, Zanetti e Sorin sono liberi di accompagnare l'azione e un tridente offensivo con Kily Gonzalez, Delgado e Saviola.

Tatticamente parlando, nella gara successiva (contro il Messico) diviene interessante la scelta – a partita in corso – di usare il doppio *enganche* con Tevez e D'Alessandro in rifinitura.

Con il Perù (padroni di casa) viene inserito Coloccini al fianco di Lucho Gonzalez al posto di Mascherano (reparto più solido) con D'Alessandro in trequarti libero di svariare, ma anche di abbassarsi nello sviluppo in modo tale da elevare la potenzialità tecnica nell'inizio del gioco.

Quella contro la Colombia, invece, è una delle "argentine" più belle di sempre: funziona splendidamente anche la riaggressione tant'è vero che la Colombia praticamente non tira mai in porta. La facilità di costruire contro un avversario basso, porta l'Argentina a invadere la metà campo opposta con molti giocatori; in pratica imposta coi difensori e il solo Mascherano, mentre Lucho Gonzalez si alza per tutta la gara sia in trequarti al fianco di Tevez sia in ampiezza a destra, dove trova ottime trame con Zanetti (**foto 5**).

Il 25 luglio va in scena la finale, un classico del Sud America, una delle rivalità calcistiche più storiche di sempre: Brasile - Argentina. Bielsa stupisce tutti variando ancora sistema di gioco; torna all'amato 3-3-1-3 con Ayala, Coloccini e Heinze in difesa, spostando Lucho Gonzalez a fare l'*enganche* e inserendo

Foto 5 - Per affrontare un 4-4-2 basso Bielsa cerca di creare delle superiorità posizionali esterne: in questa situazione allarga il mediano Lucho Gonzalez a creare un triangolo con il terzino Zanetti e l'ala Delgado. Tevez esce dalla zona di trequarti e si abbassa per dare il suo contributo allo sviluppo dell'azione.

Rosales in fascia destra, confermando Kily a sinistra e posizionando Tevez da prima punta. Probabilmente la scelta ha due motivazioni: contrapporsi meglio al rombo brasiliano nel non possesso (**foto 6**) e dare più robustezza ed equilibrio alla squadra con giocatori di forza fisica. La partita è spettacolare, un susseguirsi di emozioni: le soluzioni offensive argentine sono molto interessanti e da un inserimento senza palla di Lucho Gonzalez nasce il rigore (**foto** 7) che darà il vantaggio all'Albiceleste. Pareggio di Luisao, nuovo vantaggio con Delgado e 2-2 all'ultimo secondo di Adriano. Coi tiri di rigore che danno ragione al Brasile.
Passano poco più di due settimane e Bielsa guida anche la Nazionale olimpica che conquisterà la medaglia d'oro ad Atene; una nazionale piena di giovani talenti che già conoscono a perfezione il "calcio" del tecnico di Rosario in quanto in orbita nazionale maggiore: D'Alessandro, Delgado, Figueroa, Coloccini, Lucho Gonzalez, Mascherano, Rosales, Saviola e Tevez, ai quali si aggiungono i fuoriquota Heinze, Ayala e Kily Gonzalez. In pratica la stessa squadra che è andata ad un passo dal trionfo continentale. L'Argentina gioca con il 3-3-1-3 in quella che può essere definita una marcia trionfale, un percorso netto che porta a 6 vittorie su 6 gare disputate senza mai subire nemmeno un gol.

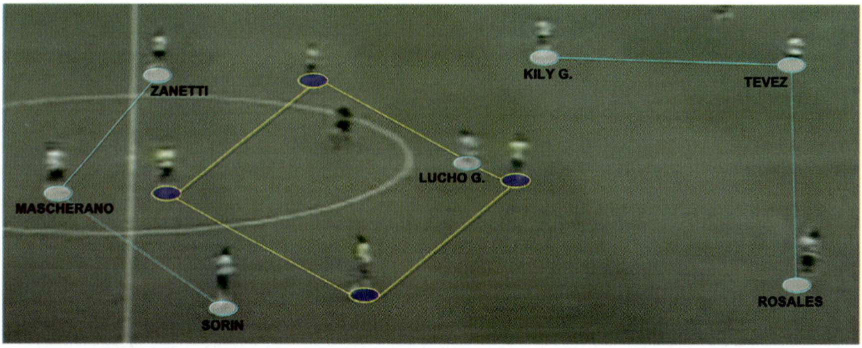

Foto 6 - Il 3-3-1-3 dell'Argentina che si "incastra" perfettamente nel rombo brasiliano durante la fase di non possesso. La difesa a 3 permette inoltre di marcare con continuità le due punte brasiliane mantenendo sempre la superiorità numerica in difesa.

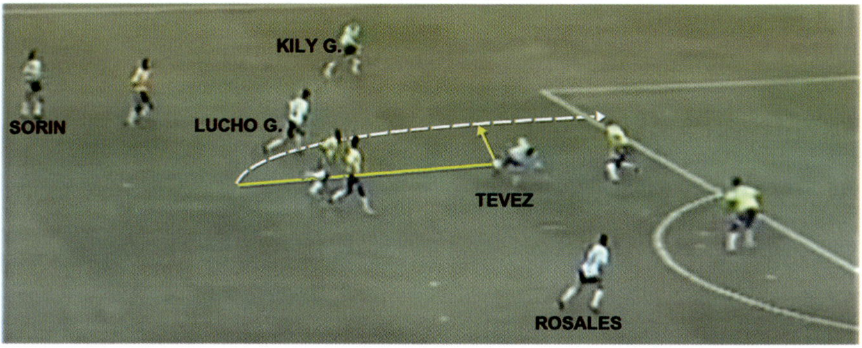

Foto 7 - L'Argentina in tutta la competizione ha sfruttato la duttilità e capacità di inserimento di Lucho Gonzalez. Nell'azione che porterà al rigore del vantaggio nella finale di Coppa America 2004, Kily Gonzalez ha appena vinto un duello nel pressing a Maicon, Gonzalez recupera palla e duetta con Tevez per poi inserirsi palla al piede in area: sarà rigore.

Tevez realizza 8 reti in tutta la competizione ed è terminale offensivo di una squadra che sembra già matura, anche se di Nazionale giovanile si tratta. Nella semifinale contro l'Italia dei vari De Rossi, Pirlo e Gilardino, è proprio l'Apache a sbloccare la gara sfruttando tutta la verticalità del gioco voluto da Bielsa (**foto 8**); la gara si chiude 3-0, quattro giorni dopo sarà ancora Tevez a siglare il gol vittoria contro il Paraguay e a regalare all'Argentina il primo oro olimpico della sua storia.

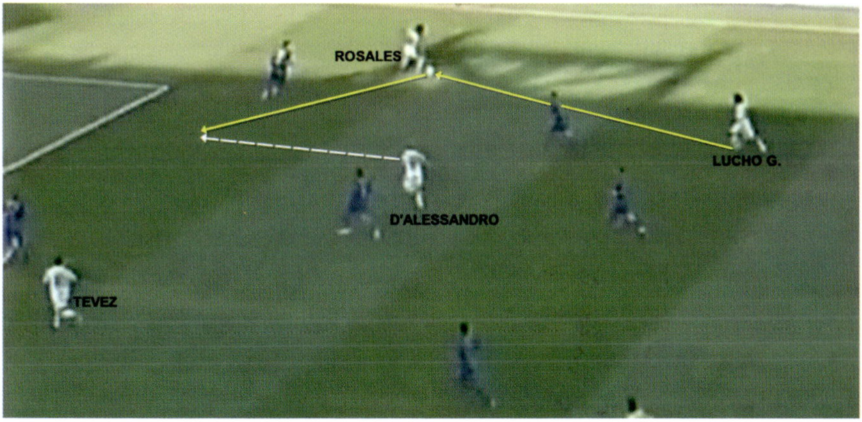

Foto 8 - Cinque passaggi in verticale, tanti ne sono bastati dal recupero palla di Kily Gonzalez al limite della propria area per arrivare dalla parte opposta e permettere a Tevez di concludere a rete nella semifinale del torneo olimpico di Atene contro l'Italia.

Cile
2007 - 2011

Nel 2007 sono ormai lontani i tempi della forte nazionale cilena di Marcelo Salas e Ivan Zamorano che partecipò ai Mondiali di Francia 1998. Sono trascorsi dieci anni e la *Roja* ha mancato per ben due volte la qualificazione, sia nel 2002 sia nel 2006. Ad aggiungersi a un decennio di insuccessi sportivi, si verificano nell'estate del 2007 due episodi poco piacevoli: il cosiddetto *puertordazo* (una "libera uscita" prima della partita col Brasile costata 20 turni di squalifica a 6 giocatori) e un 6-1 proprio contro i verdeoro.
Allora il presidente della federazione cilena, Harold Mayne-Nicholls, anche per le dimissioni dell'allenatore Acosta, decide di puntare su un tecnico di caratura internazionale che abbia già l'esperienza della guida di una nazionale, appunto Marcelo Bielsa. La storia del mister argentino con il Cile inizia a settembre, con le prime amichevoli utili a comprendere il valore dei giocatori a disposizione: dai senatori alle nuove promesse, ad esempio i giovanissimi Arturo Vidal e Alexis Sanchez. Destino vuole che Bielsa esordisca in una gara ufficiale proprio contro la sua Argentina nelle qualificazioni al Mondiale di Sudafrica 2010.
Il tecnico di Rosario opta per il 3-3-1-3 con Claudio Bravo in porta, difesa a tre composta da Alvarez, Ponce e Riffo; davanti a loro gioca il mediano Iturra affiancato ai lati dalle mezzali Fierro e Vidal. Sugli esterni a sinistra c'è Gonzalez e a destra Rubio, nel ruolo di fantasista viene posizionato Mati Fernandez (che approderà qualche anno dopo in Italia); infine la punta è Humberto Suazo (**figura A**). Uno dei concetti cardine di Bielsa è l'aggressività in fase difensiva: l'obiettivo è annullare la maggiore tecnica degli argentini con il dinamismo, andando a "contrastarli forte" non appena superano il centrocampo (**foto 1**). Al di là del risultato di questo incontro, quello che segna la svolta per il Cile è il match di ritorno. Il Cile mette in campo corsa e pressing ad altissima intensità, soluzione tattiche ormai conosciute e metabolizzate dai calciatori, che portano al gol del vantaggio di Orellana, nato da una sovrapposizione del "braccetto" di difesa Medel sulla catena di destra in cui si crea un 2>1 offensivo con la mez-

FIGURA A - L'esordio contro l'Argentina.

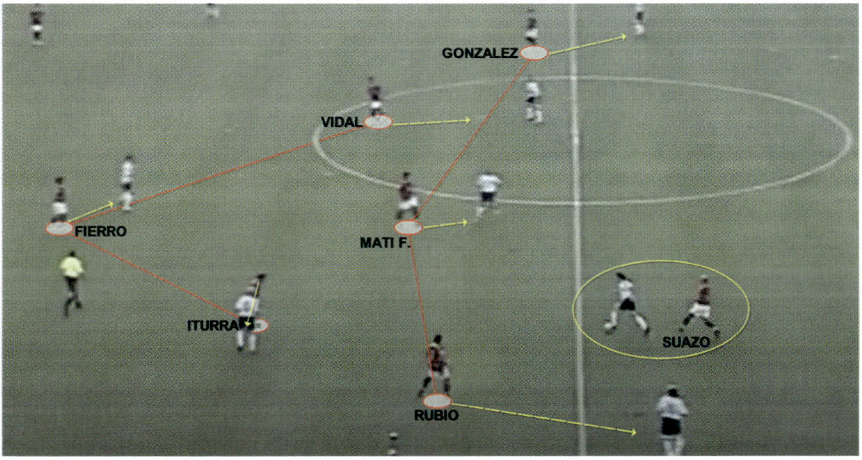

FOTO 1 - La tattica difensiva attuata dal Cile: pressing forte non appena l'Argentina supera la metà campo. Uomo su uomo sui riferimenti e la punta Suazo che lavora sui due difendenti centrali avversari

zala Carmona che esegue un filtrante ancora per Medel. Il difensore-centrocampista in velocità serve "a rimorchio" per Orellana che realizza in diagonale (**foto 2**). In generale, il Cile surclassa l'Argentina in ogni zona del campo, col-

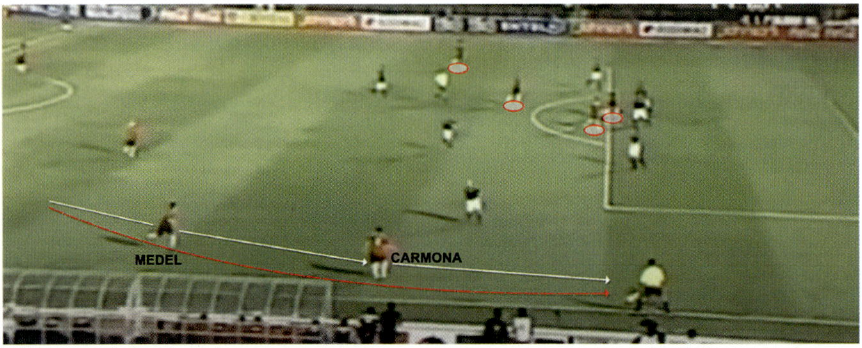

Foto 2 - Il gol vittoria nella gara casalinga contro l'Argentina. Medel da difensore si sovrappone alla mezzala Carmona e serve l'assist vincente a Orellana. Si notano quattro giocatori pronti a invadere l'area: lo stesso Orellana, la punta Suazo, Gonzalez e Mati Fernandez.

lezionando altre tre palle gol nel primo tempo, cui se ne aggiungeranno altrettante nella seconda frazione. È una storica vittoria.

Da lì in avanti tutto il cammino sarà costellato di successi, con soli 2 pareggi e una sconfitta in casa del Brasile. Contro la Colombia, penultima giornata, la classica difesa a 3 del Cile si presenta con Vidal schierato come difensore accanto a Ponce e Medel. L'altra novità è la prestazione di Valdivia (uno dei 6 del *puertordazo*), che risponde con un assist e un *third pass* (**foto 3**) in occasione dei primi due gol di Ponce e Suazo. Poi realizza la rete qualificazione quando il punteggio è fermo sul 2-2, cui aggiunge un ulteriore assist pochi minuti dopo, quando su transizione offensiva a palla aperta, esegue un filtrante per il taglio di Orellana che sigla il gol del 2-4 definitivo. Il Cile è 12 anni dopo qualificato al Mondiale, Bielsa è l'uomo simbolo di un sogno sportivo tramutatosi nuovamente in realtà.

La scelta tra i sistemi di gioco usati verte sul 3-3-1-3 o sul 4-2-3-1 come alternativa, cercando sempre di trovare l'assetto difensivo migliore per fronteggiare il modulo avversario, sia esso con 2 punte oppure con una punta e 2 ali larghe. A livello difensivo il dinamismo, il furore agonistico e l'aggressività sono caratteristiche che contraddistinguono in modo chiaro questa fase della squadra di Bielsa. Al contempo, il rovescio della medaglia è che questa aggressività, in particolar modo nelle marcature preventive e in alcuni duelli dorsali, porta i cileni a essere eccessivamente irruenti andando incontro a diverse sanzioni disciplinari: nel corso delle

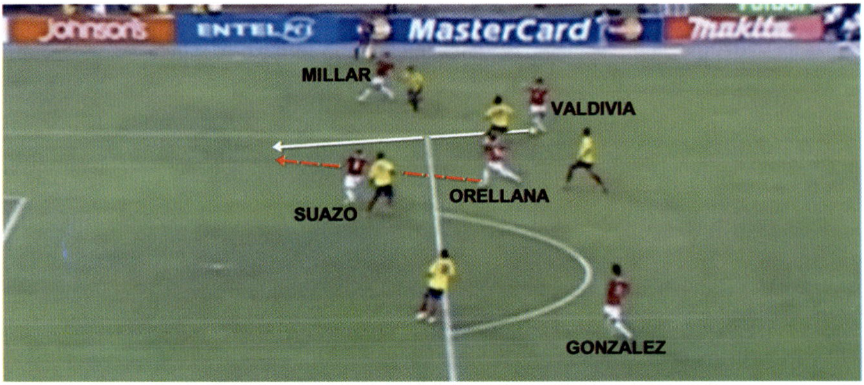

FOTO 3 - Il filtrante con cui Valdivia serve a Orellana la palla da cui nascerà poi il gol di Suazo durante la gara qualificazione al Mondiale del 2010 contro la Colombia.

qualificazioni mondiali, in 6 partite su 18, i cileni hanno concluso la gara in dieci. La fase difensiva su palla in movimento è ottima, mentre sulle situazioni da palla ferma vi sono diversi problemi, dovuti tendenzialmente alla scarsa prestanza fisica dei difensori. Il dato su calci d'angolo e seconde palle è abbastanza "inquietante". Infatti, dei 22 gol subiti nelle 18 partite di qualificazione il Cile ha subìto solo 6 reti su azione manovrata con i restanti 16 (circa i tre-quarti) suddivisi tra calci piazzati, seconde palle e disimpegni errati in costruzione.

Uno degli aspetti più interessanti del Cile studiato da Bielsa è la "funzione" di Vidal, vero elemento chiave della squadra, che rappresenta non solo un giocatore di grande carisma e tecnica, ma anche un vero e proprio jolly con cui il Cile può passare rapidamente da una difesa a 3 a una a 4, arretrandolo da mezzala a terzino sinistro e viceversa (**foto 4 e 5**).

Per analizzare la fase di possesso, possiamo studiare alcuni incontri del Mondiale. Il Cile, inserito nel girone H assieme a Honduras, Svizzera e Spagna, esordisce il 16 giugno 2010 a Nelspruit contro i primi. Bielsa dispone i suoi con il 4-2-3-1, posizionando per l'appunto Vidal da terzino sinistro e Isla dalla parte opposta con Ponce e Medel centrali.

Come prima punta viene scelto Valdivia (al posto dell'infortunato Suazo); sostanzialmente Bielsa sceglie un attacco posizionale portando 6-7 incursori nella metà campo dell'Honduras, ma senza un vero e proprio centravanti (soluzione

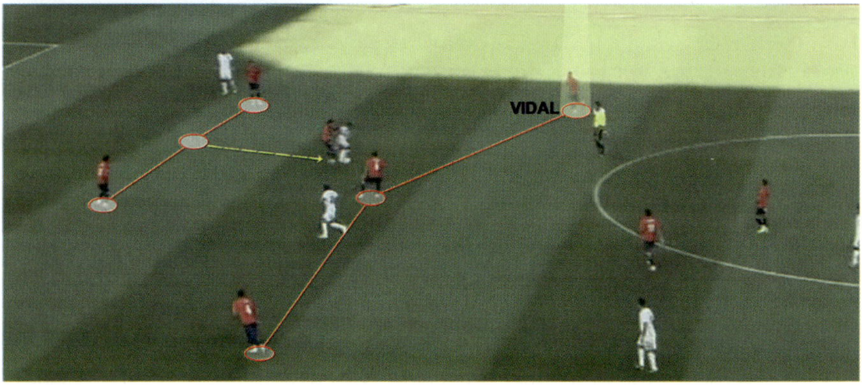

Foto 4 e 5 - Vidal è il calciatore che Bielsa svincola dal ruolo fisso per renderlo uomo funzionale alla strategia della propria squadra. Nella gara d'esordio al Mondiale sudafricano, parte da terzino sinistro del 4-2-3-1 per passare poi a mezzala del 3-3-1-3 nella seconda frazione.

già sperimentata con l'Argentina). Il compito di attaccare la profondità in area spetta alle ali Beausejour e Sanchez. Il gol della vittoria nasce proprio su un movimento verso l'interno di Sanchez che apre lo spazio per l'inserimento laterale di Isla, il quale ha la possibilità di ricevere un ottimo *third pass* da Fernandez e di eseguire un traversone basso per il taglio "dentro" di Beausejour. Quest'ultimo appoggia in rete (**foto 6**).

In questa gara l'impostazione della manovra dal basso è molto curata, evitando di disperdere pedine sotto palla, ma preoccupandosi comunque di costruire in superiorità numerica rispetto all'avversario; dei due mediani Carmona funge da vero e proprio play davanti la difesa mentre Millar si alza in trequarti sia centrale sia in ampiezza, andando a creare delle superiorità numeriche esterne con il terzino e l'ala di parte. Infine la scelta di Valdivia come attaccante: il *Mago* parte centralmente, ma si stacca in continuazione dalla linea difensiva rivale abbassandosi in zona di rifinitura per fungere da vertice alla manovra (**foto** 7).

Contro la Svizzera, successiva avversaria, Bielsa cambia ancora; per contrapporsi al 4-4-2 torna al caro 3-3-1-3: Bravo tra i pali, Jara nella linea a tre con Ponce e

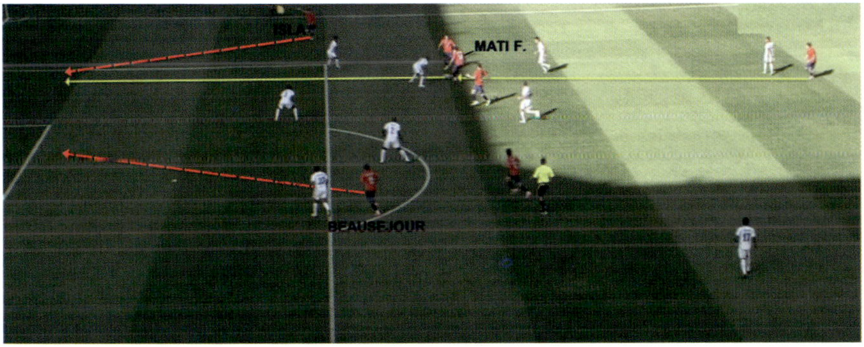

Foto 6 - Il Cile porta molti "invasori" nella trequarti avversaria. Nell'occasione del gol vittoria contro l'Honduras, Mati Fernandez riceve da Carmona e serve un filtrante in area premiando la corsa di Isla: assist per il taglio Beausejour e rete dell'1-0.

Foto 7 Il continuo abbassarsi della punta Valdivia in trequarti al fianco di Mati Fernandez porta i due difensori centrali dell'Honduras (cerchiati) a non avere punti di riferimento. Spetta alle ali Sanchez e Beausejour attaccare la profondità.

Medel, davanti la difesa Carmona con Vidal e Isla ai lati, sulla trequarti Mati Fernandez sempre libero di svariare con le ali Beausejour e Sanchez mentre in attacco c'è Suazo.
Inizialmente la partita è bloccata con le due squadre che si annullano reciprocamente: in particolare il Cile fatica nelle uscite dalla propria metà campo; così per provare ad allungare le corte e strette linee di centrocampo e difesa svizzere muove in ampiezza le proprie mezzali durante la costruzione del gioco, soprattutto a sinistra con Vidal, nel chiaro intento di provocare una reazione nelle ali elvetiche (**foto 8**). L'incontro, molto frammentato da continui duelli, diventa spigoloso con qualche *tackle* ruvido e un eccessivo nervosismo da parte di molti giocatori: proprio intorno al 30' si verifica l'episodio chiave con l'espulsione diretta di Behrami per gomitata al volto di Vidal. Al termine di un primo tempo avaro di emozioni, Bielsa decide di cambiare (così come ha spesso scelto di fare, anche con coraggio, durante la propria carriera): con la Svizzera a una sola punta a causa dell'espulsione, reimposta la difesa a 4. Il CT toglie Vidal e inserisce Mark Gonzalez, calciatore meno tecnico ma con maggiori doti di inserimento e attacco dello spazio e allo stesso tempo Valdivia prende il posto di uno spento Suazo; poi, intorno al quarto d'ora della ripresa, Bielsa opta per Paredes, attaccante mancino del Colo Colo, brevilineo molto rapido. Valdivia, che dopo i cambi si ritrova trequartista, si abbassa centralmente e riceve palla da Carmona, trovando poi uno splendido filtrante proprio sul taglio di Paredes (**foto 9**). Quest'ultimo riceve in profondità, dribbla il portiere svizzero e crossa per Gonzalez che deve solo appoggiare in rete di testa. Il principio di verticalità è sempre stato uno dei concetti di gioco di Bielsa. È il gol partita, Cile a 6 punti, vittoria dei cambi di Bielsa.
La terza gara è il simbolo invece della mentalità trasmessa da Bielsa ai suoi giocatori, che va oltre schemi, sistemi, applicazioni: la differenza reti può determinare il passaggio del turno, ma contro la Spagna il Cile gioca a viso aperto, in modo frizzante e coraggioso, offensivo, anche se avrebbe potuto badare a non prendere gol. Il Cile è quindi agli ottavi, risultando la squadra che nei gironi di questo Mondiale ha concesso meno tiri nello specchio agli avversari (appena 3).

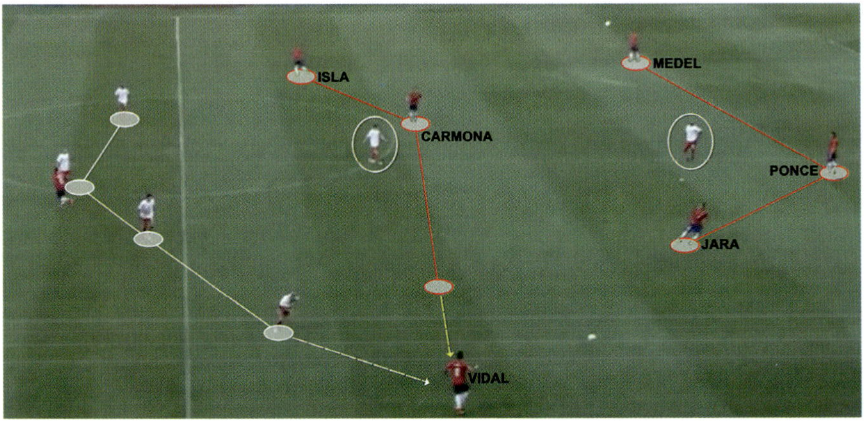

Foto 8 - Contro un 4-4-1-1 chiuso come quello della Svizzera Bielsa sceglie di aprire le mezzali al fine di provocare la pressione degli esterni alti avversari.

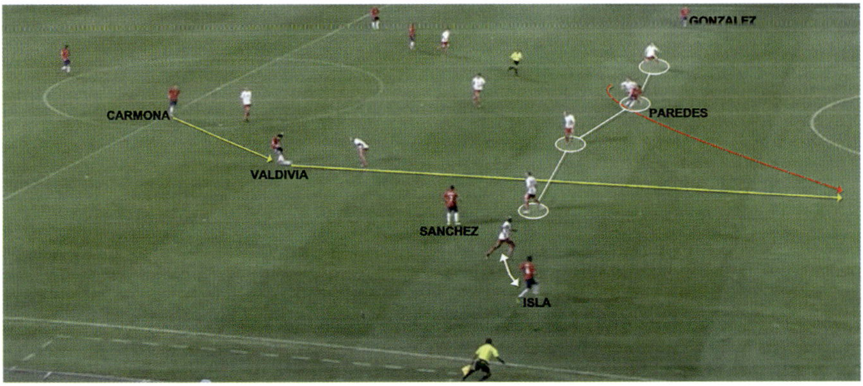

Foto 9 Il gol vittoria contro la Svizzera rispettando il principio di verticalità: Valdivia si abbassa a fare gioco e premia il taglio in profondità della punta Paredes; quest'ultima servirà poi l'assist per il gol di Mark Gonzalez. La Svizzera è a difesa schierata, con le ali che seguono le avanzate dei terzini del Cile (in questo caso Isla) a tutta fascia.

Il tabellone mette sulla strada di Bielsa, per l'ennesima volta, il Brasile. Il Cile arriva alla partita non nelle migliori condizioni dato che deve rinunciare ai propri difensori centrali Ponce e Medel squalificati per somma di ammonizioni, oltre che a Estrada. Ma la fluidità del gioco di Bielsa e le sue scelte tattiche sono davvero interessanti. Il Brasile opta per Dani Alves come mezzala destra, Kakà in trequarti con le punte Luis Fabiano e Robinho. Bielsa si schiera in maniera asimmetrica, atteggiamento possibile grazie alla posizione ibrida di Vidal: a quest'ultimo viene assegnata una doppia funzione, ovvero quella di mezzala in fase offensiva (andando ad affiancare Carmona e Isla), viceversa in fase difensiva ha il compito di marcare Dani Alves dentro al campo (**foto 10**) o di allungare la linea difensiva a 4 nelle situazioni in cui se ne verifica la necessità. Gonzalez (ala sinistra) deve seguire a tutta fascia il terzino avversario Maicon.

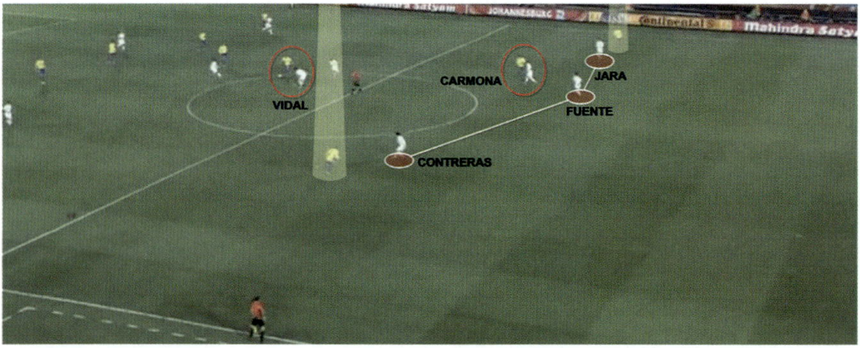

Foto 10 - La scelta tattica difensiva del Cile: gli accoppiamenti in mezzo al campo (Vidal su Dani Alves e Carmona su Kakà) e la difesa a 3 contro la quale gli attaccanti brasiliani Luis Fabiano e Robinho si posizionano preventivamente aperti sui fianchi dei braccetti di difesa.

In fase di possesso, Bielsa stavolta rinuncia alla fantasia e all'inventiva sia di Valdivia sia di Fernandez, preferendo un approccio più muscolare con Gonzalez e Sanchez ai lati, Beausejour e Suazo centrali. La mossa tattica di un 4>4 su attacco posizionale può essere ritenuta spregiudicata, ma in realtà intende avere anche una valenza difensiva con la presenza alta di Gonzalez e Sanchez che cercano di "bloccare" le sovrapposizioni dei terzini Maicon e Bastos (**foto 11**). L'incontro, per dovere di cronaca, termina a favore del Brasile, ma l'impressione destata dall'undici di Bielsa è stata unica.
Ad agosto dello stesso anno, Bielsa prolunga il proprio contratto con il Cile fino al 2015, ma il 5 febbraio 2011 si dimette. È cambiato il presidente della federazione che desidera mettere i propri uomini nei posti principali. Il passaggio del

Loco però è stato significativo, ancora oggi viene considerato come il miglior allenatore nella storia del calcio cileno, perché ha formato un'identità di squadra eccezionale. Identità che aiuterà Sanpaoli e Pizzi a vincere 2 Copa America consecutive.

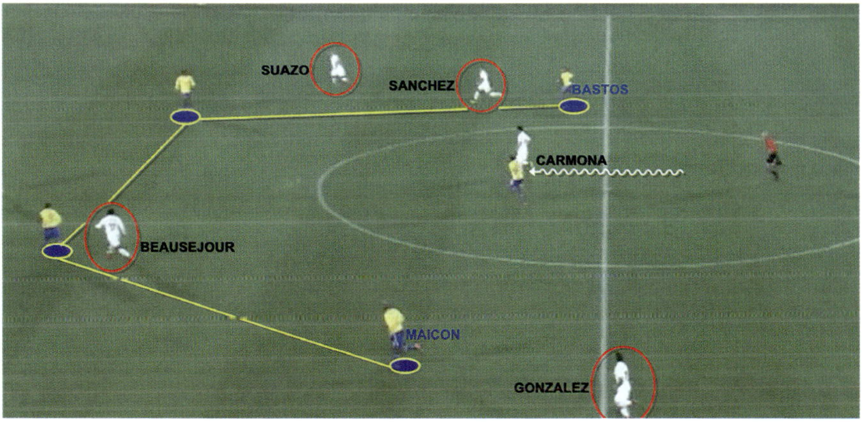

Foto 11 - Palla recuperata da Carmona e possibilità di ripartenza con i quattro giocatori d'attacco già posizionati preventivamente per la transizione offensiva. Questo atteggiamento ha molto limitato la spinta dei due terzini brasiliani Maicon e Bastos.

Athletic Bilbao
2011 - 2013

A Bilbao non hanno dubbi: il popolo basco è grato a Bielsa e alla squadra per quanto fatto nel biennio 2011-13 ed è orgoglioso dello spirito trasmesso in campo. Quando a metà luglio del 2011 accetta l'incarico di allenare l'Athletic, Bielsa eredita una squadra in antitesi con la tipologia di calcio che si sta sviluppando in quel periodo in Spagna. In precedenza, i baschi, guidati da Caparrós per 4 stagioni, proponevano un gioco centralizzato sulla verticalità per il *pivot*, non eccessivamente elaborato negli sviluppi, fatto di intensità nel raccordare la squadra all'attaccante centrale: un calcio che ha comunque portato al sesto posto finale in Liga nella stagione precedente all'avvento del Loco.

Consapevole di quanto svolto in passato e delle tradizioni del club, Bielsa rivede il suo dogma calcistico e decide di puntare sul 4-2-3-1 con un trequartista di raccordo che possa all'occorrenza rendere più fluida la manovra oppure sul 4-3-3 con due mezzali pronte a invadere la metà campo avversaria. Entrambi i sistemi garantiscono la superiorità difensiva, altro caposaldo del calcio desiderato da Bielsa, visto che la maggior parte dei club spagnoli gioca con un'unica punta (**foto 1**). È un Athletic Bilbao, però, che non può essere ridotto a dei numeri, ma che può solamente essere letto attraverso i princìpi che sviluppa nelle due fasi di

Foto 1 - Per garantire la superiorità numerica difensiva la sola prima punta si occupa dei centrali avversari, il centrocampo lavora uomo su uomo, mentre la linea difensiva sfrutta il "+1".

gioco. È una squadra con un "canovaccio" differente, coi ruoli che si trasformano e i calciatori che cambiano frequentemente posizione. Lo sviluppo del gioco iniziale avviene con il "+1": Bielsa predilige impostare coi 2 difensori centrali abbinati a un mediano, ma fa valere il concetto della superiorità numerica con un elemento, ed eventualmente il portiere, anche contro un pressing avversario alto (**foto 2**); il tasso tecnico della linea di difesa viene elevato dal Loco: spesso schiera Javi Martinez, che nasce centrocampista, come centrale. I terzini si collegano nella prima costruzione, ma poi sono lasciati liberi di attaccare l'ampiezza, mentre alle ali viene dato il doppio compito di creare superiorità sulle fasce (con i laterali bassi) oppure di entrare nel campo e collaborare allo sviluppo assieme a due centrocampisti incursori, che avanzano per occupare lo spazio di trequarti (**foto 3**).
Ciò che più salta all'occhio è il grande movimento degli interpreti in campo, che si adoperano in moderni cambi di posizione per presidiare gli spazi strategici studiati per l'appunto nella contrapposizione di gara (**foto 4**).
Fatto sta che al giro di boa della prima stagione di Bielsa in Spagna il Bilbao è settimo in classifica, ai sedicesimi di Europa League e ai quarti di Copa del Rey. Si distingue parecchio Llorente, come elemento che aiuta nell'impostazione (palla aerea o radente), fungendo da riferimento offensivo ed è molto efficace sotto porta (29 reti in stagione). L'attaccante di Pamplona è un giocatore ormai maturo,

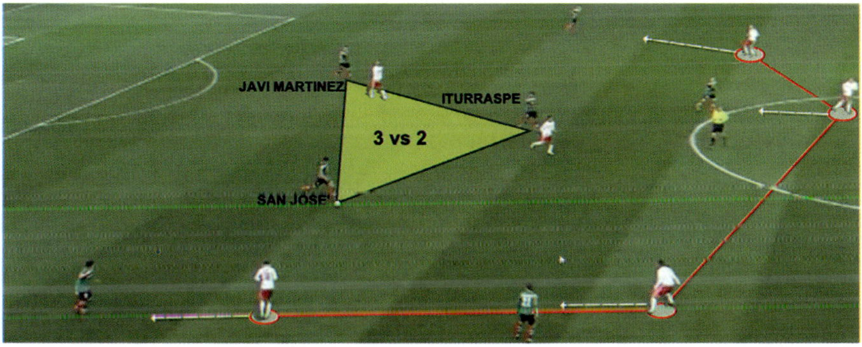

Foto 2 - Una fase di gioco che sembra un'esercitazione 7>6 di allenamento: contro un pressing offensivo il Bilbao costruisce con il "+1", ricavando in questo caso la superiorità numerica dall'uscita in conduzione di un difensore centrale.

Foto 3 - La contrapposizione può cambiare contro avversari di spessore, l'atteggiamento e i princìpi no. Contro il Real Madrid le ali Susaeta e Muniain entrano entrambe nel campo a creare densità centrale con le mezzali De Marcos ed Herrera; l'ampiezza è occupata dai due terzini (cerchiati).

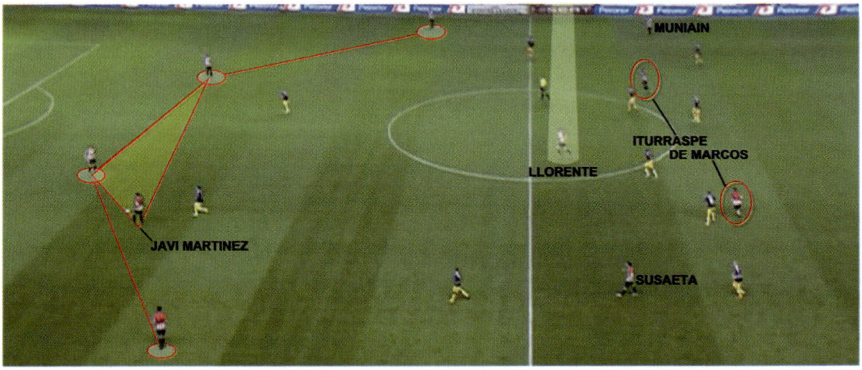

Foto 4 - La costruzione con il "+1": i due difensori centrali contrastano la pressione di due avversari con l'aiuto del play creando un 3>2. Le due mezzali diventano "invasori" che entrano nella metà campo avversaria, De Marcos addirittura è il giocatore più avanzato, mentre Llorente si abbassa a raccordare la squadra.

al massimo della sua espressione calcistica, una punta centrale che sembra modellata per il calcio che vuole Bielsa, in grado di muoversi "con" e "per" la squadra, di dare uscita alla manovra, ma anche di aprirsi negli spazi in modo funzionale, sia in profondità (allungando la difesa avversaria) sia in ampiezza o centralmente abbassandosi per favorire gli inserimenti (**foto 5 e 6**).

Come durante le esperienze precedenti, per Bielsa c'è una gara (o un momento particolare) che segna un punto di svolta: per il Bilbao lo snodo della stagione è rappresentato, in questo caso, dai due incontri agli ottavi di Europa League con-

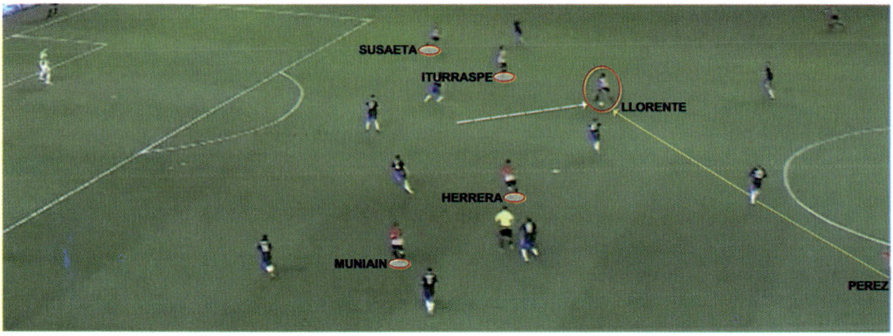

Foto 5 - Il contributo di Llorente alla manovra: in questa situazione si stacca dalla linea di difesa avversaria, riceve un filtrante in diagonale e libera gli spazi per gli inserimenti alle sue spalle.

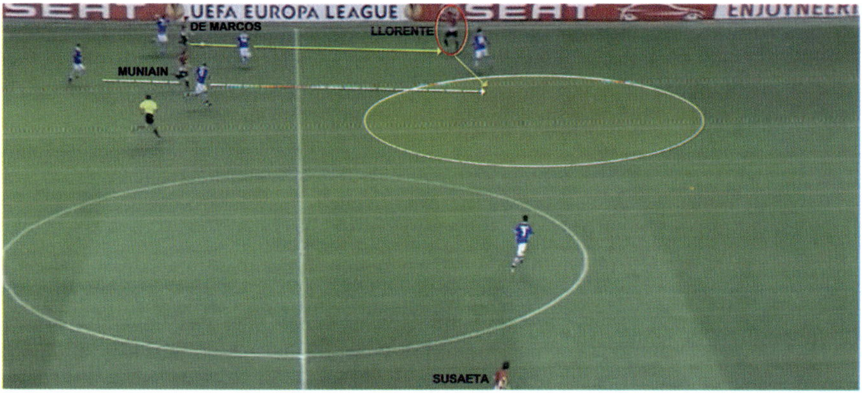

Foto 6 - Llorente si apre in ampiezza per dare uscita alla manovra d'attacco liberando lo spazio centrale per gli inserimenti dei compagni.

tro il Manchester United dei vari Rooney e Giggs, allenati da Sir Alex Ferguson: una doppia sfida di quelle che piacciono al popolo basco.

Bielsa all'andata all'Old Trafford sceglie il 4-3-3: in fase difensiva manda le due mezzali Herrera e De Marcos fisse sui mediani United Giggs e Jones (il Manchester è schierato 4-4-2), mantenendo generalmente il classico atteggiamento uomo su uomo, ma con Iturraspe più libero di schermare i palloni diretti ai pericolosi Rooney e Chicharito Hernandez (**foto** 7). Offensivamente il Bilbao non ha paura, gioca spavaldo con continue rotazioni e movimenti senza palla dei giocatori, non dando nessun punto di riferimento alla spaesata difesa dei

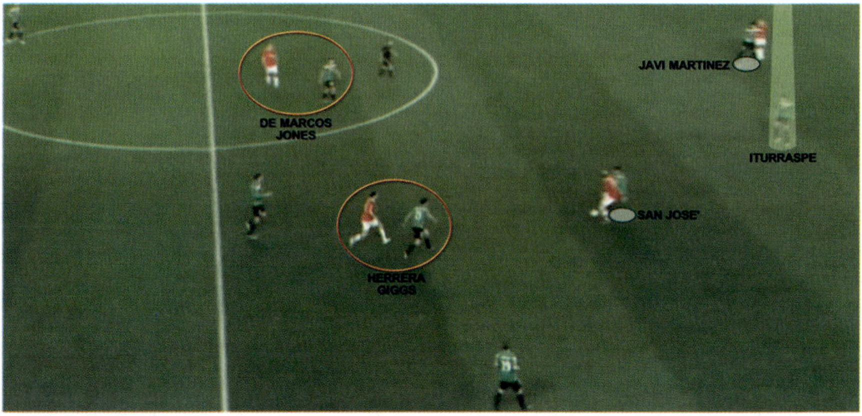

Foto 7 - Gli accoppiamenti in mezzo al campo con il play Iturraspe libero di abbassarsi vicino ai due difensori centrali per creare la superiorità numerica contro Chicharito Hernandez e Rooney.

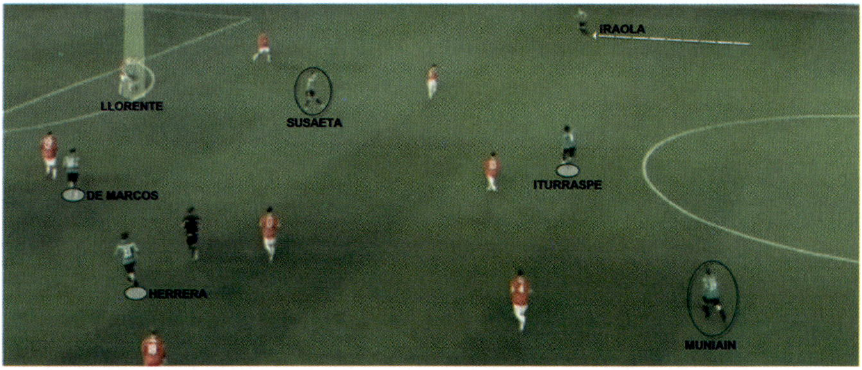

Foto 8 - L'occupazione funzionale degli spazi e il movimento senza palla porta il Bilbao a non avere una struttura di squadra definibile e quindi a non dare nessun punto di riferimento agli avversari. In questa *clip*, nell'andata della gara di Manchester, molti interpreti sono "fuori" dalla posizione abituale.

Red Devils (**foto 8**). Ne uscirà una delle massime interpretazioni estetiche del calcio *bielsiano*, che unisce i princìpi calcistici a quelli etici e morali di un undici interamente basco.
La fredda cronaca: primo squillo spagnolo al 4', tiro di Llorente di poco a lato; attorno al 20' Rooney batte velocemente una punizione in trequarti, segue l'azione, conclusione del Chicharito respinta da Irairoz e ribattuta a rete di Rooney stesso: 1-0. Nessun contraccolpo per l'Athletic che continua a invadere la metà campo

avversaria con molti elementi e produce una grande mole di gioco. Le occasioni sono tutte per gli ospiti con Llorente di testa prima, poi con Susaeta, che a tu per tu con De Gea calcia alto. Infine allo scadere del primo tempo Llorente pareggia su cross di Susaeta, in un'azione dove sul traversone vi sono ben 5 giocatori baschi in area avversaria (**foto 9**).

Nel secondo tempo il copione non cambia, gli spagnoli collezionano occasioni fino ad arrivare al meritato vantaggio quando Herrera, addirittura con uno scavino, serve il taglio di De Marcos che al volo incrocia di sinistro (**foto 10**).

Foto 9 - Accompagnamento dell'azione e coraggio di attaccare con tanti uomini: nel gol del pareggio a Manchester in area ci sono entrambi i terzini, un'ala e una mezzala più la punta Llorente.

Foto 10 - La prodezza con cui Herrera mette De Marcos solo davanti a De Gea, che realizza il vantaggio basco nell'andata degli ottavi di Europa League.

La partita scorre fino al 90', quando da gagliarda diventa *loca*: prima De Marcos impegna il portiere avversario in una difficile parata che viene respinta corta. Sulla ribattuta il più lesto è Muniain che fa 1-3; passano 2' e De Marcos ancora stoppa con il braccio un cross diretto al centro della propria area: rigore. Rooney realizza e fa 2-3, appuntamento alla settimana successiva.

Sette giorni dopo Bielsa conferma gli stessi undici di Manchester, praticamente la sua formazione tipo. Lo United sceglie il 4-3-3 e la presenza di un play crea alcuni problemi iniziali nelle scalate difensive alla squadra basca (**foto 11**). Risolte a metà tempo da Llorente che realizza un gol fantastico: lancio da 50 metri di Amorebieta, la palla cade morbida al limite dell'area sui piedi della punta basca che insacca proprio alcuni minuti prima di lasciare il posto a Toquero causa infortunio. Per capire quanto la struttura di questa squadra di Bielsa sia fluida, armonica e in fiducia basti pensare che dopo 5' della ripresa Iraola, professione terzino destro, si inserisce per dentro e scarta in serie Carrick, Evans e Ferdinand prima di calciare di un nulla a lato (**foto 12**).

L'incontro lo chiude comunque virtualmente De Marcos attorno al 20', il Bilbao sbaglia gol in serie, Rooney accorcia nel finale, ma i baschi sono ai quarti.

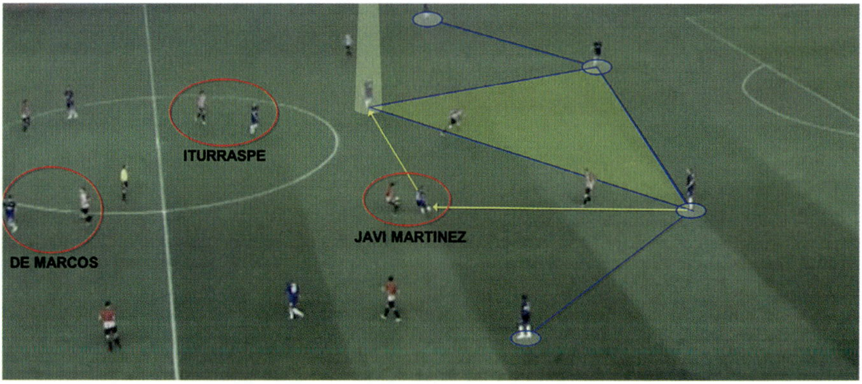

Foto 11 - Le difficoltà iniziali del Bilbao nell'affrontare il triangolo di costruzione dello United. Carrick, play del Manchester, riceve palla libero da marcatura in quanto Llorente ed Herrera si stanno orientando sui due difensori centrali. Si notano nel resto del campo le marcature uomo su uomo: Javi Martinez segue nella metà campo opposta Rooney, Iturraspe e De Marcos sono aggressivi sulle due mezzali United.

Foto 12 - Iraola si inserisce per dentro, "mette a sedere" Carrick prima di superare anche Evans e Ferdinand: il tiro finisce di un nulla a lato.

In campionato l'Athletic "zoppica", in Europa continua inarrestabile a mietere vittime illustri; Llorente (2), Muniain e De Marcos sono l'anima tecnica e carismatica di questo gruppo e sono loro tre gli autori delle reti nel 4-2 esterno nell'andata dei quarti contro lo Schalke 04. Nell'incontro di ritorno, dopo un primo tempo combattuto, i baschi risolvono la situazione e raggiungono la semifinale. Dopo questo match incomincia anche la ripresa in campionato con 10 punti in 4 incontri e una risalita in graduatoria.

Nella semifinale di Europa League, c'è lo Sporting Lisbona, che – seppur in casa – sceglie di tenere un baricentro basso e fare densità difensiva: così le rotazioni basche non creano molte difficoltà a una squadra che attende e che è abile nello sviluppare gioco quando ha la palla. La partita si sblocca nella seconda frazione, con Aurtenetxe, sugli sviluppi di una punizione. Il Bilbao potrebbe raddoppiare, Llorente colpisce il palo, ma nell'ultimo quarto d'ora lo Sporting realizza due gol che mettono a serio rischio la conquista della finale.

Al ritorno l'atteggiamento della squadra di Lisbona è simile, ma Bielsa aumenta la densità centrale chiedendo alle ali di stringere dentro il campo per combinazioni nel breve in sinergia con la punta Llorente e le mezzali a sostegno: così si riassume la seconda rete (**foto 13**), resa possibile da questa opzione tattica. Nella ripresa i biancorossi sommano occasioni, colpiscono anche un palo e a 2' dal novantesimo Gomez dribbla il diretto avversario e restituisce il favore a Llorente per il 3-1 finale.

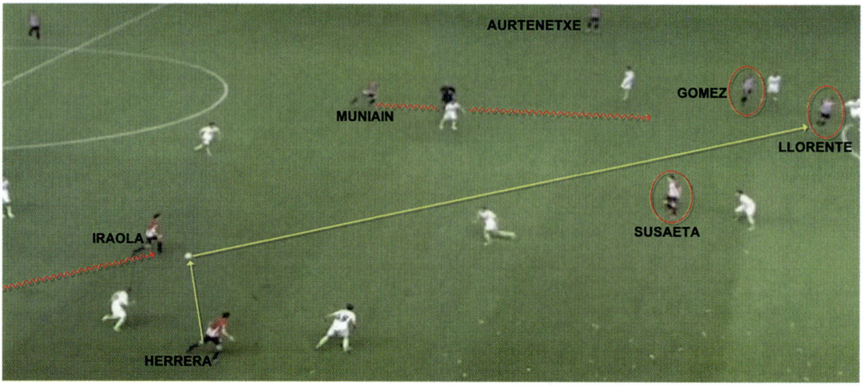

FOTO 13 - Il terzino Iraola combina con Herrera e si inserisce internamente trovando poi un filtrante per Llorente. Le due ali sono strette vicino all'attaccante basco. Susaeta fa velo, Ibai Gomez si inserisce sfruttando l'assist di Llorente e realizza il nuovo vantaggio.

Maggio è il mese delle finali per l'Athletic: oltre all'atto conclusivo dell'Europa League, la squadra di Bielsa raggiunge pure quello di Copa del Rey, due traguardi unici e insperati a inizio stagione. Gli avversari sono di assoluto valore, l'Atletico Madrid di Simeone per la competizione europea e il Barcellona di Messi (reduce da 3 palloni d'oro consecutivi) per la Copa. Due squadre con giocatori di assoluta qualità, in due organizzazioni tattiche differenti, complicate da affrontare e superare per i baschi. Che poco possono fare contro due undici costruiti per altri obiettivi (doppio 3-0 per gli avversari del Bilbao i "parziali" finali).

La seconda stagione di Bielsa a Bilbao non parte sotto i migliori auspici. Dalle clamorose dimissioni di inizio luglio per divergenze con la società (poi ritirate), alla cessione di giocatori cardine nell'assetto tattico di Bielsa (tra tutte quella di Javi Martinez) per arrivare ai negativi risultati di inizio anno. Il Bilbao non è più la squadra di prima, che sapeva dominare la partita nei campi di tutta Europa. La Liga 2012-13 verrà chiusa al dodicesimo posto, in maniera anonima, senza mai andare oltre quella posizione di classifica; anche in Copa del Rey la squadra basca non supera il primo turno. Non va meglio in Europa League dove l'eliminazione arriva al girone dopo aver collezionato una sola vittoria. Al temine della stagione il contratto di Bielsa non viene rinnovato, ma quello che il Loco è riuscito a lasciare in termini di passione, senso di appartenenza e bellezza estetica del suo calcio rimarrà indelebile nella storia di questo club.

Leeds
2018 -

Il Leeds è una squadra perfetta per una città che ha un solo club, in grado di polarizzare tutto il tifo. L'italiano Andrea Radrizzani rileva la squadra da Massimo Cellino nel 2017 e decide la stagione successiva al suo avvento di affidare la guida tecnica a Marcelo Bielsa con l'obiettivo dichiarato di tornare in Premier League immediatamente. Bielsa in accordo con la società si concentra sulle possibilità di crescita della squadra già esistente, non ha alcuna lista di giocatori da ingaggiare e lavora con la dirigenza per identificare i prospetti adeguati a perseguire le ambizioni del Leeds senza eccessivi esborsi economici.
La stagione 2018-19 è un'annata di buoni risultati, che però alla fine non saranno sufficienti per il salto di categoria. La Championship è un campionato molto duro, un torneo dove spesso gli aspetti fisici la fanno da padrone al cospetto del gioco e della gestione del pallone e vede coinvolte 24 squadre per un totale di 46 partite da disputare più eventuali play-off. Il Leeds termina la stagione al terzo posto e perde gli spareggi contro il Derby County, la stessa squadra a causa della quale era scoppiato lo *spygate,* ovvero la polemica che era costata 200mila sterline di multa al Leeds per via di una spia inviata da Bielsa a visionare l'allenamento dei prossimi avversari prima del match di ritorno in *regular season*.
Nella stagione 2019-20 l'obiettivo dichiarato è la promozione. La partenza in campionato è ottima e frutta quattro vittorie e un pareggio prima della sconfitta interna contro lo Swansea. Bielsa, come d'altronde gran parte della stagione precedente, opta per la difesa a quattro in un sistema dove ancora una volta è riduttivo parlare di numeri, ma che assomiglia a un 4-1-4-1 a squadra schierata. La formazione più utilizzata è: Casilla tra i pali; Ayling, White, Cooper e Dallas in difesa; Philipps davanti a questa linea; Helder Costa, Hernandez, Klick e Harrison sulla trequarti; Bamford unica punta (**figura A**). Il gioco si basa sulla consueta capacità delle squadre *bielsiane* di "ruotare" facendo leva sulla grande mobilità dei giocatori in tutte le zone del campo, con calciatori che non hanno una posizione fissa, ma interpretano una funzione in base alla porzione del terreno di gioco dove si trovano e allo spazio strategico che vanno a occupare.

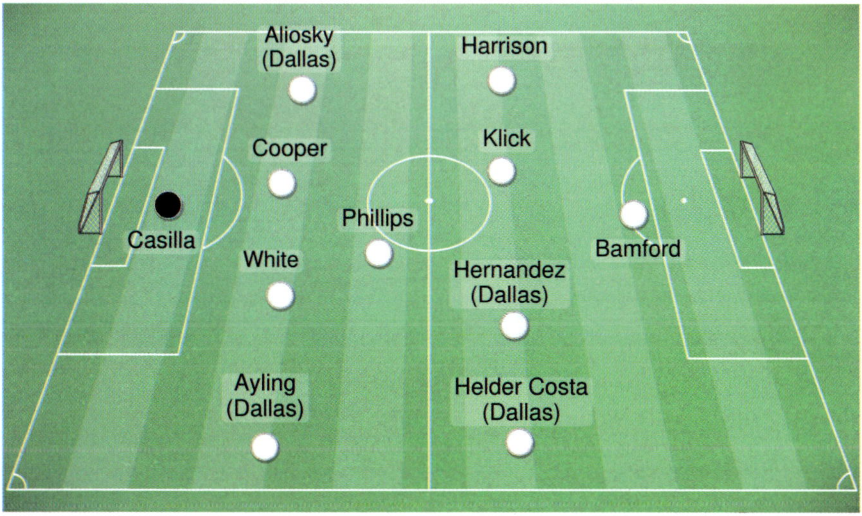

Figura A - Lo schieramento del Leeds con il 4-1-4-1 coi giocatori più utilizzati. Dallas è stato uno dei protagonisti dell'avventura, un vero e proprio jolly, schierato da Bielsa in posizioni differenti di campo.

Il Leeds propone e impone un calcio manovrato e verticale, due concetti che possono sembrare in antitesi ma così non è; è un undici che a volte si spacca in due con metà giocatori deputati a costruire e metà propensi a invadere attaccando la metà campo avversaria (**foto 1**). Il Leeds risale il campo costruendo da dietro e creando dei triangoli messi in atto da giocatori mobili che vanno a smarcarsi in zona luce rispetto a chi ha la palla in modo da contribuire a una superiorità numerica vicino al pallone (**foto 2**). Tiene fede sempre al principio di giocatori che costruiscono il gioco in maggior numero rispetto a chi pressa con altri elementi già posizionati in spazi funzionali in settori più avanzati. I calciatori deputati a "fare una cosa oppure un'altra" non sono sempre gli stessi, ma a causa del continuo movimento senza palla si può trovare un terzino nella trequarti avversaria, un'ala che sviluppa il gioco dietro e una mezzala che attacca lo spazio in profondità.

Si arriva così al 19 ottobre 2019 ed Elland Road ospita il Birmingham, squadra di metà classifica, nella gara che coincide con il centenario dalla fondazione del Leeds, una data assai significativa per il club e i suoi tifosi. Anche Bielsa ci mette del suo per rendere questa ricorrenza, per così dire, ancor più suggestiva. L'allenato-

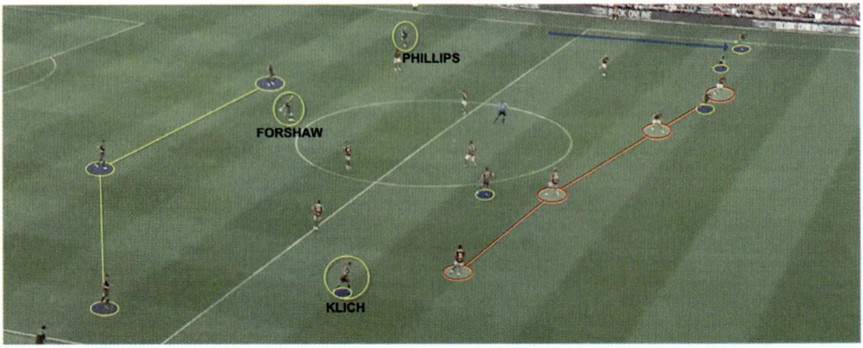

Foto 1 - Cinque giocatori costruiscono e altri cinque invadono, ricerca della verticalità sul lato sinistro dove attaccano la profondità ala e terzino di parte più la prima punta. Notare il posizionamento funzionale alla manovra dei 3 centrocampisti (cerchiati) nello sviluppo.

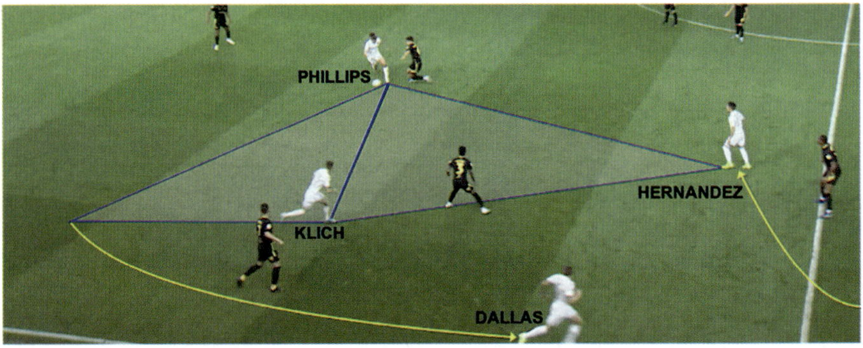

Foto 2 - I triangoli nello sviluppo del gioco, il primo dato dal terzino Dallas e dai centrocampisti Klich e Phillips; i movimenti dell'ala Hernandez nel campo e di Dallas che si muove in avanti dopo aver giocato palla creano i presupposti per la costruzione delle successive linee di passaggio.

re di Rosario rispolvera dal suo repertorio l'amato 3-3-1-3 e manda in campo i suoi così schierati. Il fatto che molte squadre della seconda serie inglese utilizzino due attaccanti, porta a creare, grazie a questa scelta, la superiorità numerica in costruzione utilizzando i tre difensori e l'appoggio del play; le due mezzali, che sono strette fianco al metodista nel non possesso, si aprono in ampiezza durante lo sviluppo (**foto 3**), bloccando così le ali avversarie e lasciando la possibilità a un "braccetto" di difesa di uscire in conduzione. Inoltre, Bielsa cerca di creare vantaggio posizionale e numerico in ampiezza, presidiando determinate zone

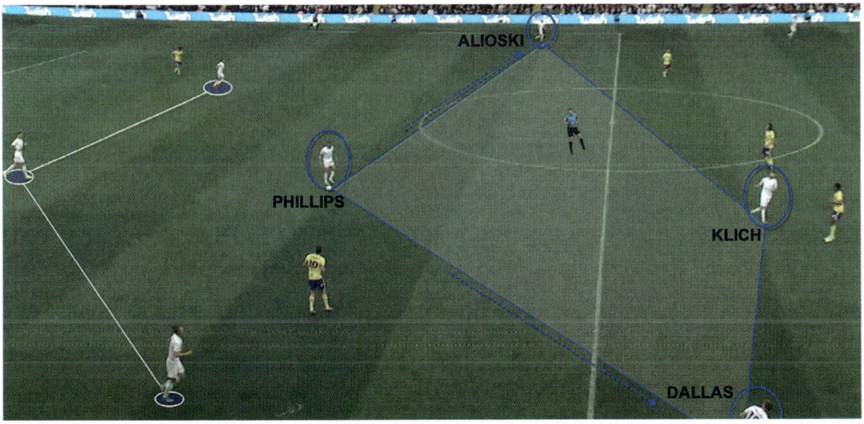

Foto 3 - Il 3-3-1-3 in fase di possesso guadagna ampiezza grazie al movimento delle due mezzali Alioski e Dallas che si aprono a tutta fascia.

Foto 4 - Contro squadre che difendono basse e quadrate, l'obiettivo è creare superiorità in determinate porzioni di campo. In questo caso contro il 4-4-2 del Birmingham, il Leeds crea superiorità in fascia sull'uscita in conduzione di Ayling, creando densità con ala (Helder Costa), Dallas (mezzala), Klich (trequartista) e Bamford (punta).

sull'uscita in conduzione del "braccetto", portando in zona palla ala, mezzala, punta e trequarti (**foto 4**).

La sfida del centenario è decisa da un gol di Phillips, il ragazzo di Leeds, nato in città ed entrato a far parte dei Whites all'età di 15 anni. Sarà questa la prima gara di un filotto di undici partite senza sconfitte (8 vittorie e 3 pareggi), che rilanciano i *Whites* in testa alla Championship a metà dicembre. Ma questo Leeds è anche altalenante e, come detto, la Championship è campionato duro e lungo dove è difficile avere continuità di rendimento nel tempo; così nei dieci incontri successivi tra la ventitreesima e la trentaduesima Bielsa e i suoi collezionano solamente 9 punti, con la classifica che rimane comunque sempre corta e il Leeds che non lascia mai le prime 2 posizioni.

Proprio questa serie negativa palesa alcune problematiche difensive nel modo di giocare che Bielsa chiede ai suoi. La fase difensiva che si basa sempre sull'usuale "+1" non sempre è efficace, il pressing solitamente alto che parte dall'attaccante che aggredisce forte i difensori centrali, gli accoppiamenti "uomo su uomo" a tutto campo con la superiorità data da un centrale di difesa se l'ultima linea è a 4 o dal difensore centrale in caso di difesa a 3 talvolta creano delle situazioni difficili da gestire. Infatti, il limite dell'agire "uomo su uomo" è ovviamente quello che nel momento in cui "salta" una marcatura, ci sono avversari con tempo e soprattutto spazio da sfruttare per attaccare la porta avversaria (**foto 5**). E non sempre il "+1" riesce a gestire quanto accade.

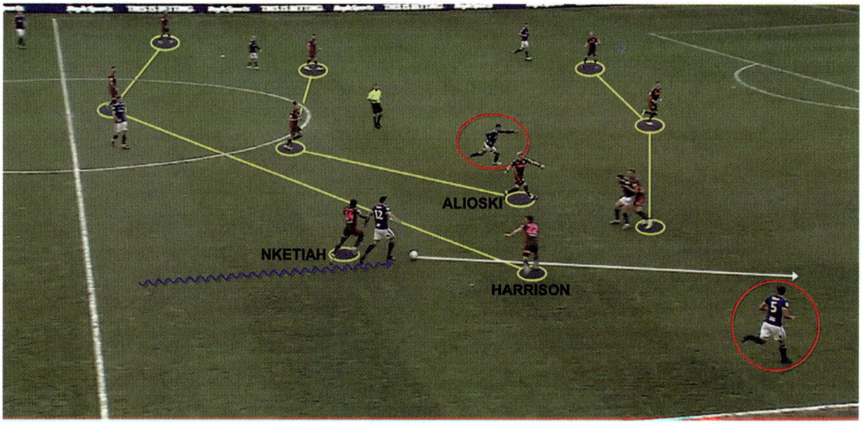

FOTO 5 - In questo fermo immagine si vede molto chiaramente il 3-3-3-1 del Leeds in fase difensiva. Si nota particolarmente il 3>2 dei difensori contro le 2 punte avversarie, gli accoppiamenti di centrocampo e l'attaccante Nketiah che rincorre il difensore centrale avversario che entra in conduzione. Alioski e Harrison si fanno attirare dalla palla liberando i due riferimenti cerchiati in rosso: proprio questi due giocatori effettueranno assist e gol nella partita di ritorno contro il Birmingham.

Inoltre, il rovescio della medaglia di un gioco arrembante, con tanti interpreti impegnati nell'attaccare, è uno sbilanciamento in avanti della squadra, che è vulnerabile alle ripartenze avversarie contro le quali spesso vi sono in copertura solamente un centrocampista e due difensori centrali che alle volte palesano limiti nella ricerca e interpretazione delle marcature preventive (**foto 6**).
Ma a metà febbraio il periodo critico dei Whites sembra superato (inanellano 5 vittorie consecutive) con Bielsa che decide di puntare sul più solido e rodato 4-1-4-1. Il Leeds stupisce ancora di più per il proprio gioco, un calcio che piace ed entusiasma, con giocatori che si muovono armonici e compatti, quasi "a valanga", arrivando numerosi fino all'area avversaria e riuscendo sempre a trovare spazi e linee di passaggio funzionali a imporre il proprio calcio.
Soprattutto il continuo movimento di tutto l'undici permette di avere sempre elementi smarcati in zona luce da servire per un calcio efficace e veloce, fatto anche di tocchi di prima per risalire il campo (**foto** 7). Il Leeds sarà la squadra di Championship con il possesso palla medio più alto di tutta la categoria (64%), primo anche per tiri totali (più di 750). Siamo il 7 di marzo, il Leeds batte 2-0 in casa l'Huddersfield ed è primo in classifica a 9 giornate dalla fine, ma soprattutto ha 7 punti di vantaggio sulla terza piazza, quella che non garantirebbe il passaggio diretto in Premier League. I tifosi respirano aria di promozione, di obiettivo

Foto 6 - Nella gara casalinga contro il Preston North End, il Leeds sta attaccando in maniera massiccia con 7 giocatori ma perde palla: ripartenza difensiva in 3>3 e gol subito.

che si sta avvicinando quanto non mai, ma l'imprevedibile è dietro l'angolo e la pandemia globale blocca il campionato: se ne riparlerà a giugno.
Il ritorno al calcio giocato è brusco, il Leeds perde 2-0 a Cardiff, ma viene sconfitto anche il Fulham, terzo in graduatoria e prossimo avversario dei Whites, in quella che potrebbe essere la sfida che vale la stagione. Ad Elland Road finisce 3-0 per i padroni di casa, con un Leeds magari meno brillante di altre volte, ma

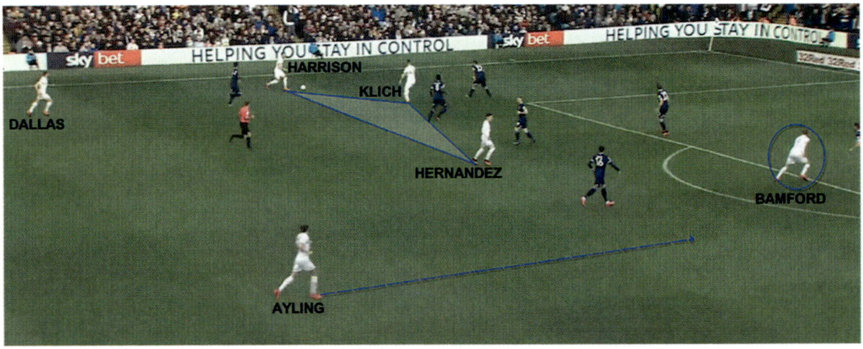

Foto 7 - Gara casalinga contro l'Huddersfield, un gol che racchiude l'essenza del calcio di Bielsa: giocatori mobili, attivi in entrambe le fasi, creazione di superiorità numeriche strategiche (in questo caso in fascia con l'ala Harrison, le mezzali Klich ed Hernandez, con il terzino Dallas a sostegno) in alcuni settori del terreno di gioco. Area occupata da punta e ala opposta con il terzino lontano Ayling che chiude il lato cieco e realizza la rete.

Foto 8 - Nove secondi, tanti ne passano tra il recupero palla di White e la sfera che entra in rete sul tiro di Harrison nel terzo gol della vittoria in casa contro il Fulham.

molto concreto e padrone del proprio destino, che realizza l'ultima rete, quella che chiude la partita, facendo leva sulla velocità del proprio gioco in ripartenza sfruttando la verticalità immediata nei passaggi (**foto 8**). Dopo il pareggio esterno con il Luton, il Leeds vince tutte le gare fino al termine della stagione: il sogno di una città, dei suoi tifosi, di una proprietà che parla italiano è ora realtà e si chiama Premier League.

Si ringraziano per il lavoro di ricerca storica.

Francesco Donzella (Newell's)
Carmelo Merenda (Argentina)
Salvatore Rustico (Cile)
Lorenzo Sirri (Athletic Bilbao)
Antonio Iatomasi (Leeds)

GLI ALLENATORI

V

Marcelo Gallardo

El Muñeco, Marcelo Gallardo, ha giocato per Bielsa in Nazionale per un lungo periodo e, come non poteva essere altrimenti, Bielsa ha lasciato su di lui un'impronta profonda e un'influenza che si nota sia dal punto di vista calcistico sia da quello umano. Il primo semestre come tecnico del River, in cui ha ridonato la grandezza ai Millonarios e vinto la Copa Sudamericana è probabilmente il più allineato alla corrente *bielsista*. Una squadra rivoluzionata dal suo tecnico, voracemente offensiva, sempre protagonista nei novanta minuti, fisicamente frenetica, che gioca sempre in campo contrario e con una pressione asfissiante e continua. Il River è stata la squadra sensazione del Sud America, divenendone poi con gli anni il maggior riferimento dell'area, ammirata in tutto il mondo.

El Muñeco è un grande stratega e sa valutare perfettamente la situazione per progettare un undici efficace. È un uomo che reinventa continuamente, tanto che la compagine che vinse la Libertadores 2015 era molto diversa da quelle successive, altrettanto efficaci e belle. Gallardo è un autentico gigante del ruolo di tecnico, è il personaggio più influente nella storia del River, almeno di quella moderna, e uno degli allenatori più importanti del globo.

Lo abbiamo incontrato nello spogliatoio del Monumentàl dove ha una specie di ufficio.

Pep una volta ha detto di Cruyff: "Pensavo di conoscere il calcio, ma quando l'ho incontrato, mi si è aperto davanti un mondo completamente nuovo". Ti è successo qualcosa di simile con Bielsa?
«Sì, penso che un po' accada a tutti con Bielsa. Frequentarlo è stato un po' come aprire uno scrigno che molti di noi non conoscevano. All'inizio, ti confesso, fu molto complicato. Si presentò con una metodologia di lavoro totalmente diversa e sconosciuta al gruppo, che non avevamo mai sperimentato prima. Né meglio né peggio, solo diversa. È stato complesso perché Marcelo è un personaggio complesso. Eravamo all'apice delle nostre carriere e avevamo i nostri pensieri. Ha un'enorme capacità di esporre il proprio messaggio e di convincere. Attraverso la sua enorme conoscenza ti fa capire e ti convince che c'è un altro modo di allenarsi. Con lui ho conosciuto un calcio che all'inizio non mi piaceva perché pensavo che togliesse spontaneità e libertà di espressione al gioco. Bielsa esigeva moltissimo da te, ma quella era solo la prima parte. Poi c'è l'altra, e col passare del tempo si comincia ad apprezzare man mano che si diventa più consapevoli delle cose. Col tempo ho preso coscienza della grande quantità di strumenti che ci offriva attraverso la sua conoscenza, e questo ti risvegliava l'interesse per diventare migliore.»

Hai appena detto che Bielsa aveva un livello di esigenza molto elevato. Questo è uno dei punti più discussi della sua metodologia. A volte quella richiesta estrema finisce per generare nel giocatore un esaurimento fisico e mentale che diventa controproducente. Oggi, tu, come allenatore, come gestisci quella linea sottile tra esigere il massimo e raggiungere la saturazione?
«Credo che si debba avere un punto di equilibrio. In questo sport non si può essere assolutisti. Quando alleni, oltre al messaggio che dai e quello che pretendi, devi gestire persone e calciatori, per quanto sia difficile entrare nella loro testa. Se non lo riconosci, potresti non sapere cosa dover affrontare e difficilmente potrai sederti di fronte a un gruppo. Io parto da questa base. Sì, devi esigere tanto,

perché in un club della grandezza e della riconoscibilità del River si pretende sempre di vincere e di giocare bene. Se uno non chiede tanto, andrebbe contro la cultura istituzionale e non potrei sedermi dove sono. Ho sofferto molto le richieste di Marcelo, anche se non l'ho avuto in nessuna squadra di club. "Il giorno dopo giorno" è sempre molto faticoso perché non solo il lavoro, ma l'ambiente, ti infilano in un vortice da cui è molto difficile uscire.»

Una volta hai dichiarato: "Dobbiamo rinnovarci e reinventarci. È quello che bisogna fare dopo il successo". Bielsa, ma anche Valdano, Del Bosque concordano che i grandi cambiamenti dovrebbero avvenire dopo una vittoria, non a seguito di una sconfitta. La parola "reinventarsi" è molto importante nella tua filosofia?
«Sì. A meno che tu dica "Questa formula non me la scopriranno", ma è molto raro, direi, che succeda. Già di per sé è molto difficile inventare perché il calcio è diventato una scatola aperta dove tutti sanno tutto di tutti. Oggi tutti possono vedere le cose di tutti. Abbiamo la possibilità di conoscere nei dettagli il rivale in un modo che prima non ci sognavamo nemmeno. Prima non c'erano strumenti e per trovare quel poco materiale dovevi industriarti a dovere. Oggi è tutto a portata di mano. Se non riesci a reinventarti permanentemente, ti divorano. Quando hai vinto in un modo, quelli che hanno perso ti hanno già rubato il tempo. A noi è successo e abbiamo dovuto cambiare. È molto difficile mantenere un alto livello per un lungo periodo di tempo. I calciatori di solito vivono tappe molto buone ma per poco, tranne notevoli eccezioni. Bisogna cambiare continuamente.»

All'interno di questo cambiamento, qual è la linea tra l'essere pragmatici, cioè sapersi adattare al momento, reinventarsi, sapere correggere gli errori e modificarli in corso e tradirsi cambiando il proprio discorso, la propria essenza e le proprie convinzioni?
«Prima di tutto, devi essere molto convinto di ciò che pensi per non tradire te stesso. Poi devi essere intelligente per capire la cultura di ogni luogo in cui ti trovi. Ogni club ne ha una diversa. Devi sapere dove sei e soprattutto con chi stai. Non saprei esprimere le mie convinzioni se so che l'istituzione non mi segue. Non po-

trei restare in quel posto. Per di più, affinché il tuo messaggio sia comprensibile, devi avere gli interpreti per portarlo a termine. Tutti vogliamo vincere, ma devi sapere una cosa: cosa hai a disposizione per vincere. Non si tratta di trasmettere un messaggio idealista, che poi serva solo per un vuoto discorso. Ho sentito tante volte annunci di un certo tipo di gioco per poi ritrovare in campo l'opposto di quel che veniva detto. Quando mandi un messaggio che non è confermato da quello che la tua squadra propone in campo, dici una grande bugia. Dici "Vorrei questo", ma vedi che non hai i mezzi per farlo e continui a tenertelo stretto. Così non va bene... "Ho questo" e da lì devi plasmare il messaggio perché la tua squadra parli per te. Vedi, se dico che mi piace giocare in questo modo e poi la mia squadra non lo fa, sto mentendo a me stesso e alla gente che ci viene a vedere.»

Una volta ti chiesi cosa non fossi disposto a perdere nella ricerca della vittoria e mi hai risposto: "La dignità". Cosa significa "Non perdere la dignità" e cosa intendi per "Giocare bene a calcio"?
«Posso perdere una partita ma non posso perdere la dignità di sentirmi rappresentato dalla mia squadra e che la mia squadra si senta identificata con me. Di quella dignità parlo. Tu puoi perdere, perché tutti perdiamo, ma quello che non può succedere è trovarti con qualcosa che non ti rappresenta.»

Giustamente, Berizzo una volta ha avuto un apprezzamento identico a quello che hai appena formulato tu. Dopo essere stato eliminato da una coppa con il Celta ma avendo giocato una grande partita, ha dichiarato: "Volevamo vincere e passare, ma giocando in questo modo. Non sarei così soddisfatto se avessimo raggiunto il risultato aggrappandoci alla traversa e giocando senza idee. Preferisco essere orgoglioso della proposta di gioco e della volontà della squadra di non allontanarsi dalla sua identità. Il risultato viene dopo". In altre parole, è più soddisfatto quando la squadra non vince ma gioca nel modo in cui lui vuole, che quando vince senza un'identità. È questo che intendi?
«Mi è successo molte volte di aver vinto 1-0, 2-1, ma senza che la squadra esprimesse anche una differenza nel gioco e non solo nel risultato. Quando questo accade me ne vado con un sapore amaro perché non mi sento rappresentato da

quello che desidero. Vivi una brutta sensazione e l'angoscia che ti tiri addosso è grande per non avere fatto giocare la squadra come volevi. È un'angoscia interna. Quello che dice Berizzo è una grande verità ma è anche una triste verità. Nella partita in cui siamo stati eliminati contro l'Independiente del Valle mi sono sentito totalmente identificato perché abbiamo fatto di tutto per passare, giocando nel modo in cui dovevamo giocare. La gente lo ha riconosciuto. È stato molto dignitoso, anche se triste. Non sono andato via felice perché la squadra ha fatto tutto, sono andato via con una soddisfazione ma con una tristezza che mi invadeva.»

Una volta Menotti disse: "Il mio obiettivo non è vincere, è giocare bene, perché anche se perdiamo oggi, alla lunga vinceremo". Al suo tempo il Flaco poteva perdere tre partite di fila che non succedeva niente. Oggi no.
«Esattamente, va in questo modo. Oggi culturalmente, almeno qui, non siamo pronti a perdere tre partite; se perdi tre partite sei un disastro. Perché? Perché non hai vinto. Ma non importa il modo in cui hai perso, perché puoi aver perso giocando meglio dell'avversario, ma qui in Argentina nessuno lo studia. L'unica cosa che viene analizzata al giorno d'oggi è il risultato. Ai vecchi tempi si analizzava qualcos'altro. Sono assolutamente convinto che l'unico modo per mantenersi nel calcio argentino è non perdendo tre partite di fila. È una cosa culturale. Altrove non succede niente se perdi tre partite di fila ma mostri un'idea, perché i processi sono rispettati. Qui no.»

Brindisi mi ha detto una cosa fondamentale: "Nel 1973 quella squadra di Huracán è nata perché non c'era pressione e si pensava solo a giocare". Oggi c'è pressione e ce n'è molta, questo fa perdere l'essenza del gioco. Il calciatore sa che se sbaglia avrà un brutto voto dalla stampa e, durante la settimana, il mormorio della gente in tribuna. Come fai, come tecnico, ad astrarlo dall'ambiente e non lasciarlo vittima del nervosismo che c'è fuori dal campo per incoraggiarlo a correre di nuovo rischi che beneficiano il gioco?
«È bello e necessario conoscere la storia del calcio e vedere come è cambiato questo mondo per avere opinioni sempre nuove. Negli ultimi anni il nostro sport ha

molta visibilità, forse esagerata. È molto difficile convivere con tutto questo. C'è un'*overdose* di pressioni che non ha nulla a che fare con il gioco stesso. Si va oltre il gioco. Devo dire ai calciatori la verità. Devo dire loro che dopo aver vinto non puoi rilassarti, perché tu vinci e dopo qualche giorno devi vincere di nuovo. Così come quando hai vinto ti hanno lodato, quando hai perso ti puniscono. Non c'è una via di mezzo, è tutto totalmente squilibrato. Il giocatore deve conoscere la verità per convivere con questa situazione.»

Riesci a goderti il tuo mestiere di allenatore o sono più i momenti di sofferenza?
«Mi piace perché mi appassiona, ma ci sono momenti in cui la realtà ti indica chiaramente la crudeltà del tuo lavoro. Lo stesso percorso ti segna, le ingiustizie che vedi e di cui soffri. Da cosa riconosco che mi piace il mio lavoro? Dal fatto che amo alzarmi la mattina con un piano in testa e cerco di mettere giù un messaggio che poi viene eseguito. Mi piace molto. Che mi venga in mente qualcosa e che possa esprimerlo durante l'allenamento. Vedere come trovare la soluzione a un problema. Sono un appassionato di tutto questo. Poi è crudele perché dipendiamo dal risultato. L'allenatore è allenatore per vocazione. Chi non sopporta tutta questa pressione è perché non ha una vocazione. Vedo tipi di sessanta, settant'anni che sono ancora allenatori e dico: "Questi tipi sono allenatori di professione". E forse hanno perso più di quanto hanno vinto ma continuano, non possono restare senza calcio.»

Guardiola, Bielsa e Del Bosque concordano su una cosa: la forma di trasmettere concetti e idee ai giocatori. Pep sostiene: "Al giocatore, messaggi brevi e diretti. Concetti semplici e chiari". Marcelo: "I leader hanno bisogno di essere ascoltati quando parlano. Il modo migliore per farlo è parlare poco". Vicente: "Il discorso più è conciso e concreto, meglio è, altrimenti il giocatore si addormenta". Massimo dei contenuti, minimo di parole.
«Sì. Il quotidiano ti dà la possibilità di esprimerti ogni giorno, ma non devi esagerare. I giocatori tendono a disperdersi e bisogna essere sempre concreti e chiari. Quando si parla molto si può sbagliare molto. Non si tratta di parlare troppo ma di regolare il messaggio. Sono d'accordo con loro.»

Come dice Sampaoli: "Non c'è trattamento più disuguale che trattare tutti allo stesso modo. Ognuno è diverso". A uno piace che tu parli davanti al gruppo, ad un altro in privato. Come fai a tirare fuori il meglio da ogni giocatore?
«Per trarre il meglio da ciascuno non basta soltanto conoscerli. C'è bisogno di molto tempo e molta attenzione, non solo da parte tua ma di tutto il gruppo di persone che lavora con te. Forse uno per il suo modo di essere non può arrivare a tale giocatore, ma un tuo collaboratore sì. Bisogna sapere come rilevarlo, per questo ci sono i gruppi di lavoro. Non posso occuparmi da solo di trenta, quaranta persone. Cerco di essere giusto con tutti, ma non posso occuparmi da solo di tutti.»

Nelson Vivas mi ha detto che quando si è ritirato come giocatore e voleva iniziare la carriera da allenatore, sentiva di conoscere molto il calcio, aveva molte idee e concetti in testa, ma tutti disorganizzati. Che doveva assemblare il puzzle con quei pezzi e poi aggiungere l'impronta personale. È successo qualcosa di simile anche a te, o appena ti sei ritirato avevi già tutto chiaro?
«A me quello del piano di sopra ha regalato un dono che è osservare, ho passato la mia vita a osservare. Ho una memoria corta, che è un difetto, quindi è stato difficile per me conservare le molte conoscenze che ho sperimentato durante la mia carriera di giocatore con diversi allenatori. Questo ha anche forgiato la mia personalità. Per il mio modo di essere, quella mancanza di memoria l'ho adattata per costruirmi uno stile tutto mio. Quando ho cominciato a dirigere sapevo cosa volevo, sapevo dove volevo andare. Sapevo di dover iniziare a coltivare più conoscenza, prestando più attenzione. Essere in grado di conoscere idee di altri allenatori, saper ascoltare, saper leggere. Prima non davo così tanto valore però osservavo, ma non trattenevo tanto, ora è molto diverso.»

Il tuo staff tecnico ti parla, i dirigenti ti parlano, il giornalismo ti parla, i tifosi ti parlano. Hai permanentemente mille voci esterne che entrano nella tua testa. Che valore dai alla solitudine e al silenzio? Cerchi di avere momenti di isolamento e rifugio personale per incontrare te stesso e forse lì ottenere molte riflessioni in chiaro?

«Per la mia esperienza posso dirti che la solitudine del potere è tremenda. Perché? Perché tu hai il potere di decidere e quando succede, sei solo. Nessuno ti accompagna, sei solo. È difficile, ma è così.»

Un argomento che trovo appassionante è quello della gestione delle avversità, ti cito una frase di Bielsa: "La leadership si vede nella sconfitta. Il comandante è buono solo se ha superato le avversità. È qui che si valuta la sua coerenza. Un buon capo è forgiato nella sconfitta, quando i suoi valori e il suo stile generano rispetto e credibilità anche nelle avversità. Nella vittoria, il leader è sempre biondo e con gli occhi azzurri". Sei d'accordo? È vero che i momenti brutti sono quelli dove hai imparato e sei cresciuto di più?

«A me è successo come calciatore e penso che sia così. È molto chiaro. Ho dovuto affrontare molti contrattempi, infortuni che mi hanno tolto la possibilità di essere un giocatore migliore, di avere un percorso più alto. Tuttavia, hanno reso incredibilmente forte la mia anima. Sono tornato a giocare in una situazione in cui un calciatore professionista non sarebbe potuto tornare se non fosse stato forte nella testa. Queste cose sono un chiaro riflesso del fatto che di fronte alle avversità si diventa più forte.»

Míchel sostiene che si sentiva tecnico quando ancora giocava e ora che è un allenatore si sente ancora un giocatore. Ti è capitato che a un certo punto della tua carriera hai iniziato a vedere il calcio con gli occhi di un allenatore? Ti senti ancora un giocatore?

«Ho dovuto assolutamente liberarmi da quello stigma del giocatore quando sono passato ad allenare, perché altrimenti non sarei stato in grado di convivere con gli errori dei miei giocatori. Per capire il calciatore devo pensare come il giocatore che ero, ma devo seppellire il calciatore che ero per capire che i miei giocatori possono fare errori. Ho dovuto ucciderlo automaticamente per non fare un confronto su come avrei risolto un gioco dall'esterno. Non gioco più, non importa come l'avrei risolto. Devo pensare a come il giocatore che ho in campo può risolverlo. Questo è quello che mi è successo nei primi anni in cui ero al comando. Matías Biscay, il mio storico collaboratore, mi è stato molto utile in questo senso.

Mi ha detto: "Fai attenzione, smetti di pensare a come tu risolveresti situazioni che altri non possono risolvere in questo modo". Mi ha fatto riflettere. Ora ho tutto sotto controllo.
E mentre giocavo, dall'età di 27, 28 anni, ho iniziato a sentirmi curioso, ho iniziato a fare domande. "Perché questo e quell'esercizio, perché questa e quell'altra cosa?" Mi piacerebbe che questo accadesse coi miei giocatori, che si facciano coinvolgere da questo aspetto, che vogliano costruirsi loro stessi delle basi per poi cercare di risolvere situazioni. I calciatori di un tempo risolvevano tutto in modo più spontaneo, ora sono più obbedienti, quindi hanno bisogno del messaggio e del sostegno dell'allenatore e questo genera una dipendenza. Non dovrebbe essere così.»

Una qualità molto importante che ogni leader deve avere è l'equilibrio emotivo, non essere troppo euforico quando si vince o troppo autodistruttivo quando si perde. Tu sei una persona estremamente equilibrata e questo genera credibilità. È qualcosa su cui lavori ogni giorno? Come si ottiene?
«Per me è molto facile: basta non pensare di essere superiore. Non credersi super nella vittoria e non essere distruttivo nella sconfitta, questo è il punto di partenza. È qui che molti perdono l'asse. Nel corso della mia carriera ho visto cambiamenti molto profondi nelle persone che hanno ottenuto successo. Poi è molto difficile mantenere un equilibrio quando si perde, è lì che di solito non si tiene. Bisogna essere dignitosi nella vittoria e non essere catastrofici nella sconfitta. È l'unico modo per cercare di rimanere in equilibrio in questo vortice.»

Nelson Vivas

Nelson Vivas è uno dei più completi allenatori argentini dell'attuale generazione, uno dei più aperti. Nella sua essenza coesistono, in modo molto armonioso, una miscela di stili. Da ogni scuola Nelson ha avuto la capacità di trarre suggerimenti e sfumature per disegnare la propria filosofia. La cosa più comune è che ogni tecnico segue una linea definita secondo le influenze che ha avuto nel corso della sua carriera, adottando una forma e scartandone altre. Nelson ha messo tutto in un frullatore e da lì ha tratto concetti purificati e chiari da applicare.
Durante la sua carriera di giocatore, Vivas ha avuto la fortuna di essere allenato da esponenti di differenti scuole che hanno lasciato una grande impronta nel calcio contemporaneo: Bielsa, Manuel Pellegrini e Carlos Bilardo, tra gli altri. Ma gli insegnamenti e i concetti più profondi che lo hanno segnato sono stati quelli del Loco. Per diversi anni è stato assistente allenatore di Diego Simeone, quando lo stile del Cholo era, paradossalmente, diverso da quello che ha poi assunto in maniera chiara all'Atletico. L'influenza di Vivas è un motivo del perché all'inizio era un tecnico molto più offensivo. È tornato dopo otto anni di lontananza a lavorare col Cholo, ed è oggi a Madrid.
La relazione tra Nelson e Bielsa è molto particolare. È noto che il Loco è un leader che arriva ai suoi giocatori da una distanza considerevole. Di solito li tratta col "Lei". Tuttavia, con Vivas ha sempre mostrato una vicinanza molto insolita. Un caso speciale, quasi un "eletto". Nelson era un giocatore feticcio di Marcelo nella Nazionale. Per lui era un uomo chiave nel suo undici ideale che ha giocato un calcio meraviglioso nelle eliminatorie in vista di Corea-Giappone 2002. In più di un'occasione si è riferito all'ex terzino con un affetto notevole, cosa che il rosarino non è solito fare pubblicamente con quasi nessuno. "Voglio molto bene a Vivas", dichiarò una volta.

Marcelo si tiene distante dai giocatori, però con te ha sempre avuto un affetto speciale, perché pensi che esista questa vicinanza, che poi ha anche reso pubblica?
«Sì, ricordo che una volta ha detto "Io voglio bene a Vivas". Credo che abbia associato la costante critica che ricevevo come giocatore all'impegno quotidiano

che gli mostravo. Vedeva un tipo che, a torto e a ragione, gli stava dando tutto per cercare di mettere in pratica la sua richiesta, mentre altri non riconoscevano questo sforzo, e criticavano eccessivamente. Credo che l'affetto di Marcelo per me sia legato a questa situazione. Inoltre, piaccia o no, al di là della distanza naturale che si genera tra allenatore e giocatore, è importante il rapporto umano che nasce tra due persone e da quel punto di vista entrambi lo abbiamo arricchito con i nostri modi di essere.»

Non hai partecipato alla Coppa del Mondo 2002 a causa di un infortunio al ginocchio, ma sei stato una parte importante della squadra che volava nelle qualificazioni, giocando un calcio di alto livello. Si diceva che la finale dovesse essere Argentina-Francia, ma entrambe sono uscite al primo turno. Ti sei reso conto di quanto questo sport possa essere ingiusto a volte?
«Credo che non vi sia una formula che ti garantisca il successo. Si può, attraverso il lavoro, cercare di ridurre il margine di errore come faceva e fa Marcelo grazie alla dedizione assoluta che ci mette. Non era ossessione, non gli piaceva essere catalogato con quella parola. Si può arrivare allo stesso risultato per vie diverse, ma c'è sempre una parte del film che non conosciamo ed è il finale. Da quel punto di vista mi è molto dispiaciuto per tutto ciò che era stato costruito e per l'aspettativa che si era generata.»

Menotti sostiene che si può perdere una partita ma ciò che non si può perdere è la dignità di provare a giocare bene a calcio. Cosa intende Nelson Vivas per giocare bene a calcio?
«Con il passare del tempo, ho cominciato a costruirmi un'idea che è stata nutrita da molte esperienze che ho avuto come giocatore. Nel momento in cui ho iniziato a dirigere, ho cercato di far sì che tutte quelle idee, che erano tante e disorganizzate nella mia testa, si adattassero alla massima organizzazione possibile, così da definire un modello di gioco. Oggi, a quasi 50 anni, percepisco come qualcosa di fondamentale, che applico al calcio, alle dichiarazioni o a qualsiasi circostanza della mia vita, il fatto che siamo tutti individui differenti e che da questa unicità che abbiamo, ognuno di noi può cavare la sua opinione e interpretare come gli

sembra più giusto. Non posso dire "Questo è degno, questo è buono, o questo è cattivo" senza prima precederlo con "Per me", "Io credo" o "A mio parere". Altrimenti, non terrei conto delle opinioni degli altri e mi crederei padrone assoluto della ragione, partendo dal mio ego. Sono solo opinioni. Per me, affinché una squadra possa giocare bene a calcio, deve mantenere, al di là del risultato, un chiaro piano di gioco, che viene scelto per ogni partita. Non si devono alterare le forme e il lavoro della settimana, la ricerca di una vittoria non può modificare continuamente il tuo percorso di avvicinamento a un incontro.»

Piuttosto di cercare prima un modo per vincere, bisogna sceglierne uno per perdere. Dopo tutto, in una società così orientata dal risultato, se vinci, nessuno ti giudicherà. Quando si perde, si verrà criticati e ti servirà una difesa. Se perdi giocando tutta la partita dietro, come puoi giustificarti? Se perdi avendo cercato di creare, provando a essere protagonista, mantenendo il possesso, giocando nella metà campo rivale, hai argomenti dove rifugiarti e generare credibilità rispetto alla tua idea anche nella sconfitta. Sei d'accordo?
«È vero, perché quando si vince è difficile criticare il modo in cui si è giocato o quello che si è fatto per ottenere il risultato. È molto più facile contestare quando si perde. Ma l'argomento non dovrebbe variare molto a seconda del risultato. La cosa grave è, credo, se la sconfitta arrivasse in un contesto di "tutti dietro", ma il vostro piano di gioco era di andare fuori e pressare alto e costruire dal basso, dal portiere. In altre parole, ho pianificato una cosa e ho finito per perdere in un modo molto diverso, che differisce molto da quello che mi sarei atteso o da quello su cui ho lavorato durante la settimana. È allora che è complicato sostenere la sconfitta. Ora, se pensi che la tua squadra sia meno capace di quella che stai per affrontare ed è per questo che ti rifugi dietro, per liberare la palla e provare a segnare un gol da un calcio piazzato o prendendo l'avversario in contropiede, è una strategia valida per chiunque la scelga. Anche se il fatto di non cercare il protagonismo, di non provarci, mi renderebbe difficile argomentare una sconfitta.»

Menotti dice che il suo obiettivo non è vincere, è giocare bene, perché anche se perdi oggi, alla lunga vincerà. Il problema è che oggi quel "a lungo termine" non esiste.

Gallardo sostiene che, per la nostra cultura, qualche vittoria giocando male può essere necessaria in un percorso.

«Sì, certo. Concordo con Gallardo. Sia che ci si attenga al piano di gioco o in un modo diverso, è sempre meglio vincere. Poi ci sono le sconfitte, quelle in cui puoi perdere mantenendo la tua idea e le altre in cui le tue forme sono completamente travisate. La peggiore delle quattro opzioni è sempre quella di perdere giocando in modo differente da come si è lavorato. Dopodiché c'è l'opzione di perdere con le tue armi e quella di vincere in qualsiasi modo possibile. La prima è sicuramente vincere raggiungendo l'ideale ricercato dall'allenatore.»

Bielsa è un allenatore che pretende molto, in allenamento e in partita. Questo a volte genera un logorio mentale e fisico dei giocatori con il passare della stagione, cosa che è stata notata più volte nelle sue squadre. Come si fa a trovare l'equilibrio tra l'essere esigenti senza che questo diventi controproducente?

«Penso che sia impossibile ignorare le richieste quotidiane. È vero che c'è un picco massimo di prestazioni, ma pure un picco minimo. Nella pretesa quotidiana ciò che si riesce a fare è aumentare il livello basale del giocatore. In questo modo il margine tra il massimo e il minimo si restringe e la *performance* diventa più stabile. La domanda deve essere sempre presente. Ciò che prendiamo in considerazione sono quei compiti che richiedono un alto consumo cognitivo e li mettiamo prima o dopo nella pianificazione della sessione quotidiana in modo da arrivare al giorno prima della partita con un limitato consumo cognitivo, associato solo alla parte strategica di quell'ultima sessione. Quel giorno lasciamo lo spazio per qualcosa di più giocoso e ricreativo che richiede meno pensiero.»

Hai notato questa cosa con Marcelo, per quanto riguarda la pretesa?

«Non ho avuto Marcelo in una squadra ma solo in Nazionale, e i suoi allenamenti erano brevi ma impegnativi. Ma non so come deve essere lavorare con lui giorno dopo giorno. Penso che alla fine di una stagione il giocatore arrivi consumato, in generale.»

Uno dei punti che tocco con ogni allenatore è il tema dell'ambiente lacerante in cui è immerso il tecnico, soprattutto, ma anche il giocatore. Il tifoso che si crede Guardiola e che si sente in diritto di insultare, denigrare e dare "ordini" al DT, credendo di saperne più. Il giornalismo che espone le opinioni già con il risultato in vista, nel bene o nel male, a seconda dell'esito della gara. La società premia in maniera esagerata solo il vincente. Se c'è qualcuno che ne ha sofferto di persona, di questa condizione sei tu. Claudio Vivas (ex collaboratore di Bielsa) mi aveva dato una risposta in merito: "Si vive con la pressione e la si affronta. Quello che non si può affrontare è la mancanza di educazione e di cultura che esiste nel tifo normale e sui quotidiani. Qui, chiunque ha l'autorità di insultarti e gridare 'Sei un idiota perché la squadra non sta vincendo'." Non era semplice per te sopportarlo.
Arrivasti al culmine della pazienza, aggredendo un venditore di Quilmes che ti aveva bruciato il cervello per novanta minuti ininterrotti durante la tua ultima partita come tecnico in quella squadra.
«Se l'avessi fatto come giocatore o nel momento in cui l'ho fatto, sarebbe stato comunque sbagliato. Certo, c'era un peso dentro di me, e litigare con quel tizio ha finito per essere una via di fuga da tutto ciò che si era accumulato. Averlo fatto come allenatore è stato ancora peggio. Come giocatore sono stato insultato spesso in campo e questo senza dubbio mi ha causato danni psicologici. Era qualcosa che influenzava enormemente la mia vita quotidiana. Non potevo accendere una radio o leggere un giornale dove si parlasse di calcio. Incideva anche nel giorno per giorno dell'allenamento il voto che mi mettevano o il commento che facevano i giornalisti sulla mia prestazione»

Siamo d'accordo che è inammissibile da un punto di vista protocollare e professionale. Ma sei umano e tutti riconoscono che è comprensibile che tu reagisca in questo modo di fronte alle molestie e all'umiliazione gratuita. Penso che ogni domenica si abbia un motivo per farlo con qualcuno. Come si fa a non arrivare a questo punto e a convivere con una tale pressione?
«Bisogna capire le cose in modo diverso. In quel periodo, e anche come giocatore, ho sofferto molto le critiche al punto che non ho letto un giornale per molto tempo. Non mi piacevano i voti. In primo luogo, è scientificamente provato che

è impossibile prestare attenzione a più di una cosa alla volta ed essere efficienti, quindi è impossibile per una sola persona in una partita valutare ventidue giocatori, più i cambi, è impossibile. Molte volte la critica derideva ciò che facevi, bene o male, ma con molto impegno. Come allenatore ti trovi accanto a chiunque possa dirti qualsiasi cosa e tu lo ascolti. In quel momento la pensavo diversamente da come la penso oggi. Penso che dare importanza a qualcosa che viene detto su di me e lasciare che mi influenzi significa dargli un valore eccessivo, che non può condizionare tanto me stesso. Allora ho capito che devo conviverci e in nessun modo oggi mi influenza. Ho passato la mia vita credendo che la felicità fosse in un destino. I miei inizi come giocatore sono stati solo per divertimento con gli amici, poi volevo giocare nelle squadre giovanili, poi nella prima squadra del San Nicolás, poi volevo diventare un professionista, poi volevo andare in un grande club, poi volevo giocare nella Nazionale, poi raggiungere l'Europa, poi un Mondiale. Dopo era già "Quando smetterò di giocare, arriverà il godimento". In altre parole, sarei stato felice in "quel momento futuro". Una carota che non avrei mai raggiunto. A un certo punto ho capito che dovevo fare qualcosa per cambiare questo corso, perché non mi stavo godendo la vita. Ho capito che la felicità non è nella destinazione, ma nel percorso. Oggi, nel momento in cui identifico un'emozione negativa e mi rendo conto che la riconosco e che sto facendo uno sforzo per, attraverso un pensiero, cambiare questo stato d'animo negativo, sono già felice per il solo fatto di provarci. Significa lavorare contro qualcosa che è radicato. Perché sembra che dipenda sempre da quello che succede e non da quello che si fa rispetto a quello che succede. È un esercizio quotidiano che faccio per trovare quell'equilibrio. Decido io cosa fare rispetto a quello che sta succedendo e non quello che sta succedendo è la causa del mio stato d'animo.»

Parliamo molto delle critiche, ma una cosa che può anche essere pericolosa è il complimento. Molte volte può stordire e confondere. Bielsa dice di non lasciarsi tentare dagli elogi perché gli elogi nel calcio sono spesso di un'ipocrisia assoluta.

«Poiché non conosco ciò che si dice di me, ho poche informazioni per lasciarmi influenzare, nel bene e nel male. Marcelo durante le qualificazioni verso il Mondiale del 2002, in cui la squadra stava andando così bene, ci diceva di stare attenti perché l'elogio indebolisce. Tutto ciò mi è rimasto impresso. E quindi mi capita di fare un esercizio interno quando sento che per qualche motivo sto prestando meno attenzione a qualcosa cui potrei prestare più attenzione. Esigo da me stesso maggiore concentrazione e cerco di mantenere l'equilibrio.»

Sei uno degli allenatori più aperti e completi in idee e concetti di gioco. Da dove ti viene questa condizione?
«Cerco di avere una squadra flessibile che possa adattarsi ai diversi momenti della partita. Non è che nel nostro piano di gioco esista solo un modo. Possiamo variare in fretta perché abbiamo preparato gli strumenti per farlo. Se dobbiamo affrontare una squadra che ci aspetterà in mezzo al campo per portarci via la palla, in ogni caso nella settimana precedente avremo lavorato sulla partenza organizzata da dietro contro una pressione che ci attende sulla prima linea. Così, se questa situazione dovesse mai presentarsi, abbiamo gli strumenti per risolverla. Anche se il tuo avversario non ti dà subito le stesse cose su cui abbiamo agito la settimana prima, il giocatore riconosce le situazioni della partita e si adatta. Questa è la ricerca. Questo ci permette anche di essere pronti per la prossima partita contro un avversario diverso, quindi non devi lavorare su una nuova forma in un breve lasso di tempo, devi solo rinfrescarla.»

La posizione di allenatore è ammirata nel calcio, ma estremamente ingrata e dolorosa a causa dello sforzo mentale, la pressione, l'instabilità e l'incertezza di sapere che un risultato può farti perdere il lavoro. Lo sai molto bene. Tu stesso ha manifestato tale insofferenza in alcune dichiarazioni...
«Quando ero a Quilmes non potevo andare da nessuna parte perché c'era sempre qualcuno che aveva qualcosa da dirmi, non dormivo bene pensando alle cose della squadra, non venivo pagato. Non ho trovato il lato gratificante della professione.»

A che punto l'allenatore riesce a essere felice e a godersi la sua posizione?
«Sono d'accordo sul fatto che quando i risultati non sono quelli che ti aspetti la carica diventa pesante. Incontri sempre qualcuno che ha qualcosa da dirti. I miei

momenti di gioia passano soprattutto quando vedo che ci sono undici teste che pensano da sole, ma che cercano di rappresentare quello che ho detto loro. Dico a mio figlio che quando gioca alla Play ha un comando che attraverso le sue mani fa fare a quel determinato giocatore quello che lui vuole. Io devo fare in modo che undici giocatori facciano, pensando da soli, quello che voglio che facciano, senza avere quel telecomando. Quando va bene, è un piacere incredibile. Se è coronato da una vittoria, non c'è niente di più bello. La passione è anche questo.»

Qual è la linea sottile tra l'essere pragmatici, cioè sapersi adattare al momento, reinventarsi, saper correggere gli errori e modificarli sul cammino, e tradire se stessi, cambiando il discorso, l'essenza e le convinzioni?
«La linea è sottile. È difficile per me capire Marcelo quando, non avendo intenzione di organizzare una partita che non sia giocando nel campo avversario, entra con meno strumenti dei suoi avversari per giocarsela alla pari. Lui, pianificando qualcosa di più speculativo, tradirebbe il suo modo di essere. È qualcosa che non farà perché non lo sente. Il Cholo oggi è associato all'*anti-calcio* e non è affatto così. Cerca di scegliere un piano, per potenziare i suoi strumenti per raggiungere i suoi obiettivi. Ha chiaro che se deve giocare da pari a pari al Barça, perde. Così sceglie un'altra strategia, che è quella di ripiegare e attaccare poi direttamente nello spazio. Questo è tradire il suo discorso? Non lo so, è una scelta. Lui dirà: "In quel momento che potevo giocare di più, con l'Estudiantes e il River, ho giocato di più". A Catania cominciò a vedere che poteva raggiungere i suoi obiettivi in un'altra modalità. Per quanto mi riguarda, per esempio con Quilmes abbiamo battuto il Belgrano a Cordoba giocando palla lunga, difendendo basso, e quando potevamo, contrattaccavamo. Dopo la partita mi sentivo vuoto, sentivo che stavo tradendo la mia forma. Me ne sono andato una settimana dopo litigando con i tifosi, rappresentava una via di fuga per un altro sacco di cose che sentivo dal lato sportivo e istituzionale. L'idea madre è una, ma possiamo lasciarla per poi riprenderla. Noi allenatori ci evolviamo nel corso della traiettoria. Quando prendiamo una squadra, per quante capacità possediamo, sarà sempre minore rispetto alle esperienze e agli aspetti concettuali.»

Si dice che il leader debba cedere il protagonismo di fronte al successo e assumersi tutta la responsabilità di fronte al fallimento. Però è anche vero che la responsabilità è di tutti, quando si vince e quando si perde. Cosa ne pensi?
«Non si può generalizzare. Una cosa è capire che noi siamo il fusibile e che la nostra permanenza è associata al raggiungimento di risultati. È così, non c'è altro modo, è con questo che conviviamo. La responsabilità assoluta dell'allenatore è sul funzionamento della squadra. La vittoria ti lascia al comando e la sconfitta ti spiazza, è qualcosa con cui conviviamo, ma la responsabilità è sulla prestazione. Se tutto quello su cui hai lavorato non viene fuori, è responsabilità dell'allenatore. Devi andare in campo immaginando quello che vedrai della tua squadra. Se quell'idea non appare, è responsabilità del tecnico. Ora, ci sono errori che sono individuali. Se un giocatore controlla male la palla e la perde, se sbaglia un passaggio, se fallisce nella precisione, nell'attenzione... non è responsabilità dell'allenatore.»

Ti riporto qui una parte di un'intervista a Pochettino: "Il mondo del calcio ti fa inevitabilmente vivere in una bolla. Ti porta a confondere i valori. Il giocatore e l'allenatore non vivono nella realtà del 99 per cento degli esseri umani. Il calciatore ha tempo e deve approfittarne non solo per allenarsi, ma anche per sviluppare la sua mente ed espandere la sua cultura. Fuori c'è una realtà difficile ed è importante tenere i piedi per terra". Come leader, cerchi di incoraggiare i tuoi giocatori a sviluppare altri interessi al di fuori del calcio? Aprire la mente, sollevare preoccupazioni... Perché un giorno si ritireranno e, in molti casi, avranno più di metà della loro vita senza sapere cosa fare.
«Quando si presenta l'opportunità parlo di ciò che è stata un po' la mia vita. Ma ognuno è diverso. Alcuni li noti con un interesse prematuro di vedere altre opzioni, di leggere, di prepararsi. Ci sono altri che non lo fanno, che credono che questa storia non finirà mai. Nel mio caso non è stata una buona esperienza vivere il ritiro, dal vuoto che produce nella vita quotidiana, come diventano lunghe le giornate quando non sai cosa fare. Vi parlo molto individualmente dell'aspetto emotivo. Gli allenatori insegnano a migliorare tatticamente questo, tecnicamente quello, fisicamente quello, ma non vedo uno spazio dedicato alla stabilità emo-

tiva. Un giocatore stabile dal punto di vista emotivo rende di più. Se c'è una cosa che vorrei lasciare ai giocatori è che dicano: "Questo tipo mi ha aperto la testa in quel senso".»

Per Gustavo Quinteros, i giocatori della sua squadra sono i migliori del mondo. Mentre Pep pensa sempre che il rivale sia migliore e che abbia più virtù e che questo lo spinge a trovare le soluzioni per superarlo. Per te cosa sono i tuoi giocatori?
«Siamo cresciuti con un messaggio sbagliato in questo senso, secondo me. Bisogna sempre cercare di essere il migliore, e la verità è che non c'è bisogno di essere il migliore in niente. Devi cercare di essere migliore di te stesso ogni giorno. Forse non si diventa mai il numero uno o il numero due, ma se cerco di essere migliore di me stesso ogni giorno, mi basta. Non so se i miei giocatori sono i migliori, ma so che giorno per giorno ognuno di loro sa quali sono gli aspetti individuali da migliorare. E ogni giorno lavorano. È così che si migliora collettivamente. Non mi aspetto che siano i migliori. Per quanto riguarda gli avversari, per l'allenatore è più motivante dal punto di vista della pianificazione della partita, se si affrontano rivali che sono più preparati dal punto di vista concettuale.»

Míchel dice che quando giocava, si sentiva già allenatore. A te è mai capitato nella tua carriera di guardare il calcio come DT?
«No, non mi è successo. Mi dispiace solo che se avessi avuto la comprensione del gioco che ho oggi come allenatore, sarei stato un calciatore migliore. Bielsa ci diceva che avevamo tutto il diritto di dire che non capivamo qualcosa quando veramente non capivamo, ma quello che non potevamo dire era che capivamo quando in realtà non capivamo. In quel momento mi sentivo come se stessi mentendo quando gli dicevo "capisco", perché in realtà mi costava. Non ero l'unico a cui succedeva. Molte volte ero incapace di capire una partita mentre la giocavo, rispetto a come la capisco oggi. Il calcio si sta evolvendo e sta diventando molto più concettuale, quindi oggi vedo che molti dei miei giocatori capiscono molto di più di quanto capivamo noi allora.»

Mauricio Pellegrino

Quando Bielsa arrivò al Vélez nel 1997, Mauricio Pellegrino era uno dei riferimenti assoluti di quel gruppo pluricampione nonché idolo del club. È una storia nota, che abbiamo raccontato anche in questo libro, che i leader dello spogliatoio non presero affatto bene l'avvento di Marcelo e la metodologia di lavoro che voleva instaurare, cambiando molte cose della *routine* che avevano tenuto per diversi anni ottenendo risultati positivi, per imporre nuove regole, modi e idee. Tuttavia, molti di loro, oggi, a distanza, sottolineano la stessa cosa: l'unico che si è mostrato aperto fin dal principio e ha chiesto di essere tollerante con il Loco per lasciarlo lavorare è stato Mauricio. Mostrando una lodevole apertura mentale che gli ha permesso di capire che, pur avendo vissuto una tappa gloriosa con Bianchi e Piazza, si poteva avere successo anche facendo altro. Un fedele riflesso di ciò che è oggi come tecnico Pellegrino, un compendio di stili. In sintesi, un tipo pragmatico che ha saputo e sa imparare e tirare fuori le cose positive di tutto e da tutti.
Il suo carattere, la sua moderazione, il suo *aplomb* e la sua emotività lo fanno sembrare un *unicum* nell'atmosfera riscaldata del calcio argentino. È rimasto circa quindici anni ininterrotti in Europa, costruendosi così un bagaglio di esperienze visto che è stato giocatore, formatore nelle giovanili, aiutante di campo e allenatore.
Mauricio ha iniziato a occuparsi della guida tecnica, dopo due anni nelle giovanili del Valencia. Da lì sarebbe saltato alla Prima Divisione, ma come assistente di Rafa Benitez. Rimase al suo fianco per circa due anni, prima al Liverpool, in tempo per festeggiare la Champions League, e poi all'Inter in Italia, dove hanno conquistato una Supercoppa italiana e il Mondiale per Club. Nel 2012 è stato nominato tecnico del Valencia, dove incomincia il suo percorso di primo allenatore. Tanto nella squadra spagnola, come nell'Estudiantes e nell'Independiente, sue tappe successive, ha raccolto buoni risultati, ma è all'Alaves, tornato in Spagna, che ha davvero prodotto una rivoluzione assoluta: per la prima volta nella storia i baschi hanno raggiunto la finale della Copa del Rey e hanno battuto il Barcellona al Camp Nou.

Iniziamo dal Vélez comandato dal Loco, per capire quel capitolo in cui ci fu la transizione da Bianchi e Piazza, che avevano vinto tutto (dalla Libertadores alla Intercontinentale contro il Milan di Capello: un vero miracolo per un club di quartiere), a Marcelo Bielsa, che ha costruito un nuovo sistema e filosofia di lavoro e che si è imposto in un contesto di instabilità istituzionale.

«Sì, questo è stato il ribaltone che si è avuto con l'arrivo di Marcelo. Se c'è un senso nella vittoria, è quella forza di credere di poter di vincere ancora. È una delle poche cose formative che ha il trionfo. Vincere ti aumenta l'autostima e la fiducia, ma soprattutto ti dà la credibilità per riconoscere che puoi farlo di nuovo. Molti dicono che è più facile vincere una volta che due volte. La mia opinione è diversa, penso che la cosa più complicata sia vincere la prima volta. Quando lo fai una volta, sai come comportarti per vincere di nuovo. Marcelo è arrivato in una squadra che aveva avuto molto successo e aveva molta fiducia in quello che stava facendo. La cosa difficile era dover cambiare quelle abitudini. È stato un arricchimento per tutti. È stata la prima volta nella mia vita che lavoravo così a fondo sui fondamenti dell'attacco. Sono rimasto sorpreso. I fondamentali difensivi, invece, li avevo costruiti fin dalle squadre giovanili del Vélez.»

Bielsa vi insegnò che potevate vincere in un altro modo rispetto a quello in cui eravate abituati, con altri metodi, con una filosofia di gioco diversa, con un'altra **routine**. ***Non è stato facile assimilarla all'inizio, ma poi tutti hanno finito per essere d'accordo con lui.***

«Sì, senza dubbio. Per costruire una squadra campione bisogna avere la convinzione dell'allenatore insieme a quella dei giocatori. L'allenatore da solo non basta. E lui era una grande ricchezza. Questo cambiamento ci ha fatto bene perché ha aumentato molto il nostro livello di concentrazione. Quando si ripetono a lungo certi automatismi, si finisce per entrare in una zona di *comfort*. L'aver cambiato ci ha elevato e ci ha migliorato.»

Tutti quelli di quel gruppo, compreso Gámez, sono d'accordo sul fatto che tu fin dall'inizio sei stato il più aperto ai metodi di Bielsa. Sei stato quello che ha insistito maggiormente perché lo lasciassero lavorare e sviluppare la sua idea.

«Ho sempre ammirato tutti gli allenatori che ho avuto. Sono state tutte persone importanti nella mia vita. Dal mio periodo in *Infantiles*, attraverso *Inferiores* e *Primera*. Ricordo persino le frasi di ognuno di loro nei discorsi. Ho sempre guardato con grande ammirazione tutti i miei allenatori e li ascoltavo molto perché mi facevano capire come comportarmi anche fuori, nella mia vita privata. Nell'adolescenza, gli allenatori sono più importanti dei tuoi genitori. Mi piaceva quello che facevo e lo usavo come motore per migliorarmi e per imparare. Ho sempre avuto lo stesso comportamento con tutti, e pure con Bielsa, ovviamente. Ero uno dei capitani della squadra e ho avuto varie conversazioni con Marcelo imparando parecchio. Mi ha insegnato tanto. In campo era pesante stare dietro i suoi ritmi, però mi piaceva lo stesso parlare con lui. Giocavo in una posizione dove comunicare è quasi obbligatorio. Vivevo e sentivo davvero quello che facevo.»

Lo spagnolo Míchel dice che mentre giocava si sentiva già un allenatore. Si deduce da te la stessa cosa. La tua leadership, la tua voce di comando all'interno del campo, la tua apertura mentale per imparare da diversi tecnici... Oggi, a distanza, ti rendi conto che stavi già giocando a calcio come un allenatore?
«Ho sempre vissuto il calcio con molto spirito di squadra e di gruppo. È stato difficile per me costruirmi una carriera da calciatore d'élite. Al Vélez ho faticato a impormi come titolare e guadagnarmi un posto perché avevo come compagni grandi giocatori nella mia posizione. Poi sono andato a Barcellona, immagina i calciatori che c'erano lì. Lo stesso nel Valencia, dove c'erano sette difensori centrali. Il mio spirito di squadra mi ha aiutato a rimanere al top. Avevo bisogno dei miei compagni per giocare. È stato una necessità. Naturalmente il ragazzo di super-talento non si preoccupa tanto della squadra, perché se la cava da solo. Chi ha più limiti, come nel mio caso, aveva bisogno del resto per sopravvivere. È come adattarsi all'ambiente.»

Menotti dice che si può perdere una partita, ma quello che non si può perdere è la dignità di provare a giocare bene a calcio. Cosa intendi per "giocare bene a calcio"?
«Per me giocare bene è quando la squadra ha risposte adeguate in ogni momento della partita. Noi argentini, ma non solo noi, identifichiamo il giocare bene con

la palla a terra, l'uscire da dietro, toccare continuamente il pallone... Sembra che questo sia il solo modo di giocare bene. Giocare bene è giocare con l'intenzione di attaccare, difendere il più lontano possibile dalla propria porta con gli strumenti che si ritengono migliori, avere la velocità per uscire rapidamente, essere in grado di sostenere l'attacco a lungo per non lasciare che il rivale ti sorprenda, difendere e attaccare efficacemente sui calci piazzati. Cioè essere, in ogni momento del match, il più efficiente ed efficace possibile, e con la squadra che abbia una risposta collettiva adeguata alle circostanze. Perché le circostanze di ogni partita, per fortuna, sono sempre diverse.»

Bielsa pensava a come trasmettere a Ortega un concetto di mezzora di spiegazione in cinque minuti. Pep dice che al giocatore bisogna dare messaggi brevi e diretti, concetti semplici e chiari. È questo il modo più efficace per far passare il messaggio?
«Senza dubbio. Rijkaard una volta ha detto che la semplicità è un punto di arrivo. I giocatori, quando hanno 35 anni, giocano a due tocchi e perdono meno palloni perché imparano con il tempo. Più breve è, meglio è. C'è un termine che mi piace molto per le alte prestazioni ed è "ottimizzare". Nel poco tempo che hai, devi cercare di ottimizzare il tuo messaggio. Ottimizzare le conversazioni, i discorsi, le interruzioni o gli interventi durante gli allenamenti... Questa è sicuramente un'arte.»

Qual è la linea sottile tra essere pragmatici, cioè saper adattarsi ai momenti, reinventarsi, saper correggere gli errori e modificarli sul cammino, e tradire se stessi, cambiando l'essenza e le convinzioni?
«È un filo sottile. Prendo sempre decisioni in base a ciò che vedo, credo e sento. Soprattutto quando la squadra è in formazione, bisogna dare ai giocatori delle cose in modo che possano guadagnare in sicurezza e fiducia. Quando affronti un rivale supponi che sia uguale, inferiore o superiore. I giocatori lo sanno già prima di entrare in campo e se ne rendono conto. È molto semplice avere idee di gioco quando si suppone di essere superiore al rivale. Il problema è quando sei inferiore, questo è il grande problema. Come fai a sostenere i tuoi ideali quando sai che sei inferiore? Come fai a mantenere il tuo ideale quando la tua auto va più

lenta dell'altra? Questa è la parte difficile, prendere decisioni quando si è sotto. Un allenatore di pallamano diceva che quando uno è inferiore all'avversario, la prima cosa che deve fare è cercare di far sì che il suo rivale non giochi bene. Da lì vedere quali strumenti si possono usare per superarlo. Ognuno ha il suo punto di vista ed è a partire dall'analisi che devi esporre i tuoi ideali e il calcio che senti veramente. Per me è una via di mezzo tra ciò che senti e ciò che i tuoi giocatori possono darti. In ogni squadra si nota l'impronta dell'allenatore. Si nota sempre la sua mano.»

Una delle più grandi virtù che tutti ti riconoscono è l'equilibrio, sia nella vittoria sia nella sconfitta. Hai sempre lo stesso comportamento, non troppo entusiasta quando vinci né troppo autodistruttivo quando perdi. È una cosa innata?
«Non mi considero una persona molto equilibrata perché soffro le partite. Cerco di essere il più distaccato possibile dal gioco, intendo emotivamente, in modo da avere un'osservazione migliore e da dare informazioni precise ai miei giocatori. Ma dentro di me vivo molto la gara. Ci sono molti momenti di totale impotenza. Quando non si ottiene la risposta che si immagina dai giocatori, mi sento molto impotente. Il mio cuore va a 200 all'ora e perdo un po' l'equilibrio. È qualcosa che bisogna imparare. Oggi, per essere un allenatore, non ti basta solo la conoscenza intellettuale, devi avere tutte le fibre del tuo corpo collegate per convivere con la professione. Riuscire a essere calmi in un incontro è un esercizio che si deve superare. Ma quella sensazione crea dipendenza, perché quando non ce l'hai, manca tantissimo.»

Menotti dice che il tifoso passa molto facilmente dall'euforia alla delusione, che quando vinci sei sopravvalutato, e quando perdi sei troppo screditato. Bielsa sostiene che gli elogi indeboliscono e che non si lascia tentare da questi, perché nel calcio sono di un'ipocrisia assoluta, perché quando vengono i down questi si trasformano in critiche spietate. E per Valdano il calcio è un mondo di esagerazioni, nel bene e nel male. Come si convive con la bipolarità dell'ambiente e come ci si astrae dagli elogi e dalle critiche?
«Amo quello che faccio. Gioco a calcio da quando avevo 12 anni. La solitudine e

la delusione che una sconfitta o una cattiva prestazione può causarti sono cose che ho sentito fin dall'inizio. Registro in me gli abbracci di una vittoria. Con quell'emozione che ti provoca la vittoria e la sconfitta, convivo da quando sono bambino. Soffro, ma non mi estraneo. Quando sei allenatore devi farti le domande giuste quando si perde e anche quando si vince. Se ti fai duecento domande quando perdi e quando vinci te ne fai una, sei *fottuto.*»

Sei d'accordo che la grandezza del leader si rivela nelle avversità? Se riesci a uscire illeso, rafforzato e senza tradire l'essenza e le convinzioni. Personalmente, hai imparato nelle avversità?

«Sì, i momenti più difficili della vita di chiunque, se li superi, finiscono sempre per essere i più fruttiferi. Basta che vediamo gli ostacoli come un mezzo per continuare a crescere. Ci sono due modi per prendere le cose: vedere la difficoltà come un problema o come un modo per crescere. Una delle cose che mi motiva molto delle sfide difficili è la persona che si diventa. La mia felicità è cercare di essere ogni giorno un po' migliore. Miglioro me stesso, senza paragonarmi agli altri. È lì che trovo il punto di felicità, nella persona che stai diventando giorno dopo giorno. Non si è migliori se si vince ma quando si abbattono quelle barriere che hai dentro di te. Questo è per me il vero successo. Ovviamente inseguo la vittoria e voglio vincere, ma è una cosa sporadica che accade raramente.»

Dici che la tua felicità è cercare di essere migliore ogni giorno, ma deve esserlo anche riuscire a migliorare ogni giorno il lato umano e professionale dei tuoi giocatori. Al di là delle vittorie e delle sconfitte, il vero obiettivo e patrimonio dell'allenatore è quello di far crescere in ogni aspetto il calciatore che passa per le sue mani. La tua ricerca è quella di lasciare un segno?

«Questa è la più grande soddisfazione, senza dubbio. Quando migliora un giocatore in alcune azioni concrete, lo si porta in un'altra categoria, lo si eleva. Davvero la più grande soddisfazione. Come giocatore ho usato i miei allenatori per cercare di essere migliore perché mi rendevo conto di che mi aiutavano a farlo. Spero di lasciare lo stesso ai miei. Poter lasciare un segno è una delle grandi soddisfazioni della professione. A me il calcio è servito per essere una persona migliore.»

Eduardo Berizzo

Senza alcuna discussione, la persona che conosce più intimamente il metodo Bielsa è Eduardo Berizzo, che lo ha vissuto in profondità con diversi ruoli. Si è formato come calciatore sotto i suoi insegnamenti, da quando lo ha scoperto all'età di 14 anni, insieme a Darío Franco, momento in cui è iniziato un legame tanto particolare quanto fruttuoso. Fin dalla più tenera età, ha assorbito tutto ciò che il Loco gli ha fornito in termini di conoscenza e perfezionamento del gioco. Già negli anni della sua formazione, si dimostrò un allievo esemplare, interiorizzando tutti i concetti *bielsistici* per un miglioramento continuo che lo fece emergere sempre di più. Il difensore ha seguito alla lettera le direttive del suo allenatore. «Fin da bambino mi sono sentito molto vicino a Marcelo», ha detto. La relazione è maturata e cresciuta nel tempo arrivando al suo apice. Dopo una serie di successi nelle leghe inferiori, vincendo campionati in tutte le categorie, comprese le riserve, Marcelo, Berizzo e tutto quel fantastico gruppo sono giunti insieme in prima squadra. Sono le pagine d'oro del Newell's e del calcio argentino. Ed Eduardo era un membro chiave di quel gruppo. Per il Loco, rappresentava la spina dorsale del suo undici. Tanto che dopo aver vinto l'epico campionato del 1990, ha dichiarato: "Berizzo è stato il miglior giocatore della stagione del Newell's".
Oggi, dire che Bielsa era in anticipo sul suo tempo in ogni aspetto, che ha introdotto metodi mai visti prima, che è stato ed è uno degli allenatori più rivoluzionari e significativi degli ultimi decenni è riferire quasi un'ovvietà. Ma per Eduardo tutto ciò era molto chiaro fin da subito. *El Toto* è un maestro-allenatore, con un'eccezionale compostezza e una sublime chiarezza concettuale, caratteristiche che ha portato con sé fin dai suoi inizi. Da giovane, Berizzo era già in grado di identificare chiaramente tutti gli aspetti straordinari del metodo Bielsa.

> «Ha elaborato lui stesso tutti gli strumenti necessari. Non c'erano momenti morti nel suo lavoro. Tutte le categorie iniziavano e finivano l'allenamento, e quella di cui lui era responsabile continuava la pratica e terminava più tardi di tutte le altre.»

Il legame di Marcelo ed Eduardo come allenatore e giocatore non si è concluso a Rosario. Si sono poi ritrovati di nuovo in Messico per continuare a rafforzare una relazione che ormai si stava già dimostrando indissolubile. Tra il 1994 e il 1995 sono stati insieme all'Atlas. Lì, il miglior discepolo del Loco ha continuato a imparare da lui. Un anno prima, avevano condiviso lo stesso club, ma non in un rapporto così stretto, visto che Bielsa era responsabile del settore giovanile. Le loro strade non si incrociarono mai più come allenatore e giocatore, ma la sinergia nata tra loro sarebbe durata per sempre.

Bielsa probabilmente non ha esitato un secondo sulla scelta di Eduardo Berizzo come suo assistente: conosceva l'uomo affidabile, onesto, lavoratore, equilibrato. Bielsa, Berizzo e Bonini formarono il tridente che dal 2007 fece vivere al popolo cileno un sogno inimmaginabile. Le esibizioni nella Coppa del Mondo 2010 e nelle amichevoli contro squadre europee sono ancora ricordate da tanti addetti ai lavori e appassionati.

Per Eduardo, quel lavoro è stato come un master. In quel periodo di quattro anni, ha imparato a conoscere ancora più a fondo il metodo Bielsa.

Berizzo ricorda lo straordinario processo che ha subìto con la nazionale cilena:

> «Ci siamo sottoposti a grandi sacrifici per raggiungere l'obiettivo. Noi, come staff tecnico, e i giocatori. C'era la convinzione che stavamo facendo quello che dovevamo compiere per qualificarci alla Coppa del Mondo. Raggiungere ciò significava confermare che il percorso che stavamo compiendo era quello giusto.»

Per quanto riguarda l'aver lavorato al fianco del Loco, le sue parole sono eloquenti:

> «È stata una grande opportunità per me poter lavorare al fianco di un allenatore come Bielsa, un tecnico del suo livello e della sua conoscenza... È stata una grande esperienza di apprendimento. Ho potuto conoscere le sue idee dall'interno, il laboratorio delle sue idee. Posso dire che sono stato fortunato. Con me è stato una specie di guida, educandomi su come iniziare a dirigere una squadra. Mi ha insegnato molto su come fare bene il mio lavoro. L'intenzione della ricerca permanente al fine di migliorarsi continuamente: tutto è da scoprire. Mi ha insegnato a lavorare onestamente e a non fare di quell'onestà solo un'immagine vuota e finta, ma la radice e l'asse di una professione che lui ha reso davvero degna.»

Ma il processo di apprendimento non si è limitato al lato calcistico delle cose.

> «È un uomo molto riflessivo, molto intelligente. Prende sempre le sue decisioni dopo profonde analisi», annota Berizzo.

Da questo punto di vista, il *Toto* sente che la migliore eredità che il Loco gli ha lasciato è la qualità della persona che è:

> «Al di là dell'ammirazione professionale, sento che Marcelo è un grande esempio come essere umano».

Dopo un fruttuoso periodo come assistente di Bielsa in Cile, il *Toto* era più che pronto a iniziare da solo come allenatore. Come Claudio Vivas, Berizzo ha trovato difficile scrollarsi di dosso il soprannome di "assistente di Bielsa" o "mini-Bielsa". Aggiungendo la propria impronta e dimostrando capacità e abilità, il *Toto* ha costruito un ottimo percorso da tecnico. Anche se non ha avuto un salto nell'*élite* come Pochettino, Eduardo – attraverso il suo gioco – dimostra che ha una sua identità chiara, oltre Bielsa. È molto meno rigido e più aperto nelle sue idee e prese di posizione, e si adatta alle squadre e ai contesti che deve affrontare. È più pragmatico. Per esempio, in Cile, all'O'Higgins, quando non aveva i giocatori necessari per giocare da dietro e iniziare un attacco pulito, ha fatto ricorso a un approccio più diretto, saltando le linee con continuità ma sempre con un'idea chiara. Al Celta, con giocatori di diversa gerarchia tecnica, partiva dal portiere e dai suoi difensori. Inoltre, le sue squadre non sono così verticali come quelle di Marcelo, poiché è sempre stato chiaro che, nonostante Bielsa fosse il suo grande maestro, il *Toto* voleva fare la sua strada e proporre il suo calcio. L'esperienza inaugurale di Eduardo come allenatore non è stata affatto facile. Ha accettato una sfida controcorrente. Nel 2011 è arrivato all'Estudiantes de La Plata, un club argentino con un forte senso di appartenenza, mistica e tifosi, ma con uno stile di gioco completamente in contrasto con quello della scuola di Bielsa.
È stata una sfida, soprattutto perché era la prima esperienza. Non andò benissimo e dopo alcuni mesi dovette lasciare a causa di risultati e prestazioni irregolari.

Alla fine del 2011 è tornato in Cile per diventare l'allenatore di O'Higgins. Vi rimase per due anni e mezzo, costruendo le annate più gloriose della storia del club. Ha fatto un lavoro colossale in termini di gioco e di risultati. È stato in grado di mettere il suo timbro su un club umile e portarlo a competere su un piano di parità, anche sopra le grandi potenze del calcio cileno. Il *Toto* ha fatto vivere agli abitanti di Rancagua un sogno che non avrebbero mai immaginato e dal quale non avrebbero mai voluto svegliarsi. Nel suo primo semestre è riuscito a raggiungere la finale del torneo locale, perdendo ai rigori contro la "U de Chile", ottenendo così il secondo posto, il risultato più importante nella storia dell'istituzione in quel momento. Nel 2013 avrebbe superato tutto ciò e sarebbe diventato un eroe assoluto venendo incoronato campione. Il tocco finale si è avuto con la conquista della Supercopa de Chile 2014.

A metà di quell'anno arrivò la richiesta di un club dove il suo nome era già nella sala d'onore: il Celta Vigo, dove il *Toto* aveva giocato, e bene, per tre anni. La sua reputazione doveva essere ulteriormente rafforzata dal suo superbo lavoro come tecnico. Se guardiamo ai numeri, il suo lavoro è stato eccellente. È rimasto imbattuto nelle prime tredici partite della stagione 2015-16. È stato uno dei migliori inizi nella storia della società spagnola. Anche qui ha fatto sognare di nuovo i tifosi, cui ha mostrato sempre uno spettacolo godibile. Eduardo ha messo il Celta al tavolo con le grandi, giocando partite memorabili contro il Barcellona. Sotto il suo mandato, lo stadio Balaídos è diventato un fortino. Nel 2015 ha sbaragliato 4-1 e nel 2016 ha fatto 4-3 col Barça, due partite che saranno ricordate per molto tempo ancora.

Una delle cose che spicca di più in Berizzo è la sua brillante chiarezza concettuale quando si tratta di fare dichiarazioni. È un libro aperto che riversa permanentemente concetti profondi con molta semplicità, senza ostentazione. Dopo lo storico 4-1 contro i *blaugrana* ha pronunciato queste parole:

> «Oggi hanno vinto il calcio e i tifosi. Abbiamo onorato il calcio. I giocatori hanno deliziato i tifosi con un gioco spettacolare. Se c'è un modo per vincere, che questo sia sempre il nostro modo per vincere. La gente riconosce il Celta per il suo coraggio e non per aver vinto in altri modi».

Il *Toto* è lucido sia di fronte alla vittoria sia alla sconfitta. Conosce il gioco come le sue tasche e sa che una vittoria epica come quella contro i catalani porta con sé una valanga di elogi da parte della stampa e dei media, che può confondere e che alla prima battuta d'arresto, gli elogi possono trasformarsi in feroci critiche.

> «Dopo una vittoria come questa, si possono esagerare le parole. Voglio essere il più concentrato possibile. Sono i giocatori quelli davvero importanti.»

Non c'è riconoscimento più genuino delle parole di un collega, e ancora di più se vengono da un fenomeno come Luis Enrique: "Preferisco essere battuto da una squadra come il Celta, che gioca bene, che non tradisce mai le sue idee. Ha una delle proposte più attraenti nella Liga, ha potenziale e lo sviluppa. Visto il livello proposto oggi dal Celta, posso solo congratularmi con loro."
Il *Toto* ha subìto *debacle* pesanti con il Celta, come per esempio il 6-1 incassato al Camp Nou. Questo è un test della coerenza dell'allenatore. Nella conferenza post-partita, è uscito a testa alta e ha dichiarato:

> «Siamo venuti ad affrontare il Barça con coraggio, con determinazione e convinzione nel nostro calcio. Questa punizione è troppo grande per lo sforzo che abbiamo profuso, per il modo in cui abbiamo giocato, per aver sfidato il potere dei nostri avversari proponendo calcio. Questo è il nostro modo, il nostro stile. Apprezzo il fatto che, anche quando le cose si fanno difficili, la squadra agisce allo stesso modo, sono ragazzi coraggiosi.»

Stesso tono moderato, con 4-1 o un 1-6. Berizzo genera credibilità perché è autorevole, perché dice quello che pensa e fa quello che dice. Perché ha un orizzonte chiaro, ma per arrivarci non è disposto a fare qualsiasi cosa. O ci arriva rispettando i suoi ideali o preferisce non arrivarci affatto.

> «Non c'è nessun tecnico che possa travestirsi da qualcosa che non è. La personalità e il carattere giocano un ruolo importante perché se vuoi convincere i tuoi giocatori a difendere un'idea, devi prima crederci. Come calciatore ho gareggiato secondo il mio carattere e ora che alleno faccio lo stesso.»

Piuttosto che parlare di lui, è meglio sentirlo descrivere come valuta un allenatore e i suoi princìpi di gioco.

> «Sono responsabile, preoccupato e appassionato. In campo sviluppi i tuoi metodi, scegli la strategia, ma tutto inizia con la passione per quello che fai e il desiderio di fare sempre meglio. Mi piace essere il protagonista delle partite, avere il controllo del gioco. Non mi piace essere dominato. Voglio prendere il comando avendo la palla il più a lungo possibile. Quando non ho la palla, cerco di rubarla ai miei avversari, e quando la recupero, cerco di portare freschezza, mobilità e dinamismo al gioco. Provo a usare la palla il più possibile. L'intenzione è giocare con la nostra idea. Pressare, non far giocare i nostri avversari e usare il possesso in modo intelligente.»

Se c'è una cosa che Bielsa ha inculcato nei suoi giocatori professionisti, è lo spirito del dilettantismo da mantenere. Facendo appello all'amatore che c'è in ogni giocatore, è in grado di tirare fuori il loro lato migliore, il loro amor proprio, il loro orgoglio e il loro desiderio di giocare non per soldi ma per amore del calcio.

> «Dobbiamo ricostruire un sentimento, qualcosa di molto profondo: torniamo a quando avevamo 14 anni, quando giocavamo contro quei rivali nel nostro quartiere e non ci importava più di niente, non il luogo, non l'ora, niente. Perché l'unica cosa che ci interessava era giocare».

Questo concetto è rimasto nel cuore del *Toto* e oggi, come allenatore, lo trasmette ai suoi giocatori in questi termini:

> «Credo nell'essere il più dilettante possibile all'interno della professionalità che la competizione richiede.»

Se c'è una cosa che si impara dopo tanti anni col Loco, è la competitività. Quel desiderio di vincere ogni partita, di andare avanti per 90' contro qualsiasi squadra, in qualsiasi contesto. Lo stesso vale per *Toto* come allenatore.

«Bisogna vincere ogni partita. Mi preparo mentalmente a vincere ogni sette giorni. Non c'è nessun avversario, nessuna circostanza, nessuna settimana in cui puoi abbassare la guardia in allenamento o in una partita. La richiesta che faccio prima a me stesso e poi ai miei giocatori è di provare a battere chiunque abbiamo di fronte.»

"Il calcio è un mondo di esagerazioni. Esageriamo nel bene e nel male", ha detto Jorge Valdano con la consueta lucidità. Eduardo ne è pienamente consapevole. Per questo non si lascia trasportare dalle opinioni pro o contro, perché sa che quasi tutte si basano su un risultato e raramente giudicano un percorso. L'aver interiorizzato così tanto spiega come riesce a mantenere quell'ammirevole equilibrio nel suo comportamento di fronte alla vittoria e alla sconfitta, senza farsi trasportare da ciò che lo circonda.

«A volte le passioni si esasperano e si passa da un estremo all'altro in sette giorni. Essendo il protagonista di questo scivolo emotivo che è il calcio, non credo né alle critiche né alle lodi. A volte i risultati confondono tutto».

Ci sono pochi momenti di piacere per il tecnico. Per Pep Guardiola, "La vera soddisfazione arriva quando senti che la squadra è tua e gioca come vuoi". Questa è la più grande risorsa che un comandante possa avere, che il suo undici agisca a sua immagine e somiglianza, e senza dubbio il *Toto* ha ottenuto questo al Celta.

«Mi sento molto gratificato nel vedermi rappresentato in campo dai giocatori. Dovremmo sentirci molto orgogliosi di noi stessi, per il modo in cui i giocatori ci rappresentano. Andare alla ricerca del risultato, essere generosi con il gioco e con il calcio».

Ci sono modi degni di vincere ma pochi modi degni di perdere. Questo è il modo in cui il tecnico argentino lo intende. Dopo essere stato eliminato contro il Siviglia in Copa Del Rey, anche se avevano fatto un grande partita, ha dichiarato:

> «Eravamo sempre all'attacco, siamo stati intensi, aggressivi, provando continuamente, mettendo all'angolo i nostri avversari. Ci siamo sentiti padroni del gioco e ci siamo dati da fare per essere i protagonisti. Se dobbiamo uscire, questo è il modo per farlo. I tifosi sono venuti a vedere la loro squadra andare all'attacco con coraggio e così è stato. Nonostante l'eliminazione, i tifosi ci hanno regalato una *standing ovation*. Quando questo accade, il risultato passa in secondo piano.»

Naturalmente, non mancheranno mai i commenti orientati al risultato di coloro che non capiscono la grandezza e la bellezza del gioco. Un giornalista alla stessa conferenza gli ha chiesto se non fosse interessato a vincere quella partita. La sua risposta è stata decisa:

> «Sì, ovviamente volevamo vincere e andare avanti, ma giocando così. Non sarei così soddisfatto se avessimo vinto aggrappandoci alla traversa, giocando senza idee. Preferisco essere orgoglioso del modo in cui abbiamo giocato e della volontà della squadra di attenersi alla nostra identità. Il risultato non ci ha premiato.»

Ariel Holan

Ariel Holan è senza dubbio uno degli allenatori più particolari e innovativi degli ultimi anni del calcio argentino. Fin dal suo primo giorno al Defensa y Justicia ha mostrato un calcio d'attacco, elaborato e accattivante. L'arrivo di questo strano personaggio ha fatto molto bene allo sport nazionale. La sua proposta e i suoi metodi hanno regalato interesse a un campionato dove spesso regnava tanta isteria e speculazione, dimostrando che quando c'è un progetto chiaro non ci sono scuse per non esercitare il protagonismo e la creatività.
È stato allenatore di hockey su prato per molti anni e ha ottenuto un enorme riconoscimento in questa disciplina e, se avesse voluto, sarebbe ancora al comando delle migliori squadre di questo sport.
Ma Holan ha avuto il coraggio di lasciare il suo *habitat* e quindi la credibilità che si era costruito, alla ricerca di un sogno. Ha lasciato un mondo in cui era ampiamente rispettato per entrare in uno in cui non aveva esperienza, non era stato un giocatore professionista e arrivava senza nessuna spinta. Non gli importava dei pregiudizi dell'ambiente calcistico. Il suo obiettivo era chiaro ed era pronto a battersi e lavorare per raggiungerlo. A tal fine, ha ricoperto una serie di ruoli nei diversi club che gli hanno dato la possibilità: analista video, assistente allenatore, tecnico delle giovanili e delle riserve, fino a quando gli è stata data la possibilità di seguire la prima squadra, un percorso di fatica in cui ha trovato per sua fortuna persone che hanno creduto in lui, come Matías Almeyda. Come disse una volta Muhammad Ali: "Colui che non ha abbastanza coraggio per rischiare, non otterrà nulla nella vita", Holan ha avuto questo coraggio, e la sua carriera ha preso forma giorno dopo giorno.

So che sei un grande fan di Bielsa e che è uno dei tuoi maggiori riferimenti. Questo si riflette nel modo in cui fai giocare le tue squadre.
«Ammiro profondamente Bielsa. Allenare è un'arte, e Bielsa la svolge in modo straordinario. Riesce a far giocare la sua squadra nella maniera in cui la prepara, grazie a un lavoro molto speciale. Questo è il valore più importante che gli riconosco. L'obiettivo principale di un allenatore è quello di far giocare il suo undici

nel modo in cui viene preparato. È sempre fedele alla sua idea, e certamente è diverso dagli altri.»

Menotti dice che non si tratta di quanto hai vinto, ma del segno che hai lasciato mentre eri lì. Bielsa non ha vinto quello che altri hanno conquistato, ma lascia un segno molto profondo ovunque vada.
«Esattamente così. Riesce a lasciare questo segno perché, attraverso un processo di allenamento molto rigoroso, riesce a far progredire e crescere i suoi giocatori.»

Hai usato la parola "coaching" diverse volte. Penso che la più grande rivoluzione di Bielsa nel calcio risieda nella modalità proposta nell'allenare, quei metodi totalmente innovativi che rappresentano perfettamente le azioni che poi vediamo in partita.
«È un maestro nello sviluppo del contesto e della formazione dei concetti. Queste due parole lo definiscono: contesto e concetto.»

Non sei stato un giocatore di calcio professionista. Bielsa sì, ma con una carriera insignificante. Per nessuno di voi deve essere stato facile essere riconosciuti nell'ambiente degli allenatori.
«Non sono assunto per giocare, perché non potrei farlo. Sono stato assunto per allenare. Così come non tutti possono essere giocatori, non tutti possono essere allenatori.»

Come hai iniziato a prepararti e quando hai deciso di entrare definitivamente nel mondo del calcio?
«Ho incominciato ad allenare nel 2000. Quell'anno ho smesso di guardare il calcio come un tifoso e ho iniziato a farlo come un allenatore. Ho preso ad approfondire la conoscenza del gioco. In passato lo osservavo anche per "rubare" qualche situazione che poi potevo usare nell'hockey. Ho incorporato cose di Menotti e Griguol quando ero coach di quello sport. Poi mi sono detto: "Voglio realizzare un sogno". Da quel momento in poi ho provato a vedere il calcio con l'occhio di un tecnico di fútbol. Dal 2000 avevo già un *software*, analizzavo le partite, accu-

mulavo informazioni sulle squadre argentine e internazionali. Nell'agosto 2003 sono partito con Burruchaga.»

Sei passato attraverso diverse fasi: allenatore di squadre giovanili e riserve, analista video, assistente e ora allenatore della prima squadra.
«Prima sono stato l'analista video di Burruchaga per cinque anni. Poi Julio Comparada mi ha affidato la scuola calcio dell'Independiente, con un progetto molto interessante. Avevamo millecinquecento bambini, sette centri e quaranta professionisti. Dopodiché sono stato assistente allenatore di Jorge al Banfield e all'Arsenal. Poi sono stato nominato responsabile delle giovanili dell'Argentinos Juniors. Quindi è arrivato il progetto River Plate con Matías Almeyda, dove ero responsabile dell'analisi video e della metodologia di allenamento. L'ho seguito al Banfield, dove sono stato assistente allenatore insieme a Gabriel Amato. L'ultimo passo prima di arrivare al Defensa è stato quello di allenare la squadra riserve del Banfield.»

Hai messo tutto questo in un frullatore, hai fatto un mix ed è venuto fuori l'allenatore Holan.
«Non è stato facile il mio percorso nel calcio, specie all'inizio, in fondo venivo da 16 anni come capo allenatore di una squadra di hockey. Quindi assolutamente abituato a essere il leader del gruppo, ma nel calcio, dato che non ero stato un giocatore, ho dovuto fare carriera passando per diversi ambiti della vita dei club, imparando diversi ruoli. Questo mi ha dato la possibilità di apprendere molto.»

Una delle figlie di Bielsa gioca a hockey a livello professionistico?
«Sì, fa parte della squadra nazionale del Litoral. Ha giocato contro una delle mie squadre.»

C'è una famosa foto di una partita in cui Marcelo andò a vederla giocare e lo si notava prendere appunti. Quali concetti di gioco puoi prendere dall'hockey e applicarli al calcio?
«L'hockey ha costantemente aggiornato le regole del gioco. Questo lo rende molto dinamico e agile. Non si può ricevere con le spalle girate perché è ostruzione,

le posizioni di ricezione sono sempre con i piedi rivolti verso la porta avversaria, si dà molto valore al possesso.»

Alcuni criticano Bielsa per la sua ossessione circa il gioco d'attacco, non importa con quale squadra, contro chi, su quale campo, in quali circostanze; ha sempre la premessa di cercare il gol. Non tutti la vedono come una cosa positiva.

«Io credo che se attacchiamo bene, difendiamo meglio. I problemi, quando si rimane scoperti, non sono causati da una cattiva disposizione difensiva ma da una mancanza di concetti precisi nel gioco d'attacco, perché si perde la palla in settori scomodi ed è complicato riposizionarsi. Il problema è lucidare la parte più difficile del calcio, che è l'attacco. Difendere è facile, ma sapere come attaccare è molto più complesso. Il *focus* deve essere puntato su una disciplina d'attacco chiara ed efficace. Poi, di fronte alla possibilità di perdere la palla, che è una cosa normale, bisogna sostenere buone corse difensive in modo che la squadra non rimanga scoperta. Il calcio è equilibrio.»

Bielsa dice che il lavoro difensivo ha cinque o sei linee guida e poi si raggiunge il limite. Invece il calcio offensivo è infinito, si può creare costantemente.

«Sono assolutamente d'accordo. Inoltre, è più facile difendere che attaccare. Difendere bene non è semplice, ma le regole di base della difesa sono più facili dell'attacco.»

Una delle sfumature che possono essere discutibili su Bielsa riguarda le richieste estreme che fa sui suoi giocatori. Spesso portano all'esaurimento mentale e fisico. Non tutti i calciatori sono preparati per essere guidati da un allenatore come Bielsa?

«Credo che lo siano. È solo una questione di abitudine. Quando si approda in squadre con giocatori che hanno una certa esperienza, le abitudini sono la cosa più difficile da cambiare. E non si ha molto tempo per smuoverli in una direzione diversa. Quando ci si allena come fa Marcelo si genera una carica emotiva importante, perché il giocatore prende costantemente decisioni a un livello di intensità molto alto e non è facile da sostenere nel tempo. La lotta più profonda è sul cambiamento delle abitudini.»

Come puoi, da comandante del gruppo, convincere tutti che allenarsi con elevata intensità durante la settimana, sia il modo migliore per prepararli alla partita? Su quali basi dici loro "Continuiamo su questa strada, che è quella giusta" e che devono proseguire a impegnarsi a seguire l'idea?
«Il calcio è uno sport in cui non si fa troppo affidamento al processo di allenamento. Per uomini come Bielsa è centrale, ma per altri è casuale. Anche per me che arrivo da un'altra disciplina è così. È fondamentale perché ci si deve allenare come se si fosse in partita. Se la qualità di quello che fai è corretta, l'efficacia arriva con lo sviluppo del processo. Ma di tanto in tanto si possono avere delle battute d'arresto. È come un viaggio in aereo, ci possono essere delle turbolenze. Se il pilota si innervosisce in una turbolenza e l'aereo comincia a tremare dappertutto, si schianta. Ora, se il pilota è in equilibrio e prende buone decisioni, l'aereo esce dalla tempesta.»

Bielsa sostiene che i grandi cambiamenti devono essere proposti nel momento in cui si vive un periodo prospero, e non quando si sono già palesate difficoltà. Sei d'accordo?
«Certo, è più facile fare aggiustamenti quando il processo è in una fase vincente. È allora che si ha il vantaggio di arricchire la squadra e di allontanarsi sempre di più dalla sconfitta. Ecco perché è così importante, quando si vince, consolidare e continuare a crescere.»

Cruyff sostiene che allenare non è la stessa cosa che insegnare, che ci sono ottimi allenatori ma pochi buoni insegnanti. Quali cose cerchi di insegnare ai tuoi giocatori?
«Mi piace far capire ai giocatori il perché delle mie richieste. Ci sono due modi di allenare. Uno è l'addestramento canino, ordini all'animale di sedersi per ottenere la ricompensa, quindi esegui muovendo da uno stimolo. Un modo differente è quello che passa attraverso la comprensione del perché lo stai facendo, e la convinzione che sia la cosa migliore da fare.»

Questo metodo ti persuade di lasciare qualcosa almeno al giocatore, un'idea, una visione. Questo è quello che succede con Bielsa: la stragrande maggioranza dei gio-

catori che sono stati allenati da lui dicono che è stato il miglior allenatore che abbiano mai avuto.
«Non c'è maggior riconoscimento per un tecnico. La cosa migliore che può succedere a un allenatore quando l'anno sta per finire è che i suoi stessi giocatori gli dicano che vogliono che rimanga perché stanno imparando tanto e ogni giorno. Questo davvero non ha prezzo.»

Bielsa è molto critico nei confronti della società e dei suoi valori, del successo a ogni costo, del mondo che riconosce solo chi vince, indipendentemente da come ha ottenuto questo esito. E chi perde è stupido, anche se in alcuni casi era probabilmente più meritevole del vincitore.
«Sì, viviamo una società che prende tutto come vita o morte. C'è una ricerca sfrenata del successo senza coscienza della misura. Spesso non importa quali mezzi vengono utilizzati per raggiungere l'obiettivo. Noi siamo così, il nostro modo di pensare va spesso in questa direzione: abbiamo successo individualmente perché siamo molto egocentrici. Ecco perché è molto difficile lavorare di squadra.»

È molto comune, in qualsiasi campo, che chi arriva deve cambiare tutto quello che ha fatto chi lo ha preceduto. In Nazionale non si mantiene mai uno stile e si passa da un'idea all'altra, magari completamente opposta. Menotti se ne andò, venne Bilardo, Sabella se ne andò, venne Martino, poi Bauza, poi Sampaoli? Perché è così difficile mantenere un progetto coerente?
«Perché siamo fondamentalmente individualisti. Quindi non costruiamo progetti come hanno fatto per esempio in Cile o in Germania, assumiamo persone e ogni volta cambiamo il progetto per poi abbandonarlo quasi subito. Ognuno mette la sua impronta. Il giorno in cui riusciremo ad avere un progetto, le persone saranno scelte per realizzare quel percorso, in maniera trasparente. Chi non risponde al profilo giusto non potrà essere presente. Ciò che conta è il progetto, non chi lo porta avanti. Questo non succede qui in Argentina, ma credo sia un limite abbastanza diffuso.»

Roberto Nestór Sensini

Un'altra delle grandi figure emerse dalla "rivoluzione Bielsa" nel sistema delle giovanili del Newell's è Roberto Sensini. Con Jorge Griffa al timone e Marcelo alla guida, è stato prodotto il raccolto di giocatori più fruttuoso nella storia del club, e da questo è venuto alla luce anche lui, cresciuto sotto la guida e gli insegnamenti del Loco per lungo tempo. È stato uno dei primi di quel promettente gruppo di giovani che si stava formando per realizzare l'obiettivo di raggiungere la Prima Divisione. Ha fatto parte di una delle squadre più particolari della storia del calcio argentino: quella del Newell's della stagione 1987-88 che vinse il campionato con una rosa composta al 100% da giocatori provenienti dal club. Un evento del genere non era mai successo nel Paese e non è mai più successo da allora. C'è, se vogliamo, una spina in questo splendente *bouquet* di rose: come vale per Abel Balbo e Gabriel Batistuta, nemmeno lui è riuscito ad avere Bielsa come allenatore della prima squadra.
È superfluo raccontare della splendida carriera di Roberto come giocatore, la conosciamo molto bene qui in Italia, dove è sceso in campo, arrivando direttamente dai rossoneri di Rosario, dal 1989 al 2006 per Udinese, Parma e Lazio, senza contare le sue esperienze con la Nazionale, dove ha disputato una sessantina di gare.
Come allenatore, Sensini ha attraversato diversi club. Ha iniziato nell'Udinese, dove aveva appena terminato come calciatore. È stato lì per poco tempo, ma ha raggiunto buoni risultati. Ha lasciato l'Argentina nel 1989 come calciatore ed è tornato nel 2008 per allenare l'Estudiantes. Aveva trascorso 19 anni lontano dal calcio argentino. È stata una grande sfida. Tuttavia, *Boquita* ha avuto un rendimento molto buono in quella stagione col *Pincha*. Ha giocato in Copa Libertadores ed è stato eliminato agli ottavi di finale dalla Liga de Quito del Paton Bauza, poi campione della manifestazione. Nella competizione interna, ha espresso un buon calcio e ha lottato per il titolo, arrivando poi secondo. Sensini è un erede diretto della scuola *bielsista* e questa etichetta la accetta con orgoglio. Tuttavia, era consapevole che se c'è un club in Argentina dove è molto difficile implementare questa filosofia, è l'Estudiantes. Un club che ha vinto molto nella sua storia pro-

ponendo un calcio con meno volontà di protagonismo. Uno stile diverso e forse troppo spesso etichettato con accezioni negative e fuorvianti.
La tifoseria del *Pincha* ha un enorme senso di appartenenza. Sensini sapeva che lo stile Newell's non sarebbe stato ben accolto, e così è stato in grado di adattarsi e ottenere non solo risultati, ma anche essere molto apprezzato da metà della città di La Plata. Come molti della sua scuola, Sensini marca una chiara differenza dal dogmatismo di Bielsa. Nel 2009 è tornato nel suo mondo, il Newell's. Dopo una grande campagna, la sua squadra ha perso il Clausura di quell'anno all'ultima giornata contro il San Lorenzo. Se avessero vinto quella gara, avrebbe riportato il titolo a Rosario, ma i suoi meriti rimangono indiscutibili. L'usura, lo stress di quel periodo gli hanno poco dopo consigliato di lasciare per un po' la vita dell'allenatore. È tornato al Colon nel 2012, dove è ancora ricordato con grande rispetto dal popolo *sabalero*. Anche il suo ultimo incarico di allenatore è stato in quella provincia, all'Atlético Rafaela. Una squadra che stava attraversando un momento sportivo difficile, ma che Roberto è stato in grado di condurre in acque più tranquille mostrando anche prestazioni buone, pur in un cammino irregolare.

Ora, con il senno di poi, realizzi del significato di quell'ambizioso e fruttuoso processo di sviluppo di giovani, guidato da Griffa e da Marcelo e al quale hai partecipato?
«Sì, naturalmente sono d'accordo con la tua valutazione. Sono arrivato al Newell's alla fine del 1982, e lì ho conosciuto Griffa, che era il capo delle giovanili. Tra i giovani allenatori c'era Marcelo. Mi ha allenato in quinta divisione. È stato allora che ho capito che era diverso in termini di concetti, lavoro e idee. Quel processo guidato da Jorge, che includeva Bielsa, ha segnato una svolta nel calcio argentino. Molti giocatori che sono usciti da lì hanno finito per giocare nella Nazionale e hanno fatto la storia della società. Non solo sono stati formati molti giocatori in quel periodo, ma sono stati raggiunti anche importanti risultati sportivi.»

A quel tempo ti sei reso conto che Marcelo era diverso dagli altri, che era un pioniere, con metodi innovativi e una personalità molto particolare?

«Sì, sì. Faceva molti lavori che gli altri non proponevano. Cose nuove e alcune di queste anche abbastanza curiose: mi ricordo che una volta ci chiese di far arrotolare dei manici di scopa delle nostre mamme in modo da poterli dipingere e usarli come pali in allenamento. Il suo gruppo arrivava allo stesso orario degli altri e finiva un'ora dopo. Quelle situazioni hanno dimostrato subito la sua eccezionalità. Era una persona che capiva certe cose prima. Come lavorare, cosa cercare nei giovani... Si è sempre detto che Marcelo era un po' il ribelle della famiglia Bielsa, famiglia che tutti conoscevano in città.»

Hai ancora il rimpianto di non essere stato allenato da Bielsa in prima squadra?
«Sì, certamente. Me ne sono andato nel 1989 e dal 1990 in poi Marcelo si è occupato della prima squadra. Non ho potuto vivere quel periodo straordinario. Non ho avuto questa fortuna o questa opportunità. Ci siamo incrociati di nuovo nel 1998 fino al 2002, in Nazionale. Non ho giocato la Coppa del Mondo del 2002 perché mi sono infortunato sei mesi prima. All'epoca ero capitano. Mi dispiace non essere stato allenato da Marcelo in quella Coppa del Mondo. È qualcosa a cui ancora penso... Quando sono poi diventato allenatore, mi sono subito reso conto che le cose che mi ha insegnato erano molto di aiuto.»

Tata Martino ha raccontato un aneddoto divertente di quando Marcelo era allenatore del gruppo riserve del NOB. Egli, figura della prima squadra, entrò negli spogliatoi all'intervallo di una partita e rimase sorpreso. "C'era una lavagna con duecento frecce, e non si poteva dire dove una iniziava e l'altra finiva", ha detto. Può un allenatore far girare così la testa a un giocatore?
«Quello che succede è che non è la stessa cosa averlo in Nazionale come in un club. L'ho avuto nelle squadre giovanili e lì si impara a conoscerlo. Nella Selección il tempo di lavoro è minore rispetto a quello di un club. Quando lo incontri per la prima volta Marcelo ti può sembrare complicato. Inoltre, non tollera che tu gli dica che hai capito una cosa che in realtà non hai capito. È certamente molto esigente. All'inizio, ripeto, può apparire difficile da comprendere perché non si è abituati a lavorare in quel modo. Alcune cose vanno memorizzate. Una volta che ci si prende la mano, è molto più facile, e molto gratificante. Quelli che l'hanno

avuto in un club lo apprezzano di più, perché sono tutti i giorni lì. In Nazionale lo trovi tre volte ogni due mesi e non è così semplice.»

Menotti dice che si può perdere una partita, ma quello che non si può perdere è la dignità di cercare di giocare un buon calcio. Cosa intendi per "giocare un buon calcio"?
«Si tratta di rispettare l'idea che l'allenatore determina. Si prepara una partita, poi si può perdere, ma si cerca sempre di fare quello che ci si è prefissati di svolgere, senza condizionamenti extra. Portare avanti l'idea è la cosa più importante, non si può perdere quella. Dopo di che, l'avversario può batterti. Quello che si fa in allenamento, poi si cerca di realizzarlo in partita. Non per vincere come puoi, ma nel modo in cui ti sei preparato. Io la vedo così.»

Uno degli aspetti più discussi del lavoro di Bielsa è la sua richiesta molto esigente, il che, a volte, qualcuno pensa porti al logorio mentale e fisico del giocatore nel tempo. Come si fa a percorrere quella linea sottile tra l'esigere il massimo evitando però la saturazione?
«Quando si vuole lavorare al limite, c'è sempre la possibilità di superare quella linea. È qui che entra in gioco l'intelligenza del tecnico: deve capirlo e sapere come equilibrarlo. Non è la stessa cosa quando la squadra viene da quattro vittorie come quando viene da tre pareggi e una sconfitta: cambia. Bisogna sapere come gestire certi momenti. Quello che non può succedere è sfinire i tuoi giocatori, perché questo poi ti si ritorce contro. Marcelo, lavorando in Nazionale, ha gestito questo aspetto ancora più in profondità e gli è tornato utile nei club che ha allenato poi quotidianamente.»

Tra le molte cose che hai imparato e che hai preso da Bielsa, c'è una cosa che, ci pare di poter dire, ti differenzia chiaramente. Sei molto più pragmatico e sai adattarti a diversi contesti e situazioni. All'Estudiantes e al Colón si notava molto, e hai fatto bene, hai lasciato un ottimo ricordo al club e ai tifosi.
«L'allenatore deve avere un'idea. I giocatori devono adattarsi a questa. Quando si arriva in una squadra può succedere che non si possa realizzare quell'idea al

cento per cento e che si debbano modificare alcune cose. Se potessi scegliere tutti i miei giocatori, sarei molto più vicino all'idea di Bielsa. Ho preso molte cose da Marcelo. Ma ho preso anche da altri allenatori che sono stati importanti nella mia carriera di calciatore, anche se lui è il maggior riferimento. Quello che ho conservato di Marcelo è il modo in cui ci prepariamo per andare a vincere le partite, mantenendo sempre la nostra identità. Non è facile raggiungere questo obiettivo. Si può voler imitare il Barcellona di Pep, ma per questo servono anche giocatori di un certo tipo. Come allenatore devi avere un'idea chiara, ma poi puoi cambiare le cose a seconda delle necessità.»

Con tutta l'ingratitudine e l'instabilità che proviene dal lavoro, ti piace ancora fare l'allenatore o la verità è che si finisce per soffrire troppo?
«Mi piace particolarmente il lavoro giorno per giorno, stare coi giocatori... Poi, con la partita arriva una normale ansia. Ci sono cose che si devono tollerare ma che non sempre si condividono. Ho avuto la possibilità di allenare in Italia e in Argentina, tutto accade molto velocemente. Questo significa che il giorno della partita, la gente sugli spalti, che va a cento all'ora durante la settimana, scarica a volte tutta la sua rabbia su di te anche per questioni sue personali. Non è facile accettarlo.»

Claudio Vivas mi ha detto qualcosa di simile: "Si vive con la pressione e la si affronta. Quello che non accettate è la mancanza di educazione e di cultura che esiste in alcuni tifosi. Qui, chiunque si sente autorizzato a insultarti e gridarti contro perché la squadra non vince". Non deve essere facile stare in piedi sulla linea laterale e ascoltare cose così pesanti.
«Certo che non è facile. Quando ero in Italia, la gente sugli spalti ha la cultura di uno spettatore che va a vedere una partita. Dopo, sì, si può essere fischiati se la squadra non gioca bene, ma finisce lì. Qui in Argentina è peggio, non ti liberi mai del tifoso. Quando ero responsabile del Newell's, non ho avuto un momento di relax. La gente se la prende spesso anche con i giocatori, ma loro hanno un modo molto più rapido di ribaltare la loro immagine, con una bella giocata o un buon match. Per l'allenatore è diverso.»

Valdano dice che si lavora come se si dovesse rimanere per il resto della propria vita in un club, sapendo che potresti andartene domani. Quando assumi la direzione di una squadra argentina, ma non solo, devi essere consapevole che dopo tre partite puoi essere licenziato.

«Sì, ne sei consapevole. Questi sono i famosi "progetti" che non vengono mai rispettati. Quando sei lì dalla prestagione, sai che l'inizio del campionato è fondamentale. Non dovrebbe essere così, perché si costruisce una pressione extra. I capi devono sostenere maggiormente i progetti. Se hanno scelto un allenatore è perché credevano in lui, non possono licenziarlo perché ha perso le prime tre partite. In questo caso, è un errore del dirigente, non dell'allenatore. Se credi nell'allenatore, devi dargli una possibilità. Se si crede nell'allenatore, bisogna dargli il tempo di realizzare il suo progetto. Se l'allenatore ha chiesto tre giocatori e gliene hanno portati tre diversi, la responsabilità se le cose non funzionano finisce per essere sempre del tecnico.»

Bielsa sostiene che lo spirito amatoriale, l'amore per il gioco, è l'unica cosa che rende il lavoro godibile, e che per essere un grande giocatore professionista è necessario mantenere dentro di te quello spirito del calciatore dilettante.

«Il calcio oggi è tutta una questione di immagine, di quello che vendi come giocatore, come club o come allenatore. A volte a un ragazzo che ha appena iniziato vengono proposte così tante situazioni che si finisce per disorientarlo. Oggi un ragazzo che segna due bei gol vola dappertutto. Bisogna sapere come prendersi cura dell'ambiente che gli è attorno, stiamo parlando di formazione, educazione, cultura. L'allenatore in Argentina, ma un po' anche altrove, svolge funzioni e compiti che in altri ambiti della società sono assenti. Qui devi darti da fare perché il giocatore non viene pagato, devi andare a parlare con i direttori, devi fare da psicologo perché il calciatore non crolli. È importante tutto, ed è molto pesante tutto ciò.»

Diego Cocca

Per comprendere bene l'originalità di un tecnico come Cocca, bastava osservare il suo Defensa y Justicia che nell'equivalente della nostra Serie B, dove solitamente hanno luogo battaglie campali con spioventi, "lancioni" e tentativi di andare al rimbalzo sgomitando come unica opzione, giocava un calcio profondamente differente da tutti i rivali che incrociava in campionato. Propositivo, attrattivo, mai speculativo. Non solo, però quella squadra si è mostrata diversa, ha anche vinto. C'era, nel gioco proposto, chiaramente un'influenza totale di La Volpe soprattutto, ma pure di Menotti e Bielsa.
Dopo quel risultato straordinario, il Racing ha preso nota e lo ha fatto firmare a metà 2014 per affrontare una sfida molto dura. L'Academia veniva da alcune stagioni terribili con una lunga lista di allenatori contrattualizzati e quasi immediatamente licenziati. Una nave alla deriva, sempre più persa in alto mare e senza un comandante. Per questo arrivò Cocca, per portare il Racing, senza scali, dritto alla gloria, al titolo. Sì, in un anno e mezzo Diego aveva compiuto due imprese: essere promosso per la prima volta nella sua storia con il Defensa y Justicia, e diventare campione con un club che negli ultimi 48 anni lo era stato solo una volta.

Per capire il tuo profilo di allenatore, devi guardare indietro, ai tuoi giorni da calciatore nell'Atlas, in Messico. Lì hai avuto la grande influenza di Ricardo La Volpe, che ti ha marchiato a fuoco e ciò si riflette chiaramente nel tuo stile.
«Sì, proprio così. Molti di noi che sono stati guidati da La Volpe oggi sono tecnici. Ho trovato in Messico, con lui, un modo diverso di vedere il calcio, una continua ricerca della superiorità numerica e una forma chiara per andare a giocarsi le partite. Cose che fino ad allora non avevo visto qui in Argentina. È stato allora che ho cominciato a pensare che mi sarebbe piaciuto trasmettere questi concetti ai giocatori che mi toccava dirigere. Ho preso l'idea di Ricardo e logicamente l'ho adattata alla mia impronta.»

Qualche anno prima del tuo arrivo, Bielsa era all'Atlas come coordinatore delle giovanili, allenatore della prima squadra e poi direttore sportivo. Durante il tuo

passaggio, si parlava ancora di lui? Hai notato che ha lasciato un'impronta importante?
«Sì, soprattutto nell'area formativa. Bielsa si dedicò non solo alla Prima Divisione ma anche alle giovanili. Si sa che non solo cerca di lasciare qualcosa di profondo ai suoi giocatori, ma anche al club. Lo ha sempre fatto. All'Atlas ha lasciato ad esempio un sistema di scuole calcio, non solo nella città di Guadalajara. Così cominciarono ad arrivare giocatori da ogni parte del Messico, ed emersero nuovi talenti che andarono poi a formare quello straordinario gruppo di cui La Volpe avrebbe poi goduto. Il suo passaggio è stato molto importante e ha segnato un prima e un dopo.»

Hai vissuto un periodo prospero nel calcio messicano, iniziato con Menotti. Nei primi anni Novanta il Messico stava attraversando una terribile crisi calcistica e istituzionale. Il Flaco ha preso in mano la Nazionale e ha permesso un cambiamento radicale, il calcio d'inizio per gli anni a venire.
«In Messico sono passati tecnici straordinari. La loro filosofia è sempre stata quella di lasciare impronte al giocatore e al Paese, quindi inevitabilmente il Messico è cresciuto. Stiamo parlando di Menotti, Bielsa, La Volpe... È logico che il calcio abbia avuto un'evoluzione positiva e sia diventato sempre più competitivo grazie a quegli allenatori che sono anche grandi maestri. Bielsa e Menotti li ascolti e ti appassioni immediatamente.»

Il calcio messicano è cresciuto così tanto con loro che Guardiola è andato a terminare laggiù la sua carriera di giocatore, per conoscere dall'interno anche il lavoro che ha fatto La Volpe.
«Sì, è così. Le persone che ti lasciano qualcosa sono poche. In Messico c'erano diversi allenatori pronti ad apprendere da quei tre mostri. E così il calcio messicano ha trasceso e ha fatto sì che una persona come Guardiola andasse lì a imparare.»

Bielsa dice che i giocatori molto bravi e quelli modesti li vediamo tutti. Il merito sta nell'avvertire e sapere quale giocatore normale diventerà buono. Questa è una delle tue migliori virtù come allenatore.

«Sì, quello che sto cercando di fare è lasciare "cose" al giocatore. Mi occupo di trattarlo in modo differente da come fanno molti altri, di individualizzare il rapporto con lui e cercare di potenziarlo.»

Per Simeone il miglior allenatore è quello che fa rendere un giocatore di medio livello da top. Tu hai ottenuto ciò da molti calciatori: portarli a un livello che non avevano mai mostrato fino a quel momento.
«Questo, credo, perché mi preoccupo del giocatore. Provo a trovare per ognuno quello di cui necessita. Molte volte il giocatore è sorpreso perché non gli era capitata in passato tanta attenzione su di lui. Quando tu cerchi di lasciargli qualcosa, ti ripaga giocando a un livello che non era mai riuscito a raggiungere in precedenza.»

Ti lascio una frase di Menotti per poi farti una domanda: "Si può perdere una partita, ma quello che non si può perdere è la dignità di provare a giocare bene a calcio". Che cosa è giocare bene a calcio per Diego Cocca?
«Avere la palla non mi serve a niente se non creo nulla. Voglio vincere creando più occasioni del mio avversario. Poi c'è una vasta gamma di possibilità su come realizzare questi vantaggi vicino alla porta. Riuscire a generare più situazioni favorevoli vicino alla porta rivale, ecco per me questo è giocare bene: creare di più, meglio se col possesso palla.»

Ti propongo due scenari opposti per vedere dove ti trovi. Menotti dice: "Il mio obiettivo non è vincere, è giocare bene, perché anche se perdiamo oggi, alla lunga vinceremo". Gallardo sostiene: "Preferisco vincere giocando male, perché questo mi dà la possibilità di avere un po' più di tempo per continuare a lavorare per vincere in modo più piacevole, con la mia idea. Se perdo tre partite, i tempi si accorciano".
«La posizione di Marcelo è certamente più legata al calcio di oggi. La cosa importante è non accontentarsi solo di vincere. Devi fare un'analisi obiettiva e, se hai vinto giocando male, devi essere il primo a essere preoccupato. Quando torni ad allenarti martedì, devi assicurarti di vincere la prossima partita giocando bene. Non dobbiamo mai perdere di vista questo obiettivo. Ma vincere ti dà più tempo e senza tempo è impossibile costruire qualcosa di importante.»

"Cachito" Vigil in un suo libro si pone questa domanda: "Se tu potessi scegliere, sceglieresti di essere il numero uno o il migliore?" Sostiene che il migliore è sostenuto dalle prestazioni e dallo stile, mentre il numero uno dai risultati. Portato al calcio: preferiresti essere l'Olanda di Cruyff o la Germania campione?
«Cerco di essere da entrambe le cose per quanto mi conviene. Mi piacerebbe giocare un torneo impressionante, ma – se non ho giocato bene in finale e ho vinto – sono comunque contento del risultato. Capisco che è molto difficile, con tutto ciò che muove il calcio, con le pressioni che ci sono, essere in grado di giocare liberamente in quel contesto. Quindi cerco di trovare un equilibrio. Vorrei sempre che la mia squadra superi gli avversari dal punto di vista calcistico, ma è difficile per il calciatore tentare di giocare un calcio rilassato e disteso in Argentina, soprattutto. Il problema che abbiamo noi allenatori quando cerchiamo di inculcare l'idea di giocare bene è che ci troviamo di fronte a giocatori che per molti anni hanno avuto in testa che devono vincere a tutti i costi. Si cerca di insegnare loro che non è così e a volte risulta difficile. Dipendiamo dal livello di apertura mentale di ogni calciatore. Noi proveremo a inculcargli una mentalità nuova e ci prenderemo le nostre responsabilità, ma a volte questo non basta.»

L'allenatore vive sotto costante pressione. Riesci a non farti condizionare o ti è difficile?
«È complicato per tutti i tecnici. Ognuno ha il suo modo di astrarsi. A qualcuno farà più male, ad altri meno, ma è la realtà ed è quello che succede ogni domenica e che continuerà ad accadere per molto tempo. È una questione culturale e ci vogliono molti, molti anni per cambiare la cultura di un paese. Purtroppo, questa è la realtà, ma noi che amiamo il calcio preferiamo rimboccarci le maniche e metterci al lavoro.»

Bielsa dice: "Non mi lascio tentare dagli elogi perché nel calcio sono di un'ipocrisia assoluta. Quando vengono le cattive prestazioni si trasformano in critiche spietate". Ti è successo nel Racing, inizialmente eri molto criticato e oggi quegli stessi ti idolatrano. Come gestisci l'equilibrio sia nel bene sia nel male, per quel che concerne l'ambiente?

«Si prova a non ascoltare, ma spesso è difficile perché le cose trascendono. Nei paesi calcistici puoi essere criticato perché non piace come gioca la squadra o perché ne hai messo uno e hai tirato fuori l'altro, ed è perfetto. Ma quello che più mi ha ferito delle critiche è che ti dicano che sei un ladro, che vuoi favorire un giocatore per interessi personali. Questo mi ha fatto molto male. Ma alla lunga il tempo ti dà ragione. Ho lasciato al Racing una squadra che valeva più del triplo di quando sono arrivato. Questo è il lavoro dell'allenatore, per me.»

La vera eredità e patrimonio di un allenatore non sono i titoli che ha vinto, ma il fatto che i giocatori lo ricordino con rispetto?
«Che il giocatore venga da te e ti abbracci, che abbia un buon ricordo di te, che ti ringrazi per qualcosa, di solito ti succede con il passare del tempo. Forse il calciatore non lo riconosce giorno per giorno, ma non bisogna dimenticare che spesso tratti con giovani che non hanno molta esperienza della vita. Ma quando sono più grandi e ti riconoscono, ti rendi conto che li hai aiutati nella loro carriera e questa è la cosa più gratificante per l'allenatore.»

Pep, Del Bosque e Bielsa sono tutti d'accordo sul fatto che i messaggi ai giocatori devono essere brevi e diretti. Devono essere concetti semplici e chiari perché il calciatore in generale non ha la capacità di seguirti con attenzione per molti minuti e perde il filo di quello che vuoi trasmettere. Che ne pensi?
«Quando si parla a livello di gruppo, occorre farlo in modo chiaro affinché tutti capiscano. Importante è sapere con chi parlo e che messaggio devo trasmettere. Non è la stessa cosa avere una conversazione con Diego Milito che ha una statura intellettuale e un'esperienza di tanti anni di calcio, o con Brian Fernandez, che stava appena iniziando. Con Diego potevo fare una chiacchierata di 40' e parlare di un sacco di cose, mentre con Brian no, perché non avrebbe avuto lo stesso effetto. In definitiva bisogna mettersi nei panni dell'altro.»

Míchel dice che mentre giocava si sentiva tecnico e ora che dirige si sente ancora un giocatore. A che punto della tua carriera hai iniziato a vedere il calcio come un allenatore?

«Ho la mentalità del giocatore e morirò giocatore. Io sono un calciatore che non può più giocare. Mentre giocavo ho iniziato poco alla volta a considerare il fatto di diventare tecnico: in Messico ho incominciato a scoprire situazioni all'interno del campo che cominciavano ad appassionarmi. Come trovare movimenti per generare superiorità numerica, come tentare di entrare in una difesa chiusa. Così è nata la cosa.»

Bielsa sottolinea spesso il concetto di* amateurismo*, il giocare per amore della palla senza pensare a fama e denaro.
«È per levare la pressione cui sono esposti i giocatori. Stanno pensando al contratto che potrebbe arrivare, alla critica dei giornalisti, a una sconfitta o a un'eliminazione. Bisogna trovare il modo affinché si dedichino solo a giocare, a produrre nella partita quello che abbiamo provato in settimana per cercare di vincere.»

Un allenatore riesce a godersi quello che fa? Hai dei momenti per essere felice e goderti il tuo lavoro?
«Devi cercare qualcosa che ti dia soddisfazione. Se non ti dà soddisfazione, alla lunga non finirai per farlo con il cuore. Ci metto il cuore e amo quello che faccio. Cerco di dare il massimo. Sono stato in grado di godermi le partite e dire "La squadra sta giocando come voglio io". Poi se vinciamo o perdiamo è un'altra questione.»

Come ti prepari mentalmente ad affrontare una conferenza stampa o a trattare coi media, sapendo che di solito affermano sempre il contrario di quello che hai fatto e che ti valuteranno solo in base al risultato?
«Prima conti fino a dieci e poi bisogna capire che è parte del nostro lavoro. Come in qualsiasi professione, non tutto è buono e carino. Personalmente non mi piacciono le conferenze stampa. Capita di andarci col pilota automatico. Quello che ho imparato col tempo, però, specialmente se alleni una grande squadra è che devi essere molto chiaro su quello che vuoi trasmettere. Il giornalista vuole che tu risponda per trovare un titolo per domani, io voglio trasmettere quello che mi sento di voler trasmettere.»

Qual è la linea sottile tra l'essere pragmatici, cioè saper adattarsi, reinventarsi, saper correggere gli errori sul cammino, e tradire se stessi, cambiando l'essenza e le convinzioni?
«Dico solo che con l'esperienza impari a leggere i momenti, capisci di più cosa puoi chiedere al giocatore, sapendo cosa vuoi dalla squadra. Insomma, devi capire da te se possono concederti quel che pretendi. Per me è stato molto più facile giocare bene a calcio nel Defensa y Justicia o nel Godoy Cruz che al Racing, perché il livello di pressione lì era molto più alto. Parte dell'intelligenza di un allenatore è sapere che se vai in un grande club devi pretendere che i giocatori giochino bene, al meglio delle loro capacità e comprendere qual è quel massimo, sapere che a volte non è che non vogliono giocare bene ma stanno dando il tutto il possibile. Per ottenere maggiore impegno da parte del giocatore devi cercare di agire sulla convinzione. Sono convinto che al Racing i miei giocatori hanno fatto il meglio che potevano: volevo che giocassero meglio? Sì, certo, ma ho capito che forse non potevano fare meglio di così.»

Cruyff dice che allenare non è la stessa cosa che insegnare. Cosa cerchi di insegnare ai tuoi giocatori?
«Molte cose. Credo che i dettagli facciano la differenza. A un difensore insegnare anche a come usare le braccia, a come mettersi bene col corpo, quando fare pressione sull'avversario e quando no... Può capitare di dare per scontato che abbiano già certe conoscenze che però non hanno. Insegnare loro i dettagli sull'alimentazione, il riposo, il bendaggio... Il giocatore vede che ci si preoccupa davvero per lui: si tratta di focalizzarsi sulla persona prima che sul giocatore, in modo che già da domani possa avere una carriera di maggior successo.»

Jorge Sampaoli

Per Sampaoli il *bielsismo* non è una tendenza calcistica, ma una religione di cui è il parrocchiano più fedele, più devoto e più praticante.
Una volta si è dichiarato "bielsa-dipendente". Questo termine serve a illustrare l'idillio assoluto che Jorge aveva e ha ancora per Marcelo.
Oggi, parlare di Sampaoli è riferirsi a uno dei migliori allenatori del mondo negli ultimi decenni. Ma non molti anni fa, il suo nome non aveva alcun riconoscimento nel calcio. Ha iniziato dal basso. Ha allenato per diversi anni nei campionati amatoriali locali nella sua nativa Casilda e dintorni, nei club Alumni, Aprendices e Belgrano de Arequito, mentre lavorava come cassiere di banca e svolgeva funzioni nel registro civile della sua città. Ma la sua vita, la sua forza motrice, la sua passione e la sua motivazione erano rivolte integralmente al calcio. "Fin da bambino, ha cercato ogni tipo di informazione sul fútbol".
Come giocatore non aveva prospettiva, quindi voleva avere successo come allenatore. Ha dato alle squadre amatoriali una sfumatura professionale. Faceva allenare i giocatori cinque volte alla settimana, con doppi o tripli turni, quando erano abituati al massimo a una sgambata serale. Portava con sé, dividendo i pochi pesos, un preparatore fisico, Jorge Desio, suo fedele compagno d'avventure, che ancora oggi è al suo fianco. Era chiaro: nella sua mente non si parlava di allenare per hobby, la sua ambizione era grande ed era pronto a raggiungere il suo obiettivo, a qualunque costo. La sua vita e la sua *routine* potrebbero essere riassunte in due parole: Marcelo Bielsa. Era il suo Dio pagano. Andava a correre ascoltando i discorsi del Loco sul suo *walkman*. Aveva decine di registrazioni su cassette e VHS. Centinaia di ritagli di giornali e riviste, quaderni con appunti tutti riferiti a Marcelo. Conferenze, discorsi, interviste, metodi di allenamento, partite delle sue squadre... Passava dodici ore al giorno a studiare, guardare e ascoltare materiale su di lui. Se accendeva la TV, era per i video di Bielsa. Se accendeva il suo lettore musicale, era per le registrazioni di Bielsa. Più volte ha viaggiato da Santa Fe alla sede dell'AFA a Ezeiza esclusivamente per guardare l'allenamento della squadra nazionale allenata da Bielsa con un binocolo da lontano, dal recinto, dall'esterno, così poteva rubargli e imparare qualche concetto tattico.

«Sono andato a vedere tutto ciò che circondava Bielsa. Mi sono avvicinato al suo staff. Lo vedevo come una figura mitica. Ho ascoltato tutti i suoi discorsi e le sue conferenze. Ero sempre concentrato sul calcio. Sono arrivato a un punto in cui ero "bielsa-dipendente". Ho seguito e saputo tutto di lui e del suo Newell's.»

Tale era la sua devozione verso il Loco che arrivò a dire:

«Non guardo più nessun altro allenatore, e non imparo da nessun altro allenatore tranne che da Bielsa».

Sampaoli non è stato però un semplice imitatore, non voleva esserlo. Era convinto che quella fosse la strada che voleva seguire, ma Jorge aveva questi gusti calcistici, questa concezione del gioco, da prima di Bielsa, e trovò nel Loco la figura che rappresentava perfettamente ciò che sentiva, l'uomo che poteva illuminargli il cammino, che poteva servire da guida per fare passi decisi e concreti, e che sarebbe stato uno specchio in cui riflettersi. Ha trovato tutto ciò in Marcelo.

«Mi sono sempre identificato con la sua filosofia, con il suo piano di continuo attacco, con il suo senso del gioco. Sono sempre stato un seguace di Marcelo. La filosofia, l'idea. È l'idea di protagonismo che seguo. Mi piace molto il modo in cui fonda e difende le sue idee e come riesce a trasmetterle ai suoi giocatori. Quando ho smesso di giocare, nel 1989-90, andavo a vederlo allenare il Newell's. Marcelo mi dava ogni volta una scossa, mi scioccava ogni volta che ascoltavo un suo discorso. Mi sembrava che vi fosse un'enorme differenza tra lui e il resto, e questo è diventato ancora più pronunciato con il passare del tempo.»

Un aneddoto divertente che riflette l'ossessione di Jorge per il Loco si è verificato con la sua compagna dell'epoca. Mentre era alla guida del Newell's, Bielsa ha tenuto corsi a Rosario e Cordoba. Sampaoli li aveva conservati su un videoregistratore. Un giorno, sua moglie volle registrare una telenovela e senza accorgersi cancellò una VHS piena di materiale su Marcelo.

«Un dramma autentico, sono arrivato vicino al divorzio», ha ricordato.

Naturalmente, coloro che ammirano il Loco non lo fanno solo per le sue doti di allenatore, ma anche per il suo lato umano. È un esempio come pochi altri in questo mondo.

«È il migliore per la sua moralità. Per il rispetto delle sue idee...
È una persona che trasmette molto limpidamente i valori e questo lo rende diverso. In uno sport esigente come il calcio, ha sempre mantenuto una linea che lo distingue dagli altri.»

La carriera professionale di Jorge è iniziata nel 2002, in Perù ebbe la sua prima occasione all'Juan Aurich. Per affrontare la sua più grande sfida fino a quel momento, quella che poteva cambiare la sua vita, cercava un compagno, un assistente allenatore. Chiese a Claudio Vivas alcune referenze e Claudio gli raccomandò un giovane sui 20 anni, un certo Sebastian Beccacece. Sampaoli-Beccacece-Desio, uno staff che più tardi avrebbe raggiunto l'*élite* mondiale, stavano appena iniziando a fare i loro primi passi sulla scala professionale. Hanno subito fatto molto bene in Perù, gestendo l'Aurich, lo Sport Boys e il Coronel Bolognesi. In tutti e tre i club si sono resi protagonisti di campagne molto buone, mostrando un calcio accattivante, attraente e audace.

«Venendo dal basso e non essendo ben conosciuto, avevo solo tre partite in ogni club per avere un impatto e convincere i funzionari e i tifosi. Se non avessi provocato questo forte impatto, sarei stato licenziato. Ecco perché ho dovuto fare qualcosa di diverso.»

Il suo modo di lavorare, quello in cui faceva giocare le sue squadre, cominciò ad attirare molta attenzione. Sampaoli non passò più inosservato e la nazione Inca cominciò a notare che stava nascendo un lavoro importante. Tanto che uno dei maggiori club del paese, lo Sporting Cristal, andò a cercarlo. È stato lì che ha subìto la peggiore frustrazione della sua carriera. Jorge è arrivato al Cristal e fin

dall'inizio ha implementato una metodologia di lavoro con una richiesta alta, sessioni di allenamento lunghe e intense. Questo non è stato preso bene dalla vecchia guardia della squadra che non accettava da uno sconosciuto quel genere così pesante di proposta. I giocatori hanno manifestato ai dirigenti la loro perplessità. Da qui nasce la peggiore sconfitta del suo passaggio sfuggente al club, avvenuta nel 2007, nel preliminare di Libertadores, contro i messicani dell'America, finito 5-0.
Dopo quella sconfitta, Jorge si è sentito in dovere di inviare una lettera a Bielsa scusandosi per non aver saputo difendere lo stile e l'idea, per non essere stato all'altezza della "scuola bielsista".
Incredibile ma vero: Bielsa ovviamente non conosceva Sampaoli. Questo era il senso e l'intensità della sua passione e del suo rispetto per la figura del Loco. Quella delusione che rappresentava un passo falso nella sua carriera era ben lungi dal farlo desistere. Soprattutto, Jorge rimaneva ossessionato.

> «Sono un uomo che è resiliente di fronte al fallimento, che si rivela di fronte a questo e continua ad andare avanti finché non raggiunge il suo obiettivo.»

Niente lo avrebbe fermato. Nel 2007 è arrivato in Cile per allenare l'O'Higgins di Rancagua. Alcuni lo avevano già etichettato come "il mini-Bielsa". "Il Bielsa economico" o cose così. La sua famigerata somiglianza col Loco era molto evidente. Jorge ha iniziato a realizzare sempre più ciò che desiderava: essere un degno rappresentante della tendenza Bielsa. Divenne il massimo esponente e discepolo di quella scuola. Nella squadra cilena ha raggiunto livelli calcistici molto alti. Ha ottenuto uno storico terzo posto in uno dei tornei locali. Ma ciò che spiccava di più erano la qualità e la modalità del suo gioco. È stato in grado di mettere insieme una squadra estremamente competitiva, giocando alla pari con le potenze cilene. Sempre con la stessa premessa: non credersi inferiore a nessun altro e cercare di vincere sempre, essendo protagonisti su qualsiasi campo contro qualsiasi avversario.
Poi, ha avuto un periodo di risultati non positivi che lo ha allontanato dalla panchina. Ma una cosa era già evidente da allora: Jorge Sampaoli era il figlio più diretto di Bielsa in termini di stile.

Il suo nome stava già facendo le onde, come si dice in Sudamerica. Tanto che nel 2010 il più grande club dell'Ecuador, l'Emelec, lo ha contattato. Dopo un brutto inizio, si è rimesso in carreggiata alla grande. Ha vinto la prima fase del torneo locale, qualificandosi così per la Libertadores e la Sudamericana 2011 e per la finale del campionato nazionale, vincendo nettamente il derby cittadino contro il Barcellona.
Nel giugno di quell'anno vi fu un evento storico: la FIFA nominò l'Emelec come migliore squadra del mondo in quel momento, riconoscendo l'enorme livello raggiunto. Raramente quel paese aveva visto un calcio di una natura così offensiva e attraente. Solo la grande LDU di Quito gli levò la soddisfazione del titolo, battendo nella finalissima.
In quel momento, oltre alle riconosciute capacità, una cosa era chiara: Sampaoli aveva l'anima di un ribelle. Non era, e ancora non è, uno di quegli allenatori che arriva in un posto, completa il suo lavoro in modo ordinario e se ne va.

> «Mi piace andare in posti dove posso rivoluzionare la storia – dirà. Quando sto per scegliere, cerco sempre progetti di persone che hanno ambizione, fame, che non hanno la testa bloccata su ciò che hanno raggiunto ma l'entusiasmo e l'aspirazione di voler essere migliori di quello che sono.»

Nel 2011 si è unito alla "Universidad de Chile" (La U de Chile), dove avrebbe costruito una delle migliori squadre sudamericane della storia in termini di risultati e, soprattutto, di prestazioni. Ha vinto tre volte il campionato cileno e una Copa Sudamericana con uno stile unico e riconoscibile, oltre che con un livello di gioco superlativo. Mai il club aveva segnato 131 gol in una stagione o vinto 42 partite e raggiunto le semifinali della Copa Libertadores.
Dopo aver umiliato il Flamengo a Rio de Janeiro per 4-0, negli ottavi di finale della Copa Sudamericana 2011, al termine di una partita perfetta della La U, Sampaoli ha incontrato Ronaldinho nello spogliatoio. La stella brasiliana in quel tempo era al Fla e gli disse che non aveva mai giocato contro un avversario così superiore.
Per cinque mesi consecutivi nel 2012 La U è stata eletta dall'IFFHS come la seconda migliore squadra del mondo, dietro il Barcellona di Pep. Quella squadra

giocava in modo identico a una del primo Bielsa: attacchi diretti, brevi, frenetici, verticali, con transizioni veloci. Più tardi, con la Nazionale cilena, adottò alcune marcate differenze con lo stile del Loco.
Tra i molti argomenti su cui Sampaoli è d'accordo con Bielsa, ce n'è uno molto particolare che entrambi sostengono fino in fondo: lo spirito amatoriale. Anche se sicuramente lo avrà costruito e ratificato ritrovandolo in Marcelo, Jorge lo sente molto dentro di sé, anche per via delle sue origini. Ha iniziato veramente dal basso, senza essere assolutamente nessuno nel calcio. Ha dovuto remare in mezzo all'oceano, contro ogni previsione, senza sapere se avrebbe raggiunto una destinazione soddisfacente. Ecco perché ha interiorizzato così bene il significato profondo di questo concetto.

«Abbiamo cercato di riportare il calciatore alla sua versione migliore, quella in cui ritrovava il gusto di giocare. L'abbiamo tolto dal presente e l'abbiamo rimesso nel passato, quando giocava con molta più genuinità, con molta più gioia e senza tanto isterismo. Il giocatore deve tornare alla sua versione migliore, che è quella di quando era bambino. Quando era nel suo quartiere, si divertiva, non aveva un manager né soldi e giocava fino al momento in cui sua madre lo chiamava per la cena. Questa è la sua versione migliore, quella del dilettantismo. Chiedo ai miei giocatori di giocare per amore del gioco, tirando fuori il bambino che è in loro.»

Il Loco ha sempre sostenuto che per essere un grande giocatore professionista bisogna avere molto spirito amatoriale, che è d'accordo con un altro maestro, "Cachito" Vigil: "L'amatore non è qualcuno che fa qualcosa senza essere pagato, è qualcuno che fa qualcosa per amore e passione."
Un altro aspetto dove Bielsa e il suo discepolo hanno coincidenze estreme è nell'intensità con cui vivono la loro professione, spesso oltre limiti che sono pericolosi anche per la loro salute mentale e fisica. Danno corpo e anima al calcio. Vivono il lavoro con passione assoluta.

«Sono sempre lì. Non smetto di interrogarmi su come possiamo fare male agli avversari e su come loro possono fare male a noi. Non voglio dare vantaggi e loro non devono sapere quello che sto preparando. Un dettaglio o un *set play* può essere determinante per vincere o perdere. È una vera ossessione per me.»

C'è un episodio particolare per certificare l'assunto, prima di una partita contro la Colombia, a Barranquilla, quando stava per portare il Cile alle qualificazioni per Brasile 2014. Durante gli allenamenti, ha ordinato a tutti coloro che non facevano parte della squadra di lasciare lo stadio, compresi gli addetti alle pulizie e i giardinieri. A un certo punto ha interrotto la sessione di lavoro quando un elicottero ha sorvolato il campo, aspettando che sparisse dalla vista prima di continuare. Per non parlare del campo di Pinto Duran, sede degli allenamenti della Nazionale cilena, dove ha fatto in modo che ogni spiraglio da cui si poteva vedere il terreno di gioco dove preparavano le gare fosse coperto.
In Cile, Sampaoli è descritto, da questo punto di vista, come molto più ossessivo di Marcelo. Dal punto di vista umano, i loro sono approcci differenti. Sampaoli è molto più vicino al giocatore, ha un rapporto più cordiale e continuo, mentre Bielsa, come è noto, è più lontano, sembra freddo ed ermetico. Non entra quasi mai in contatto con i ragazzi fuori dal campo. Come riflette Pedro Fuenzalida, che è stato allenato da entrambi: "Sampaoli è molto più accessibile, Bielsa appare più distante."
Entrambi hanno una visione piuttosto critica sulla stampa. Mentre Bielsa è molto più diretto, non rilascia interviste individuali da molti anni e il suo unico contatto coi media è nelle conferenze, Sampaoli è più reticente sul modo in cui il giornalismo viene praticato dalla maggior parte delle persone. È più probabile che Jorge camuffi la sua irascibilità e mantenga rapporti speciali solo con poca gente fidata. Però è chiaro a lui, ma pure a Marcelo, come infastidisca la superficialità o la malafede di chi incoraggia solo la polemica, quella stampa che vuole solo un titolo che venda, una "notizia bomba", argomenti superflui e totalmente banali. Si parla troppo poco di calcio, insomma. Anche se poi non è sempre così e ci sono analisti e giornalisti che fanno con coscienza il loro mestiere.
Dopo aver vinto la Copa America con il Cile, Sampaoli si è sfogato e ha espresso tutto il suo dispiacere per il modo in cui i media hanno cercato di mettere i bastoni tra le ruote alla squadra, lanciando energia negativa e mettendo in discussione

lui e la Nazionale durante tutta la competizione giocata peraltro proprio in casa. Queste furono le sue parole in quell'occasione:

> «L'ambiente che circondava il gruppo di giocatori e lo staff tecnico sosteneva che la possibilità di raggiungere la Copa America era impossibile. Come allenatori abbiamo lottato contro tutti questi aspetti negativi per liberarcene, con l'obiettivo di dire ai giocatori "Tutta questa gente dice che non possiamo, noi dimostreremo che ce la faremo". Quello che abbiamo percepito come *coaching staff* è che i media volevano che questo processo fallisse e non avesse successo. Questo è quello che ci hanno fatto sentire a ogni conferenza stampa, ogni volta che ti svegliavi e volevi leggere un giornale o ascoltare la radio oppure guardare un programma televisivo. Cercavano l'aspetto negativo, evidenziavano la possibile crisi, quelle sfumature che teoricamente avrebbero portato a conseguenze nefaste. Essere in un paese dove tutti ti hanno amato è importante, anche se i media, vedo, non ti amano.»

La vorace dedizione che entrambi hanno per la loro professione li stimola a migliorarsi continuamente ma anche a chiedere tanto, tantissimo ai propri giocatori. Una richiesta che alcune volte può diventare controproducente perché porta a un logorio mentale e fisico. Non tutti sono pronti per essere comandati da uno come Bielsa. Ma per questi allenatori è una filosofia di vita visto che prima di tutto sono estremamente esigenti con loro stessi.

> «Non c'è un mio allenamento che non intenda e riconosca i limiti – ha detto Sampaoli. Se non fa male, non va bene. Dobbiamo dare il massimo e poi vedremo cosa succede.»

A seconda di come lo si guarda, quello che alcuni potrebbero vedere come negativo, può essere estremamente positivo per un leader come Jorge. Due dei giocatori più importanti della Nazionale cilena, Vidal e Medel, hanno giocato con un infortunio partite importanti, dimostrando il loro impegno assoluto alla causa che Sampaoli stava conducendo. Quando un giocatore risponde così a un tecnico, è perché il comandante è bravo e riesce a toccare i tasti giusti. Come dice lui stesso:

«Devi smuovere il giocatore, altrimenti è difficile che si identifichi con la tua idea.»

"I giocatori stanno morendo per Sampaoli", confermavano alcuni giornalisti cileni. Come accennato, nel 2012 è arrivata la sfida più importante della sua carriera: prendere in mano la Nazionale cilena, la stessa squadra che Bielsa aveva rivoluzionato anni prima. La missione di Sampaoli era di rimettere in pista il percorso che il Loco aveva lasciato e che con la parentesi di Claudio Borghi pareva essersi perso. L'allenatore non solo ha riacceso quella fiamma che aveva caratterizzato le gare del periodo Bielsa, ma lo ha anche migliorato, aggiungendo al modello consolidato alcune decisive varianti.

«Abbiamo preso molto di quello che Bielsa ha fatto in Cile. Parlo di idee, mentalità e anche di psicologia, generando un senso di ribellione, di volontà di andare oltre i limiti.»

Durante il suo passaggio nella Roja, dal punto di vista del gioco è giusto sottolineare le differenze con l'epopea Bielsa. Ha introdotto, grazie anche al contributo determinante di Juanma Lillo, valente collaboratore e oggi assistente di Pep al City, nella vertigine di Bielsa, la pausa e un più diffuso uso del possesso, facendo appello all'elaborazione e alla gestione paziente del gioco. Ha anche imposto transizioni più elaborate, appunto con maggiori pause, senza ricorrere tanto alla verticalità frenetica che aveva imposto nella Universidad de Chile o agli attacchi brevi e diretti che caratteristici del periodo di Marcelo. Lo conferma lui stesso.

«Bielsa faceva molto più uso della transizione veloce, noi gli abbiamo affiancato un attacco più posizionale. La ricerca della profondità è la stessa, ma la forma per arrivarci è diversa ora.»

Il Cile non si è mai qualificato per due Coppe del Mondo consecutive nella sua storia. Sono arrivati a conseguire questo traguardo proprio con Bielsa e Sam-

paoli nel 2010 e nel 2014. Il loro passaggio ha permesso al Cile di raggiungere quel risultato che attendeva da tempo, vincere la Copa America: sotto l'egida di Sampaoli, ma con il contributo fondamentale del Loco.
Nel 2016 è arrivato al Siviglia. Pochi mesi gli sono bastati per diventare un allenatore che destava interesse in Europa, imponendo il suo stile e ottenendo ottimi risultati con una accattivante proposta di gioco. Un percorso interrotto per il richiamo della Nazionale argentina che rischiava di non andare al Mondiale di Russia. Sampaoli ce l'ha portata ma non c'è stato il tempo per porre fondamenta solide e le parti hanno preferito lasciarsi dopo il non esaltante percorso, già alla fine della Coppa. Dopo un passaggio in Brasile con ottimi risultati e un buonissimo gioco, ora Jorge è approdato a Marsiglia, un altro luogo *bielsista,* in un certo senso forse quello che più profondamente ha vissuto lo spirito del Loco. La prima domanda della conferenza stampa di presentazione riguardava proprio Bielsa e la risposta è stata pronta:

> «Lui è per molti allenatori un riferimento, e per me in particolare. Non ho intenzione di cercare di assomigliarli. Anche perché gli idoli sono impossibili da imitare.»

Sampaoli non è interessato a conoscere personalmente Bielsa.

> «Preferisco continuare a viverlo a distanza, anche per non perdere la mia mistica – ha sempre amato dire. Non credo che vorrei lavorare con Bielsa. Per me è il miglior allenatore del mondo, ma preferisco tenerlo come un mito e seguirlo da vicino, ma senza disturbarlo. Non conosco Bielsa personalmente. Ho parlato con lui solo per telefono. Per me è come l'Indio Solari, un mito.»

I toni elogiativi con cui Sampaoli parla di Bielsa, sono contraccambiati dal Loco, che definisce così il percorso di allenatore di Jorge in Cile: "Ho visto tutte le partite che hanno giocato e penso che la squadra sia chiaramente migliorata rispetto a quando c'ero io. Non ho parlato con lui, ma considerati i risultati che ha ottenuto con la stessa squadra che ho allenato io, penso che lo interrogherei più io di quanto lui interrogherebbe me." Sempre riguardo al confronto dei due percorsi nella selezione cilena, una volta il Loco ha detto: "Sampaoli è più bravo di me. Una delle virtù di un tecnico è la sua capacità di essere flessibile in certe situazioni, ma io non transigo mai sulle mie idee e riconosco che questo è un difetto. Lui si adatta mentre io cerco di non rinunciare a nulla e finisco col sacrificare tutto. Non potrei agire così, ma lo dico davvero riconoscendo un mio limite".

Un aspetto molto caratteristico di Jorge è l'innovazione e questo lo rende un allenatore all'avanguardia. Per esempio, usa la PlayStation per mostrare ai suoi giocatori le mosse in diversi sistemi tattici. Ogni calciatore ha un *joystick* e deve "risolvere" in base a ciò che il gioco richiede. Il giocatore prenderà la decisione che prenderebbe in campo, dato che Jorge cerca di ricreare situazioni di gioco reali che accadranno nella partita. Se il giocatore sceglie o decide male, il gioco segnala l'errore. Oltre a essere estremamente efficace, questo metodo diverte i giocatori. Guardiola ha pensato che fosse un meccanismo eccellente e gli ha suggerito di brevettare l'idea.

Non c'è niente di meglio che chiudere questo capitolo con un aneddoto che è l'illustrazione più chiara di ciò che Bielsa significa nella vita di Sampaoli. Una volta Jorge aveva due libri su Marcelo e qualcuno gli chiese cosa stesse leggendo. Egli rispose:

«Sei un credente? Per me questi due libri sono l'Antico e il Nuovo Testamento.»

Sebastián Beccacece

Sebastián Beccacece dimostra che quando ci sono capacità, passione, dedizione, quando si dà il meglio per inseguire i propri sogni, questi possono diventare realtà: tutto può essere raggiunto, non importa l'età, non importano gli ostacoli o da quanto in basso si deve cominciare. È una persona coraggiosa, che ha osato prendersi grandi rischi per raggiungere il suo obiettivo: essere qualcuno in questo sport.

Non è riuscito ad avere una carriera da giocatore, nemmeno breve. Ha riconosciuto molto presto che non sarebbe stato in grado di avere successo sul campo come calciatore e che per rimanere coinvolto nello sport che amava, avrebbe dovuto riciclarsi in un'altra posizione. All'età in cui un giovane di solito debutta in prima divisione, stava già lavorando come allenatore. A 17 anni, Sebastián stava già muovendo i primi passi. Sì: 17 anni. Ha iniziato con un gruppo di giovani sul campo a otto. In poco tempo era già nel leggendario club Renato Cesarini, una delle scuole di formazione più importanti dell'Argentina. All'epoca, Beccacece e Sampaoli non si conoscevano ancora, ma avevano qualcosa in comune: la devozione per Bielsa. Fu proprio per questo che le loro strade si incrociarono qualche tempo dopo. Il collegamento fu rappresentato da Claudio Vivas, l'assistente del Loco. Nel 2003, Sampaoli affrontava la sua prima esperienza nel calcio in Perù. Per migliorare il suo gruppo di lavoro, stava pensando a un nuovo assistente allenatore. Ha chiamato Vivas per chiedergli di raccomandargli qualcuno, ma ha posto delle condizioni non molto allettanti per chi accettasse: doveva essere giovane, che guadagnasse poco, che vivesse con lui e che si trasferisse in Perù. Sicuramente Claudio avrà avuto un centinaio di candidati tra cui scegliere, ma ha optato per un ragazzo di appena 22 anni, un certo Beccacece, che, disse a chi gli aveva mostrato quella richiesta, sarebbe divenuto un tecnico di grande successo. Andare in Perù, guadagnare poco o niente, vivere in modo molto austero? Sebastián non esitò un secondo e accettò la scommessa. Probabilmente è stata la migliore decisione della sua vita.

Beccacece ha passato tredici anni ininterrotti al fianco di Sampaoli. Hanno iniziato dal fondo, nel 2003, col modesto Sport Boys. Insieme, passo dopo passo,

sono diventati uno dei migliori staff del mondo, realizzando straordinari percorsi con la Nazionale cilena, portata pure al primo titolo della sua storia, la Copa America del 2015, e ancora prima con La U de Chile e l'Emelec. A dire il vero i risultati, pur tra alti e bassi, non sono mai mancati nemmeno nell'O'Higgins, nel Coronel Bolognesi, nell'Juan Aurich... Più che i risultati, però, hanno raccolto interesse per il modo in cui arrivavano.
Questo l'inizio dello "storico assistente allenatore di Sampaoli", poi c'è Sebastian Beccacece tecnico. Il suo percorso inizia alla Universidad de Chile nel 2016, dove nonostante abbia mostrato in diverse partite un gioco seducente e interessante, i risultati non lo hanno accompagnato e ha dovuto lasciare la guida del club, poco dopo la metà della stagione.
Successivamente, ha trovato un club ideale per cui lavorare: il Defensa y Justicia, un'istituzione che sa mantenere progetti duraturi, come necessitano un po' tutti ma specialmente allenatori come Beccacece. Fin dalle sue prime gare ha mostrato un calcio molto piacevole, mettendo insieme ottimi risultati accompagnati da una proposta di gioco bella ed efficace. Ha raggiunto un traguardo storico eliminando i brasiliani San Paolo al Morumbi. Era la prima volta che il Defensa lasciava il paese per un torneo internazionale. Ha poi sfiorato il titolo, conteso fino all'ultimo al Racing, club che avrebbe poi allenato, per scelta di Diego Milito, dopo una breve parentesi all'Independiente. L'uscita di Milito dall'Academia ha accelerato anche quella di Beccacece che è tornato proprio al Defensa.
Sebastián è un ragazzo estremamente semplice, umile, appassionato, molto educato non solo nel calcio ma anche nella vita, e con un notevole *background* intellettuale. Al calar della sera, dopo l'allenamento, su due panchine, sotto un lampione e circondati dagli alberi del parco, si è fatto questa chiacchierata.

A soli 22 anni stavi gestendo una squadra alla Renato Cesarini quando Claudio Vivas ti ha chiamato per offrirti di andare a lavorare in Perù come assistente di un certo Jorge Sampaoli. Come ricordi quei primi tempi?
«Ho sempre avuto l'ossessione di entrare nel mondo calcio. Dato che non potevo farcela come giocatore, ho capito presto che doveva essere da qualche altra parte. La cosa più vicina a un calciatore è un allenatore, quindi ho iniziato a cercare

tutto ciò che ha a che fare con il *management*. Ero molto interessato a sapere cosa significava gestire un gruppo. Ho iniziato in una piccola accademia di calcio a otto mentre studiavo per diventare insegnante di educazione fisica. Sono entrato alla Renato Cesarini a 19 anni come assistente nella quinta divisione e un mese dopo la nona divisione era senza allenatore. Ho chiesto a Jorge Solari di darmi quel posto e lui mi ha chiesto il perché. L'ho incalzato sostenendo che ero appassionato di strategia e seguivo tutto quello che faceva Bielsa. Ha finito per darmelo ed è stata un'esperienza molto bella. I ragazzi avevano 12, 13 anni e molti problemi con la scuola, io incontravo gli insegnanti, ci parlavo...»

Hai conosciuto Claudio attraverso Fernando Dorti, che era l'analista video della Nazionale allenata da Bielsa. Sei sempre stato molto vicino a tutto ciò che circondava Marcelo.

«Sì, anche se non conoscevo nemmeno Marcelo, mi sentivo parte di quel mondo e sentivo che stavo imparando. Ho trovato in Bielsa l'innesco per un sacco di domande che mi sorgevano, sul calcio e anche oltre il gioco. Sapere come ha costruito il suo Newell's, io che sono di Rosario.... Questo ha generato ancora più interesse in me. Ma ciò che mi interessava di più era la coerenza del messaggio di Marcelo, l'estrema passione con cui viveva il calcio.»

Quando Sampaoli chiese a Claudio di consigliargli un allenatore, gli disse che doveva essere qualcuno giovane, che guadagnasse poco, che vivesse con lui e che viaggiasse in autobus. Il contesto non era molto motivante: andare lontano da casa, lavorare con uno sconosciuto, partendo dal basso? Hai fatto una scommessa ed è andata molto bene.

«Iniziare qualcosa di nuovo e sconosciuto, è sempre eccitante per me. Non sapevi cosa avresti trovato. Rivolgersi all'ignoto è un rischio ma può regalare sorprese uniche. Non conoscevo Jorge. Ci siamo incontrati un giorno al bar "El Paso", in Paraguay e poi al Pellegrini, un tipico locale di Rosario. Mi ha subito fatto un'ottima impressione. Abbiamo parlato di calcio per ore, di quello che stavamo pensando, di pianificazione e di mettere insieme una squadra. Sono andato con la mia cartella e il materiale che avevo alla Renato. Ci siamo lasciati sapendo che avremmo lavorato insieme. Non abbiamo nemmeno parlato di questioni economiche. Volevo imparare, crescere, inserirmi in un ambiente complesso. Parlare di Bielsa ci ha riunito e commosso. Eravamo entrambi curiosi di imparare da lui perché era un educatore, un formatore. Né io né Jorge abbiamo mai giocato a livello professionale e se vogliamo nemmeno Marcelo aveva avuto successo come calciatore, ma aveva fatto molta strada come allenatore. Questo ci ha motivato.»

Menotti dice che si può perdere una partita, ma quello che non si può perdere è la dignità di cercare di giocare un buon calcio. Cosa intende per "giocare un buon calcio" e non perdere quella "dignità" indipendentemente dal risultato?
«Per me, giocare un buon calcio significa prendere la decisione giusta al momento giusto, nello spazio e nel tempo. Avvicinarsi il più possibile alla scelta migliore. Questo da un punto di vista individuale. Da un punto di vista collettivo, si tratta di come posizionarsi rispetto ai compagni di squadra, come dare più opzioni di passaggio, come mettersi... insomma, questioni strategiche. Giocare bene come squadra può essere riassunto in termini di creare situazioni, assicurarsi di non concederle e lavorare sodo in ogni momento. Quando hai la palla, sfruttarla al massimo e quando non ce l'hai, cerca di recuperarla rapidamente. In definitiva, il gioco consiste nel segnare gol e non prenderli. Il problema è come si arriva all'obiettivo. È lì che tutti lavorano molto sulla forma. Mi piace molto l'idea di passarsi la palla e cercare la superiorità numerica. L'ho imparato con il tempo. All'inizio preferivo l'idea di essere verticale, sono cambiato poco alla volta.»

Anche Menotti dice: "Il mio obiettivo non è vincere, è giocare bene, perché anche se perdiamo oggi, alla lunga vinceremo". Il problema del calcio argentino, ma non solo, di oggi è che questo "alla lunga" non esiste e se perdi un paio di partite di fila, anche se la squadra gioca come vuoi tu, devi andartene.
«Oggi l'éra dell'immediato e del breve termine ci ha invaso. Tutti sceglieremmo la posizione di César, ma oggi suona più lontana e utopica. Dobbiamo mettere insieme una miscela di più punti di vista. Per vincere devi cercare di giocare nel modo in cui ti senti e sei convinto. Per vincere bisogna essere per forza convinti di qualcosa. Portarla a casa giocando male può accadere sporadicamente. Oggi

hai bisogno di un risultato per continuare un processo. Vincere una partita ti dà il respiro per sapere che hai altre tre settimane per continuare ad avvicinarti a ciò che vuoi. Ho dovuto lasciare La U mentre giocavamo un buon calcio, ma non abbiamo conseguito i punti che meritavamo. Sono così dovuto andarmene. Questa è la realtà.»

Il tecnico Dario Franco, per esempio, dice che non lavora per mantenere il suo incarico. Sa che a un certo punto dovrà andarsene e preferisce farlo per la sua strada, rispettando il suo stile, indipendentemente dal risultato.
«Non dobbiamo cadere nel fondamentalismo. Bisogna rispettare l'idea, ma non bisogna avere una mentalità chiusa. All'interno dell'idea che si ha, vi sono alcune sfumature come il luogo in cui ci si trova, i calciatori, l'ambiente. Senza tradire l'idea di protagonismo, è necessario essere intelligenti.»

È quello che è avvenuto con Sampaoli. Sempre all'interno dell'idea di protagonismo, ma La U giocava in modo molto più verticale, frenetico e diretto, mentre col Cile avete optato per transizioni più elaborate, più pazienza, utilizzando tutto il campo.
«Esattamente. Perché sapevamo come aprirci. Dopo una partita contro il Perù, che abbiamo perso, la prima che abbiamo giocato nelle qualificazioni, ho guardato la gara tre volte, quando di solito lo faccio solo una. Ma qualcosa mi era rimasto in mente. Abbiamo iniziato a discutere internamente sul perché dovremmo giocare sempre diretto quando in realtà avremmo potuto lavorare per avere la palla più pulita. Abbiamo cominciato a discutere coi giocatori sul perché e sul come. Abbiamo mostrato loro un sacco di immagini in cui si poteva giocare corto mentre loro cercavano il lungo. Abbiamo iniziato a generare modifiche. Questo è stato un modo per aprirsi. Partendo con le cose più semplici e poi aggiungendo un certo grado di complessità. Ha segnato un prima e un dopo nella nostra esperienza cilena.»

L'idea che tu proclami di protagonismo, giocare coi quattro da dietro, avanzare, comporta dei rischi. Come trasmetti e convinci i giocatori che devono correre quei rischi e che se fanno un errore devono continuare a provare, perché tu li sosterrai?

«Bisogna accettare che gli errori fanno parte del gioco. Quando si accetta questo, si inizia a generare un rilascio nell'atmosfera che aiuta a decomprimere. Non costringo i miei calciatori ad andare a giocare. Dico loro che facciamo del nostro meglio. Capisco che ci sono circostanze in cui, per diverse ragioni, per esempio se la pressione dell'avversario è molto buona, bisogna essere intelligenti. Ne parliamo costantemente con il gruppo, ed è giusto così.»

Johan ha detto che il calcio consiste nel fare errori e non essere frustrati. E il fatto che il giocatore non si senta frustrato dipende esclusivamente dall'appoggio del tecnico.

«Dipende dal tecnico, perché è lui che, quando le cose non funzionano, non deve continuare a parlare dell'errore per tutto il tempo. Perché altrimenti il giocatore si inibisce. Se lo condanni per quello, con che credibilità gli chiedi tutto il resto che deve fare?»

Ma questa inibizione nel giocatore è generata anche dall'ambiente. Se fa un errore, sa che avrà già il mormorio delle tribune, che la stampa lo ucciderà durante la settimana. Questo può generare una pressione che lo blocca e lo porta a non rischiare più e a non ricercare le sue giocate. Come si riesce ad astrarlo dal superfluo affinché possa giocare liberamente?

«È molto difficile, anche a causa dei tempi in cui viviamo. Il giocatore sa che è esposto a essere criticato e maltrattato, ci convive con questo. Ecco perché a volte gioca meno, perché cerca di essere il più pragmatico possibile. Bisogna parlargli e incoraggiarlo. Gli chiedo anche di non essere troppo sicuro di sé, perché anche quella è una trappola. Deve trovare la giusta fiducia in se stesso per non farsi prendere troppo dalla foga di cercare di giocare in una situazione in cui non si può, perde palla e gli altri segnano un gol. Si può sempre imparare dal gioco e dall'errore. Una squadra deve raccogliere tutte le informazioni. Riconoscere il giusto e lo sbagliato. Riconoscere di poter essere dominati e di cercare di essere dominatori. Il calciatore deve incominciare a sentire le emozioni nel profondo. Sentire cosa succede in ogni momento, sentire perché a volte non si osa. L'allenatore deve mostrare tutto al giocatore: se quest'ultimo si butta nella competizione o meno dipende da lui, dalla sua grandezza, dal suo coraggio. Devi avere fiducia, devi credere in quello che fai.»

Bielsa e Sampaoli sono tecnici che esigono molto. Per alcuni, questa richiesta è controproducente perché può causare uno sforzo fisico e mentale eccessivo, che influisce sul loro rendimento, e non tutti sono capaci o preparati ad assorbire un tale livello di intensità. Oggi, come allenatore, come affronti questo problema? Cerchi di essere più equilibrato nei carichi di lavoro, dando più respiro ai giocatori?

«È complesso. Con il tempo sono diventato più aperto nel cercare di trovare divertimento e piacere. Prima, forse non lo consideravamo così tanto ed eravamo più esigenti. Le richieste rimangono ma bisogna aggiungere l'interesse del giocatore, altrimenti ci si esaurisce. Quando questo viene meno, subentra il *burnout*. E quando subentra il *burnout*, non si riesce a lavorare. Preferisco giocare con un alto livello di intensità, altrimenti non vado via soddisfatto dall'allenamento. Non dimenticate però un altro elemento, la parola "giocare". Ci sono alcuni giorni in particolare in cui facciamo attività più giocose. Se parlo loro di piacere, e poi passo tutto il giorno con la frusta, il messaggio perde efficacia. La sfida è non perdere la gioia. Molte volte la perdiamo a causa di una situazione avversa. È una lotta quotidiana. La gioia è il nutrimento che ti permette di restare in un posto e di crescere.»

Una delle differenze più marcate tra Bielsa e Sampaoli è nel modo in cui gestiscono il rapporto con i giocatori. Tu dove ti poni?

«Dipende molto dalla personalità di ognuno. Marcelo ha un modo di essere così distante che solo lui può permettersi, riesce a farsi notare anche avendo questo tipo di comportamento. Ciò che ottiene da un calciatore è l'ammirazione. Io ho più voglia di avvicinarmi al giocatore, di potergli parlare. Mi piace essere vicino ma non divento mai troppo amichevole, questo è fondamentale. Cerco di mantenere uno stretto rapporto professionale, parlare del gioco, parlare se ci sono problemi perché alla fine siamo esseri umani. Bisogna sapere quali sono le emozioni che il gruppo vive ogni giorno. Per questo è necessario annusare, entrare, sentire e parlare.»

In ogni caso, non si possono gestire tutti i giocatori allo stesso modo. Ognuno è speciale e diverso dall'altro. Per Sampaoli: "Non c'è trattamento più iniquo che trattare tutti allo stesso modo".

«Come dice Julio Velasco, bisogna trovare la chiave di ogni giocatore, questo è importante e ovviamente non è così facile da realizzare. Non sempre si riesce a fare bene. Si cerca di arrivare, ma trovare la chiave giusta di venticinque persone non credo sia così fattibile. Ecco perché è molto importante avere più persone capaci dello staff, perché forse io non riesco a comunicare con un giocatore per il mio modo di essere, ma uno dei miei collaboratori sì. È una questione di pelle, a volte non importa quanto tu sia ben predisposto, a volte proprio non va. Devi essere circondato da persone che sono diverse da te in qualche modo per essere in grado di raggiungere i giocatori da luoghi differenti. Credo molto nel lavoro di squadra. Non puoi nemmeno convincere l'uno o l'altro dei tuoi figli con lo stesso dialogo.»

Quando arrivi in un club, che segno vuoi lasciare, al di là, ovvio, di un risultato?

«Il tuo marchio si vede nello sviluppo, nell'avanzamento del livello del giocatore. Devi ottenere che il calciatore che prima non osava fare certe cose, oggi è cosciente e più sicuro. Bisogna avvicinare il giocatore a una migliore espressione di se stesso. Per me queste sono le piccole medaglie di cui ci si nutre ed è ciò che rimane. Cose che non si vedono dall'esterno, ma è ciò che ci spinge a sopportare momenti di critica e di instabilità. In questo mondo si valutano solo i risultati e se non vengono raggiunti, le altre cose non vengono verificate. È come se lo sviluppo non contasse e contasse solo il risultato finale.»

Riesci a goderti il tuo lavoro o ci sono più momenti di sofferenza che di piacere?

«Non bisogna cadere nel vittimismo. Tutti abbiamo attraversato situazioni delicate, è il nostro mestiere e so che continueremo a viverle. Il punto è imparare a gestire e a distinguere le critiche. In definitiva, perché facciamo questo lavoro? Perché ci piace, perché ci appassiona. Senza rendercene conto, godiamo di molte cose. Ciò che ti fa soffrire, quando non ce l'hai, ti manca. Poi ci sono certe cose davvero crudeli perché parte dell'ambiente ti fa sentire un essere inutile se non vinci. Bisogna saper separare le cose. Noi allenatori siamo molto esposti e ci priviamo di cose che piacciono alla gente comune. Per noi sembra che tutto dipenda dal risultato del fine settimana. Sì, a volte soffriamo. Ma è ancora più doloroso non giocare in un ambiente che ci permette di esprimerci come il calcio. Bisogna saperci convivere, non è che ci si diverta tutto il tempo. La vita è così e il calcio non sfugge a questa *routine*. Ci sono molte persone che soffrono molto di più di un allenatore e per di più non fanno quello che gli piace.»

Nell'ambiente del calcio ci sono due grandi impostori: la critica e la lode. Entrambi sono completamente infondati e si basano solo sul risultato. Ecco perché è pericoloso farsi ingannare da uno dei due estremi. Come dice Bielsa: "La lode indebolisce perché è spesso ipocrita. Quando arrivano le sconfitte, si trasformano in critiche spietate." Come vivi questa bipolarità a seconda del risultato, e come ti influenzano?
«La critica malevola mi colpisce molto. Bisogna essere molto freddi perché qualcosa di così dannoso non ti condizioni. Se si tratta di qualcosa di calcistico, non mi colpisce più di tanto perché si sa che tutto è guidato dai risultati. Bisogna avere la capacità di astrarsi, non è facile. Ci sono momenti in cui non abbiamo la lucidità che dovremmo mantenere ogni giorno. Possiamo avere un momento di debolezza e cadere nella lode o nella critica inconsapevolmente. Non ho ancora raggiunto quell'equilibrio per dire "Non sono influenzabile". Combatto ogni giorno per trovare il livello di equilibrio che non mi faccia sentire così tanto esposto. Nella vittoria non credo a niente, mi dà solo la tranquillità di sapere che sono ascoltato. Perché siamo in un mondo dove solo chi vince viene ascoltato. Vuoi vincere per essere ascoltato. Se perdi, nessuno ti ascolta.»

Sia tu sia Sampaoli avete iniziato la carriera dal basso. Avete dovuto lottare molto, imponendovi in condizioni di lavoro in cui i lussi erano quelli di poter contare su un paio di palloni in buone condizioni per allenarsi. Ecco perché avete un attaccamento così forte al concetto di "dilettantismo". Come ha detto Jorge: "Cerchiamo di riportare il giocatore nella condizione migliore, che era quella di giocare per il gusto di giocare. Dove si giocava con molta più gioia, senza tanti isterismi. Si giocava nel quartiere, ci si divertiva, non si aveva un manager e non si guadagna-

vano soldi. Pioveva, ci si bagnava e non ci si preoccupava di ammalarsi. Questa è la versione migliore, quella che noi chiamiamo dilettantismo". Cerchi di inculcare questo nei tuoi giocatori, che si ricordino del dilettantismo e dimentichino i soldi, la fama, l'agente, il pass per l'Europa?

«L'amatorialità è l'essenza e la purezza del giocare per piacere. Tutti hanno iniziato così. È difficile tirarlo fuori dal giocatore professionista, ma si può, perché ce l'hanno sicuramente dentro di loro, forse un po' addormentato, ma è lì. Bisogna a volte svegliarlo. Tutti hanno iniziato per il piacere di giocare e non per l'obbligo di vincere. Oggi il calcio si è trasformato in un mondo di *business* ed è più soggetto all'obbligo di vincere. Questo toglie il piacere del gioco. Ecco perché dobbiamo tornare al tempo in cui eravamo bambini.»

Esci per strada e c'è sempre un tifoso con qualcosa da consigliarti, su un giocatore o una situazione particolare. I tuoi collaboratori ti danno opinioni. I giornalisti e gli analisti giudicano il tuo lavoro. Tra tante voci esterne che hai permanentemente intorno a te, che posto dai al silenzio e alla solitudine, per avere quel momento per astrarti e ritrovarti per riflettere e prendere decisioni ascoltando solo la tua voce interiore?

«Bielsa ha detto qualcosa che mi ha segnato molto: passiamo il nostro tempo ad agire. Quando si recita non ci si può osservare perché si è dentro la *performance*. Se puoi uscire da quel ruolo e metterti in quello di un osservatore, cominci ad avere la capacità di vedere cosa sta succedendo. Bisogna sapere come astrarsi nella tranquillità e fermare questa tempesta di domande e risposte che la mente genera. Questa ti porta in posti che non puoi nemmeno immaginare e dici: "Come sono arrivato qui?" Devi essere capace di rallentare e disconnetterti, altrimenti ti perdi nel presente.»

Gabriel Heinze

«È molto facile conoscermi, ma è molto difficile capirmi»: fu una delle prime cose che Heinze disse quando lo si contattò per partecipare a questo libro su Bielsa. Gabriel è uno dei discepoli più vicini al Loco. Oltre ad aver condiviso un lungo periodo nella Nazionale argentina sotto Marcelo, oggi come allenatore mostra diverse sfumature della sua scuola. Anche se la sua carriera di allenatore è agli inizi, il nucleo della sua essenza è già ben definito. È un uomo che sostiene il gioco d'attacco, che dà la priorità alla proposta, che promuove un calcio ben eseguito come espressione di bellezza e divertimento per lo spettatore. *El Gringo* dimostra la propria impronta e identità producendo una stagione fenomenale con l'Argentinos Juniors, una delle migliori del Nacional B degli ultimi decenni: promozione ottenuta con un enorme vantaggio di punti sugli avversari e, soprattutto, una continua serie di notevoli prestazioni.

Gabriel vive in maniera totale il calcio. "Ossessivo", "pazzo", con un amore profondissimo per il gioco. Coloro che ancora oggi conoscono la quotidianità dell'Argentinos non smettono di stupirsi dal modo in cui lavora e vive la professione. Può passare ore, ore e ore davanti al suo computer o al televisore a guardare più volte una partita della sua squadra, analizzando gli avversari, pianificando gli allenamenti... Non c'è bisogno di spiegare da chi ha preso questo modo appassionato di fare il suo lavoro. Le somiglianze sono palesi anche nel lato umano delle cose. Heinze è un ragazzo discreto e di basso profilo che si preoccupa di crescere ogni giorno in tutti i settori della vita. Ha anche, in tono scherzoso, il tipo di modo disinvolto che ha pure Marcelo quando parla. Ma c'è un'altra coincidenza molto evidente tra i due: non parlano con la stampa a tu per tu. Heinze ha le sue ragioni: sente che molti cercano solo di polemizzare e parlare di argomenti frivoli, non di calcio.

Il rapporto del *Gringo* con Bielsa è speciale. Per Gabriel, il Loco è una specie di "padre calcistico". Marcelo ha scommesso su di lui quando non molti lo conoscevano in Argentina. È salito di grado al Newell's, ma ha giocato solo una manciata di partite in prima squadra. Emigrò presto in Europa, al Valladolid in Spagna. E anche se nel 2003 era già un *top player* al Paris Saint-Germain, non molti lo conoscevano davvero in patria. Tuttavia, Marcelo, con il suo occhio clinico, lo ha chiamato in Nazionale tra la sorpresa di molti. Faceva parte della squadra finita al secondo posto alla Copa America in Perù nel 2004 e della delegazione vincente ai Giochi Olimpici di Atene dello stesso anno. È diventato un giocatore feticcio per l'argentino, rispondendo sempre con grandi prestazioni in campo. Bielsa lo ha lucidato, gli ha dato una spinta e lo ha riempito di risorse. Lo ha fatto diventare un calciatore eccezionale. Da quel momento in poi, la carriera del *Gringo* ha raggiunto livelli stellari: firma per due potenze mondiali, Manchester United e Real Madrid. Bielsa e Heinze condividono un amore profondo e comune per il Newell's. Uno è il loro più grande idolo, quello che porta il nome dello stadio, l'altro è molto amato per essere tornato al club, con un gesto di amore e fedeltà, nel 2012 per diventare campione nel 2013 e ritirarsi come professionista in maglia rossonera.

Gabriel Heinze è oggi uno degli allenatori argentini di maggiore prospettiva. Ha un potenziale immenso che ha già dimostrato all'Argentinos Juniors ed è stato anche lodato da Carlos Tevez nel programma "Estudio fútbol" di TyC Sport: "Per me, Heinze sarà il prossimo Bielsa, ho grande fiducia in lui perché so che tipo di persona è. So che lavora tutto il giorno per il club dove si trova, so come lavora e la cosa migliore che posso dire sul *Gringo* è che è davvero una grande persona".

Durante la chiacchierata telefonica che abbiamo avuto, ho chiesto a Heinze di rispondere, testualmente, alla parte in cui si riferisce al Loco Marcelo Bielsa.

> «A volte, quando vengo paragonato a Bielsa, mi imbarazza molto. La cosa peggiore che si può fare ai geni e ai numeri uno è imitarli. Questo è un grosso errore. Naturalmente ha forgiato il mio modo di vedere il calcio, perché l'ho avuto per molti anni. Mi ha fatto crescere come calciatore e come persona. Il massimo rispetto che posso dargli è il silenzio. Perché è stato il numero uno in termini di silenzio. Nessuno è assolutamente qualificato per spiegare cosa ha fatto Marcelo Bielsa, la sua grandezza. Ho gratitudine, ammirazione, affetto e rispetto per lui per tutto quello che mi ha insegnato. Mi limito a rispettarlo in silenzio e a non parlare di ciò che ho vissuto con lui. Lo tengo per me. Marcelo ha lasciato un grande segno nel calcio.»

Il rispetto e l'ammirazione vanno in entrambi i sensi. Bielsa era interessato ad aggiungere Heinze allo staff tecnico quando ha assunto il ruolo di allenatore dell'Olympique Marsiglia nel 2014, dove Gabriel aveva giocato tra il 2009 e il 2011, ha vinto quattro titoli ed era un idolo dei tifosi marsigliesi. Alla fine, l'accordo non si è concretizzato.
Heinze ha iniziato la sua carriera di allenatore al Godoy Cruz di Mendoza, le sue ultime due fermate sono state il Vélez, dove sono stati ancora una volta molto apprezzati l'uomo e il professionista e ha appena firmato con l'Atlanta United della MLS.
Come Bielsa, Gabriel cerca rifugio, "isolandosi" nel suo tempo libero. Si rifugia spesso in campagna, dove cerca la pace, un posto per riflettere, per trovare il silenzio e la solitudine necessari per far emergere la vitalità. Marcelo fa lo stesso in un grande appezzamento di terreno a Máximo Paz, una zona frondosa alla periferia di Rosario.
Uno dei temi che si è toccato con alcuni partecipanti al libro è la sofferenza a cui bisogna cercare di resistere, sottolineando che la posizione di allenatore è la più interessante e importante nel calcio, ma la più ingrata, instabile e non protetta allo stesso tempo, dall'esterno, è difficile trovare argomenti per esercitare questo incarico stressante. L'unica ragione è la passione incommensurabile che gli allenatori hanno per la professione.
«Non avrei mai pensato che questa professione sarebbe stata così tanto tanto tanto difficile» sospirò il *Gringo* al telefono.

PARAOLA DEL LOCO

VI

“Non lasciate che il fallimento deteriori la vostra autostima. Quando si vince, il messaggio di ammirazione è così confuso, stimola così tanto l’amor proprio e questo deforma parecchio. Quando si perde, succede il contrario, c’è una tendenza morbosa a screditarti, a offenderti, solo perché hai perso. In ogni compito si può vincere o perdere, l’importante è la nobiltà dei mezzi utilizzati, questo è l’importante; l’importante è il percorso, la dignità con cui vivi il cammino alla ricerca dell’obiettivo. Il resto è solo una storia per venderci una realtà che non è tale.”

“Il successo è deformante, rilassa, inganna, ci rende peggiori, ci spinge a innamorarci eccessivamente di noi stessi; il fallimento è tutto il contrario, è formativo, ci rende solidi, ci avvicina alle convinzioni, ci fa diventare coerenti. Mentre lavoriamo per vincere, perché io voglio vincere quando competo, se non distinguessi ciò che è veramente formativo da ciò che è secondario, starei sbagliando.”

“La squadra che vince aspettando l’errore avversario non ha più diritto alla vittoria. Ha meno diritto, perché è meno probabile che accada. Per questo le dico di non preoccuparsi se non viene premiato un processo che ha ottenuto meno di quanto meritava, in fondo l’ingiustizia è un male molto diffuso. Ma quando viene premiato come buono qualcosa che non è buono, che è casuale, ciò crea dei danni, dei problemi, perché insegna a tutti coloro che osservano che una scorciatoia ti porta all’obiettivo, ma una scorciatoia, normalmente, non ti porta a un obiettivo.”

“Quando si devono confrontare le proprie opinioni con una così vasta gamma di persone che valutano ciò che si fa, si deve prendere un parametro. Il parametro non si basa sulla coincidenza, ma sulle divergenze. Le coincidenze non le spiegano, non le approfondiscono, non le percorrono. Le divergenze sì.”

“Il gioco può essere analizzato solo da 3 punti di vista: 1. La fedeltà allo stile, qualunque esso sia. 2. Il dominio, chi ha la palla? 3. La quantità di conclusioni. La cosa più importante è la quantità di conclusioni, perché se una squadra non domina, ma arriva a concludere, bisogna ammetterne i meriti. La cosa importante non è la percentuale di possesso, ma la quantità di conclusioni. Se questa è accompagnata da possesso, ancora meglio, perché appassiona i tuoi tifosi. Non perdiamo di vista il fatto che la squadra che ha avuto più possesso negli ultimi campionati è stata il Barcellona ed è la squadra più ammirata del mondo, anche se ce ne dimentichiamo troppo in fretta, perché le squadre smettono di essere ammirate appena non vincono. Ma il possesso ha a che fare con la bellezza, con l’attrattività, con il modo in cui il pubblico si relaziona al calcio.”

“Successo e felicità non funzionano come sinonimi, ci sono persone di successo che non sono felici, e ci sono persone che non hanno bisogno del successo per essere felici. L’obbligo che ogni essere umano ha è quello di sfruttare al massimo le sue possibilità per essere felice.”

“La vita, in termini generali, è una costruzione. E di tanto in tanto si raggiungono i propri obiettivi, ma la cosa interessante non è avere successo, perché il successo è una cosa che si consuma all’istante, perché una volta raggiunto svanisce e si perde. Quindi, se uno mette tutta la sua attenzione sul successo, questo avrà vita molto breve. La costruzione, lo sviluppo, la ricerca, è ciò che impegna il tempo di tutti noi.”

“Il gioco necessita che il giocatore abbia un’alta autostima, ma l’autostima porta alla vanità e la vanità ti rende egoista. L’allenatore deve imparare a controllare questo all’interno di un gruppo e trovare un equilibrio.”

“Dovremmo far capire alla maggioranza che il successo è un’eccezione. Gli uomini a volte raggiungono l’obiettivo. Ma di solito combattono, lottano e vincono solo una volta ogni tanto. Spesso meno di una volta ogni tanto.”

“La sua arma come giornalista è la parola scritta. La mia arma è la parola parlata. Io uso 50 frasi per arrotondare un'idea e poi voi dovete metterla in una riga. Questo mi terrorizza sempre, forse perché non so scrivere. Quello che odio è quando non azzeccano la trascrizione. Preferisco che nessuno mi conosca piuttosto che essere frainteso.”

“Il sistema educativo della società non passa più per la scuola, ma per i media. Perché i media hanno più influenza della famiglia e della scuola, che dovrebbero essere i veri sistemi di formazione. È una vergogna che i media educhino le persone, perché i media hanno interessi specifici, mentre l'educazione ha interessi diversi dai media, e la famiglia ha aspettative diverse dai media. Allora perché dico questo, perché lo stesso argomento che si usa per amplificare un comportamento nella vittoria, si utilizza per condannare un comportamento nella sconfitta. E io traduco: se Neymar riconquista la palla, contrattacchiamo, segniamo e vinciamo otto partite di fila, sentiremo “Questo allenatore ha gestito bene Neymar, lo ha fatto giocare collettivamente invece che individualmente”. Il giorno che perderà sentiremo: “Questo asino, invece di far giocare Neymar vicino alla porta, gli fa rincorrere l'avversario”. Ed è in questo che i media sono specializzati. I media sono specializzati nel pervertire gli esseri umani in base alla vittoria o alla sconfitta.”

“La scelta del sistema di gioco non è una cosa importante. Ha molte ripercussioni, molta risonanza, perché è una questione che ha a che fare con la geometria, con la costruzione di linee, ed è accessibile a tutti. Poiché tutti aspiriamo a poter parlare di ciò che ci piace, parliamo degli aspetti che sono più accessibili o più comprensibili per noi, ma questo non significa che siano i più importanti.”

“È difficile accettare l'ingiustizia, ragazzi. So che niente vi tranquillizza ora, perché siete morti per la partita, la meritavate e non l'avete ottenuta. Anche se è impossibile, non reclamate nulla. Ingoiate il veleno. Diventate più forti, perché giocando così avrete quello che vi meritate, mi congratulo con voi ragazzi!”

Ringraziamenti

Questo libro è stato scritto principalmente grazie al lavoro, alla passione e al fiuto editoriale di due persone. *In primis* il *Prof* Ferretto Ferretti che ha creduto immediatamente e accettato con entusiasmo la mia proposta di un libro su Bielsa, rilanciando e proponendo non solo questo testo ma una collana che poi ha scelto di chiamare, tra mille dubbi e un'improvvisa illuminazione, "Gli Unici", ed è perfetto quindi si inizi dal Loco, che unico lo è per davvero. Il *Prof* ha subito coinvolto tutta l'appassionata truppa de' "Il Nuovo Calcio", una realtà editoriale, anch'essa unica e piena di entusiasmo verso il Gioco più bello del mondo con una redazione sempre attenta, soprattutto in Luca Bignami e Sandra Ricci, preziosissimi nelle riletture, oltre che pazienti e tolleranti sulle mie continue pignolerie e sui miei viaggi pindarici.
In secundis, Micaela Acevedo che non solo mi ha fatto conoscere il lavoro di Damian Giovino, ma ha pure accompagnato giornalmente tutta l'opera di traduzione e di stesura del testo, regalando a ogni pagina suggerimenti e illuminazioni, da *enganche* puro ma con la generosità di un *volante de contención.*
Generosità che ho colto in ogni personaggio coinvolto in questo progetto, sia quelli che hanno lavorato dietro le quinte (a partire dallo splendido lavoro grafico di Ilaria Canova), sia quelli che qui dentro appaiono con nomi e cognomi, allenatori e giocatori, emozionati nella voce e nell'anima appena iniziava l'accenno a Marcelo Bielsa. E chi è segnato, nella vita, dal Loco, sicuramente è da considerarsi un privilegiato. Io per primo, che realizzo con questo testo un altro sogno. Grazie, mi permetto, a chi questi sogni ha iniziato ad accendermeli, evidenziandomi un cammino di vita, e che ancora oggi veglia dall'alto sulle mie scelte e quindi sui miei lavori.